엄마가 만드는
초등 수학 자신감

엄마가 만드는 초등 수학 자신감
: 공부 잘하는 아이는 결국 수학에서 결정된다

초판 발행 2022년 4월 1일
4쇄 발행 2024년 12월 20일

지은이 정희경 / **펴낸이** 김태헌
총괄 임규근 / **책임편집** 권형숙 / **편집** 김희정, 윤채선 / **교정교열** 노진영, 김소영 / **디자인** ziwan
영업 문윤식, 신희용, 조유미 / **마케팅** 신우섭, 손희정, 박수미, 송수현 / **제작** 박성우, 김정우

펴낸곳 한빛라이프 / **주소** 서울시 서대문구 연희로 2길 62 한빛빌딩
전화 02-336-7129 / **팩스** 02-325-6300
등록 2013년 11월 14일 제25100-2017-000059호 / **ISBN** 979-11-90846-38-7 13590

한빛라이프는 한빛미디어(주)의 실용 브랜드로 우리의 일상을 환히 비추는 책을 펴냅니다.

이 책에 대한 의견이나 오탈자 및 잘못된 내용에 대한 수정 정보는 한빛미디어(주)의 홈페이지나 아래 이메일로
알려 주십시오. 잘못된 책은 구입하신 서점에서 교환해 드립니다. 책값은 뒤표지에 표시되어 있습니다.
한빛미디어 홈페이지 www.hanbit.co.kr / **이메일** ask_life@hanbit.co.kr
한빛라이프 페이스북 facebook.com/goodtipstoknow / **포스트** post.naver.com/hanbitstory

Published by HANBIT Media, Inc. Printed in Korea
Copyright © 2022 정희경 & HANBIT Media, Inc.
이 책의 저작권은 정희경과 한빛미디어(주)에 있습니다.
저작권법에 의해 보호를 받는 저작물이므로 무단 복제 및 무단 전재를 금합니다.

지금 하지 않으면 할 수 없는 일이 있습니다.
책으로 펴내고 싶은 아이디어나 원고를 메일(writer@hanbit.co.kr)로 보내 주세요.
한빛라이프는 여러분의 소중한 경험과 지식을 기다리고 있습니다.

공부 잘하는 아이는 결국 수학에서 결정된다

엄마가 만드는 초등 수학 자신감

정희경 지음

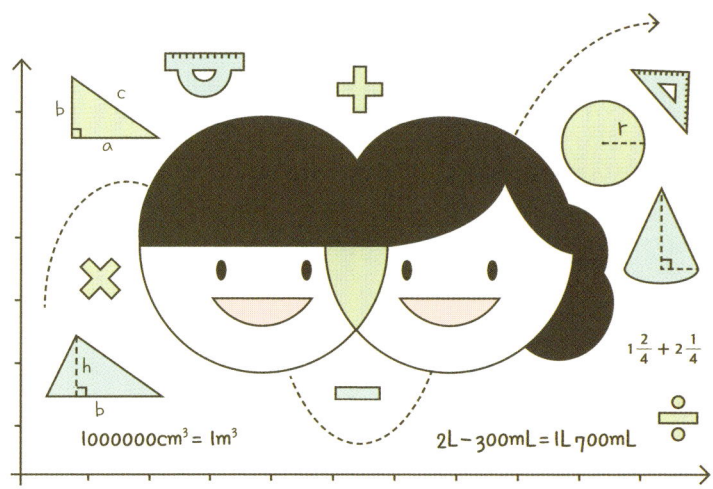

한빛라이프

훗날 나보다 키가 훌쩍 커버린 아이가
함께 울고 웃으며 공부했던 시간을 기억해주길 바라며
내 사랑 J들에게

프롤로그

엄마표 수학의 핵심
길게 보고 천천히, 단단하게

이 책을 펴신 부모님이라면 이미 수학의 중요성에 깊이 공감하고 계실 것입니다. 실제로 공부를 잘하든 못하든 학창 시절 내내 학생들이 가장 많은 시간을 할애하고 걱정하는 과목이 수학입니다.

세 아이를 키우면서 아이 수학으로 고민하는 육아 동지를 수도 없이 만났습니다. 저는 수학교육을 전공했던 터라 고등학교 2학년에 배우는 수I 정도는 되어야 진짜 수학이라 생각했습니다. 아이를 키우기 전까지 말이죠. '초등학교 수학은 사칙연산에 분수, 소수, 도형 몇 가지가 다 아니야? 무슨 초등학생부터 수포자라는 단어가 나오는 거야.' 이렇게 생각했고요.

막상 아이가 초등학교 고학년이 되고, '최상위 수학'이라든지 '발전 문제', '경시 문제' 이런 마크를 달고 나오는 문제를 보면, 저도 모르게 정답지를 훔쳐보는 일이 생겼습니다. '보통 일이 아니구나. 전공자인 나도 이런데, 부모가 아이 수학 봐주려면 머리에 쥐가 난다는 말이 이런 뜻이구나.' 그제야 이해가 되기 시작했지요.

어디서부터 어디까지 도와주고, 어떤 방향으로 나아가야 할지 고민했습니다. 아이의 수학을 봐주면서 여러 가지 문제에 부딪히고, 많은 시행착오를 겪었습니다. 그 과정에서 저절로 체득한 것들이 많았습니다. 그리고 명확한 사실 한 가지를 알게 되었죠. 부족하든 넘치든 부모가 수학을 봐주면 효과가 좋다는 것입니다. 부모만큼 내 아이를 잘 알고 잘 되기를 바라는 사람은 없으니까요.

초등학교 때 엄마표 수학으로 잘 키우면
중학생 때는 자기주도학습을 할 수 있게 되고,
고등학생이 되어서야 적절한 사교육을 통해 부족한 부분을 공부할 수 있습니다.
이것이 우리가 취할 수 있는 가장 바람직한 방법이 아닐까요.

부모가 모든 교과 내용을 꿰고 있을 필요는 없습니다. 다만 아이보다 한 발 앞서 다음 목표를 설정하고, 지금 부족한 것은 무엇인지 아는 눈이 필요한 것이죠. 이 정도는 전공자가 아니라도 가능합니다.

저는 유명 대입학원 모의고사 출제관리실 수학팀에서 근무했습니다. 고등학생 대상 전국 모의고사를 계획하여 문제 의뢰, 수정, 검토, 출제하는 일을 했는데, 구성원 모두 학생들의 실력 향상에 도움되는 문제를 만들고자 고심했습니다.

모든 시험은 11월에 치는 대학수학능력시험(이하 수능)이 기준이었습니다. 모의고사가 끝난 후에는 학생들의 점수 분포를 연구하여 자료를 만들고 수능 적중률도 예상하고 분석했습니다. 일련의 과정이 끝난 후에는 다음 시험, 내년 시험을 준비했습니다. 항상 고3 학생과 같은 속도로 달린다는 마음가짐으로 일했습니다. (시간이 흘러 이제는 제가 중학생 학부모인 입장이니 시험을 출제, 검토하는 것이 아닌 문제의 정답을 맞추는 입장에 가까워졌습니다.)

수능 날에는 2교시 시작 후 사무실에 배송되는 수능 수학 문제를 풀면서 세 시간 안에 정답지를 만들어 배포했습니다. 저와 함께 일하던 수학팀 직원들은 모두 수학 전공자이자 수학 문제 검토 전문가였습니다. 선배·동료들과 함께하며 평범한 수학 개념을 의미 있는 수학 문제로 바꾸는 경험을 했습니다. 동시에 아는 것도 한 번 더 생각하는 법, 끈질기게 풀어보는 엉덩이 힘 기르기, 디테일이 살아있는 꼼꼼함을 익히고 배웠습니다.

수학을 잘하는 사람은 번뜩이는 해결 능력과 천재적인 면이 있을 거라 상상했습니다. 하지만 현장에서 배운 수학 전문가의 모습은 기본에 충실하며 반복하고 노력하는 사람이었습니다. 수능 출제위원을 역임한 선생님들과 매달 검토 회의를 거치는데, 그분들 역시 연필과 연습장을 손에서 놓지 않았습니다. 수학의 기본은 수없이 반복하는 과정을 통해 쌓입니다. 그래야만 실력이 한 계단 올라설 수 있습니다. 수학을 잘하고 싶은 학생들에게 필요한 것은 수학에 투자하는 시간과 문제집, 연필, 연습장이면 충분합니다.

모든 학생이 상위권일 수는 없습니다. 그러니 상위권에만 맞춰진 사교육이나 주변인의 말에 귀 기울일 필요가 없고요. 남에게 휘둘리지 말고 지금 내가 서 있는 계단에서 한 칸 두 칸 올라서는 목표를 실현하면 됩니다. 초등학교 수학은 긴 수학 여정의 시작일 뿐입니다.

저에게 수학은 목표를 이루기 위한 수단인 동시에 목표 자체였습니다. 학생뿐만 아니라 학부모님들도 지금 내 아이를 객관적으로 진단하고, 학습에 도움이 되는 공부 시간을 확인하길 바랍니다. 책상에 앉아 있는 시간과 공부하는 시간은 비례하지 않으며, 수학 공부는 문제 풀이로 완성됩니다. 그 과정은 거창한 것이 아닌 시중에 있는 문제집을 한 권씩 정복하면서 실력을 쌓는 것입니다. 대단한 선생님의 강의를 두 시간 듣는 것보다 수학 문제집을 직접 풀고 틀린 문제를 다시 푸는 혼자만의 시간이 더 중요합니다.

요즘은 부모님들이 양질의 수학 강의와 책을 많이 접합니다. 알맹

이 없는 선행은 소용없다, 자기주도학습이 중요하다, 라는 것도 대부분 알고 있습니다. 그래서 부모님들이 내 아이에게 맞는 속도와 방법을 찾으려는 고민을 많이 합니다.

내 아이에게 맞는 속도와 방향을 찾으려면 일단 수학 공부를 해봐야 합니다. 그래야 어느 정도 기초가 갖춰졌는지, 개념을 이해하는 데 애를 먹는지, 생각보다 숫자 감각이 좋은지, 응용서까지는 혼자서 되는데 심화가 어려운지 등 아이의 현재 실력을 파악할 수 있습니다. 무턱대고 아이를 학원에 보내겠다는 것은 옷가게에 가서 비싼 옷을 입어보고 점원에게 "어때요?" 하고 묻는 것과 같습니다. 옷가게 점원이 "안 어울려요. 살 좀 빼고 오세요"라고 말하지는 않잖아요. 어떻게든 옷을 팔려고 희망적인 말을 하겠죠.

이 책에는 매일 수학 문제집 푸는 루틴 만들기, 수학 문제집을 선택하는 기준, 학년별 키워드와 성취별 수학 접근법, 사고력 수학, 선행과 심화, 오답 노트 등 가정에서 문제집으로 할 수 있는 수학 학습의 모든 방법을 담았습니다.

학교나 학원에서 수학을 가르치는 모든 선생님들을 존경하지만 그 선생님들이 낸 책을 읽을 때마다 마음속에는 항상 물음표가 있었습니다. 무엇을 공부해야 한다는 설명은 있는데, 어떻게 공부해야 하는지에 대한 답을 얻기가 어려웠거든요. 당장 내 아이를 책상 앞에 앉히기조차 힘든 현실을 아는지 궁금했습니다.

　저는 이 책에
　왜 수학을 공부해야 하는지 why와
　무엇을 공부해야 하는지 what와
　어떻게 공부해야 하는지 how까지 모두 담으려 노력했습니다.
　엄마표라는 이름이 결코 가볍게 느껴지지 않도록 애썼습니다. 학년별, 수준별로 놓쳐서는 안 되는 기본과 꾸준하게 수학을 공부하는 방법을 모두 담았으니 부모님들이 책에 담긴 방법을 한 가지라도 실천해보시면 좋겠습니다.

　오늘도 저는 아이들의 수학 문제집 진도를 확인합니다. 그 일은 전공자의 능력이 발휘되는 것이 아닙니다. 그저 응원하는 마음으로 아이를 다독거려 책상에 앉히는 일, 가장 평범한 엄마의 일입니다. 여러분도 할 수 있습니다.

차례

프롤로그　엄마표 수학의 핵심 길게 보고 천천히, 단단하게 … 006

미취학부터 중등까지 수학 공부 로드맵 … 018
수준별 문제집으로 하는 수학 공부 안내 … 020
수학 학습에서 자주 등장하는 단어 … 022
학년별 수학 개념 정리표 … 024

CHAPTER 1 아이도 엄마도 만족하는 엄마표 수학 로드맵

바퀴가 저절로 굴러가는 엄마표 수학 공부의 시작 … 032
수학 학습의 바람직한 방향 … 033
성취감, 수학 공부의 가장 큰 동기 … 036
수학 학습의 기본 원칙, 매일 풀기 … 039
연산과 교과 문제집의 시작 … 043

수학도 엄마표 가정 학습을 해야 하는 이유 … 046
가정 학습의 장점 … 046
수학 학습의 완급 조절 … 048
아이에게 맞는 문제집으로 시작한다 … 054
학원은 가정 학습이 정착된 후에 시작한다 … 060

효과적인 가정 학습을 하는 구체적인 방법 … 063
공부가 잘 되는 학습 분위기 만들기 … 064
채점하는 방법 … 065
줄 수도 없고 안 줄 수도 없는 힌트 … 069
힌트를 주는 기준 … 072

> 칼럼 아이가 공부할 때 부모가 시간을 보내는 방법 … 078

CHAPTER 2 미취학부터 저학년까지 수학 자신감 키우는 법

6~7세에 시작하는 첫 수학 공부 … 082
놀이하는 기분으로 한 장씩 … 083
종이와 20분이라는 시간 … 085
학습의 시작은 대개 6세부터 … 088
칭찬, 성장, 성취의 힘 … 090

덧셈과 뺄셈을 시작하는 초등 1, 2학년 수학 공부 … 093
초등학교 적응기 … 094
연산과 사고력, 두 권의 교재를 준비한다 … 099
부족한 부분은 독서로 채우기 … 102
수학 동화와 보드게임보다 중요한 것 … 104
다양한 성향에 따른 공부법 … 107

> 진단 문제 1,2학년 수학 능력 점검 … 112

칼럼 진짜 수학을 잘하는 아이는 꾸준히 하는 아이 … 119

떼려야 뗄 수 없는 사고력 수학과 교과 수학 … 122
사고력 수학 이해하기 … 123
사고력 교재의 세 가지 목표 … 127
결국은 교과 문제집 … 137

칼럼 영상 노출, 시간 때우기만 하지 맙시다 … 141
진단 문제 1,2학년 사고력 수학 능력 점검 … 144
칼럼 일하는 부모에게 추천하는 수학 가정 학습 방법 … 154

수학, 초등 3학년부터 6학년이 결정적 시기다

3학년부터는 진짜 수학이 시작된다 … 160

학년별 수학 공부 : 3학년 … 163
3학년에 배우는 새로운 분수, 소수, 단위 개념 … 164
연산의 활용 … 168
3학년 단계별 문제집 정하기 … 169
선행 말고 예습 … 173
학원, 어떻게 활용할까 … 176

진단 문제 3학년 수학 능력 점검 … 180
칼럼 선행보다는 나이에 맞는 단계를 따라가는 것이 중요합니다 … 182

학년별 수학 공부 : 4학년 … 185

자릿수 개념 … 186

도형 … 189

4학년 단계별 문제집 정하기 … 192

목표에 변화를 주며 동기부여 해주기 … 194

학원 레벨 테스트 … 197

진단 문제 **4학년 수학 능력 점검** … 201

학년별 수학 공부 : 5학년 … 203

약수와 배수, 통분 … 204

분수 … 207

5학년 단계별 문제집 정하기 … 209

정답률이 좋지 않은데 심화를 하고 싶다면 … 210

공부를 해야 하는 이유 찾기 … 212

진단 문제 **5학년 수학 능력 점검** … 216

칼럼 **계산 실수, 노력 없이 나아질 수는 없습니다** … 218

학년별 수학 공부 : 6학년 … 221

비와 비율 … 222

분수의 나눗셈 … 225

도형 … 229

중등 선행은 연산부터 시작하기 … 230

6학년 단계별 문제집 정하기 … 234

6학년, 자기효능감이 중요하다! … 236

진단 문제 6학년 수학 능력 점검 … 239

칼럼 전문가 성향을 가진 아이,
　　　성적이 아니라 아이를 믿고 응원해주세요 … 240

오답과 오오답, 오답 노트 … 243
오답 노트를 해야 하는 이유 … 245
오답 노트를 하는 구체적인 방법 … 248
현행 오오답은 훌륭한 시험 대비 … 252

학원, 보낼까 말까 … 254
사고력 학원 … 255
교과 학원 … 256
테스트 경험하기 … 260

칼럼 아이에겐 긍정적인 결핍이 필요해요 … 265

소문만 무성한 수학 선행에 대하여 … 267
현명하게 선행하는 방법 … 269
선행의 부작용 … 274

극심화 수학 … 277

4 개념이 중요한 중등 수학 잡는 법

학년별 수학 공부 : 중학교 … 284
중학교 수학, 연산부터 챙겨라 … 286
중학교 수학 문제집 알아보기 … 288

중등 수학의 1, 2학기 계통수학 … 293
  중등 수학 진도 특징 … 294
  특목고에 진학하려면 … 296

바른 수학 공부 습관 정착을 위한 일상 관리 방법 … 297
  수학 연습장은 필수 … 297
  개념 정리 노트 … 300
  적절한 일상 규칙 세우기 … 302

메타인지 공부법 … 305
  공부 잘하는 학생들은 메타인지가 높다 … 306
  수학에서의 메타인지 높이는 법 … 307

내신 시험 준비 기간 … 310

  칼럼 너무 먼 미래보다는 오늘의 공부가 중요합니다 … 313

에필로그 우리 아이가 결국 마지막에 웃을 수 있도록 … 316

미취학부터 중등까지 수학 공부 로드맵

미취학(6-7세)	1학년	2학년	3학년	4학년

← 수학에 미리 겁 먹을 필요가 없는 시기 →　← 꾸준한 공부 습관 들이기 →

| 종이와 친해지기 | 사고력 2장
연산 2장 | | 교과 2장·연산 2장 or
교과 2장·사고력 교재 2장 | |

- 1학년 겨울방학 구구단 외우기
- 주 1회 사교육보다 집에서 문제집 풀기가 훨씬 중요

- 이 시기부터 심화 학습이 가능하면 꼭 할 것
- 초등 시간 많을 때 심화 문제 풀기 → 사고 확장

- 연산은 힘들어도 해야 하는 것 사고력 교재는 재미있게 접근

- 사고력 학원 추천 (단, 교과가 중요한 시기이므로 집에서 교과 심화 가능한 학생만)

- 2학년 2학기 '시각과 시간' 단원 3학년 1학기 '길이와 시간' 단원 예습, 복습 필요

5학년	6학년	중1	중2

← 수학 맷집이 커지는 시기, 수학 몰입 시간 가져보기 →← 수학 레벨 한 단계 업그레이드 가능 →

교과 기본 2장·교과 응용 2장 or 교과 응용 2장·교과 심화 2장	선행 개념 2장 현행 심화 2장	→	수학 공부량 폭발적으로 증가

- 중등 연산 교재 미리 풀어보기
- 첫 내신 시험

┌─ 중등 연산 ─┐

- 중등 선행 가능
  (단, 중등은 암기가 많아서 심화보다 응용까지 반복 학습)
- 중등은 유형서로 실력을 다지고 심화서는 한 권!

- 분수의 덧셈, 뺄셈, 곱셈 반복 학습과 개념 공부
- 의외의 복병, 소수의 나눗셈
- 중등의 개념 공부, 꼼꼼하게 다지고 출발한다

수준별 문제집으로 하는 수학 공부 안내

	시작 시기와 방법	순서
6~7세	아이마다 한글 수준과 독서량이 다르기 때문에 2학년 겨울 방학부터 교과 문제집을 잘 풀 수 있도록 기반을 다지는 과정	**연산** : 기적의 유아수학 B → 소마셈 P → 소마셈 A **사고력** : 영재의 탄생 만4세 → 팡세 1~4 　　　　→ 창의사고력 수학 키즈 팩토(이하 키즈 팩토) 총 6권
1학년		**연산** : 소마셈 A **사고력** : 창의사고력 초등 수학 팩토(이하 팩토) 1 총 6권
2학년		**연산** : 소마셈 B + 초능력 수학 연산 시계달력 **사고력** : 팩토 2 총 6권 → 사고력 학원 레벨 테스트
3학년	2학년 겨울 방학에 3학년 1학기 교과 응용 수준으로 시작	**교과** : 디딤돌 기본+응용 3-1 　　　　→ 유형 해결의 법칙 3-2 **사고력** : 문제 해결의 길잡이 원리 3-1 　　　　→ 문제 해결의 길잡이 원리 3-2
4학년	본인에게 맞는 교과 문제집 수준 찾는 과정. 기본에서 응용으로, 응용에서 심화로 도약	**교과** : 응용 해결의 법칙 4-1 → 디딤돌 기본+응용 4-2 　　　　→ 최상위 수학S 4-2 **사고력** : 문제 해결의 길잡이 심화 4학년
5학년		**교과** : 쎈 5-1 → 최상위 수학S 5-1 　　　　→ 최고수준 수학 5-2 or 최상위 수학 5-2 **사고력** : 최강 TOT 5학년 하루에 한 장씩 **선행** : 최상위 수학S 6-1
6학년	초등 마무리하면서 중등 수학 연산 교재부터 풀기	**교과** : 최상위 수학S 6-1, 쎈 초등 수학 6-2 빠른 속도로 　　　　→ 쎈 연산 중등 수학 1-1 **선행** : 중등 개념서 1-1

		극심화
6~7세	연산 : 할 수 있는 수준까지	사고력 : 최상위 사고력 Pre A / Pre B
1학년	연산 : 할 수 있는 수준까지	사고력 : 최상위 사고력 초등 1A / 1B
2학년	연산 : 할 수 있는 수준까지	사고력 : 영재사고력 수학 1031 Pre / 사고력 수학 1031 입문
3학년	교과 : 최상위 수학 3, 4학년	사고력 : 문제 해결의 길잡이 심화 3, 4학년
4학년	교과 : 최상위 수학 5학년	사고력 : 최강 TOT 5학년
5학년	경시대회 기출문제(KMC) / 3% 초등 수학 올림피아드 1과정	
6학년	3% 초등 수학 올림피아드 2, 3과정 / 중등 심화까지	

1. Chapter1 '수학도 엄마표 가정 학습을 해야 하는 이유'에서 문제집 정하는 방법을 자세하게 소개합니다. 출판사 한 군데를 정하기보다 학기별로 여러 문제집을 돌아가며 풀어보는 것이 좋습니다.(이 표에서도 여러 문제집을 예로 들었습니다. 초등 수학에서 가장 대표적인 교재는 디딤돌입니다.)

2. 6~8세 시기는 한글 떼기에 집중하기보다 엄마가 책을 많이 읽어줘야 할 시기입니다. 이 시기에 학습 만화는 절대 금물입니다.

3. 초등 2학년까지는 수학 기초 체력을 단단히 하는 시기로, 교과 문제집보다는 연산 교재와 사고력 문제집을 병행하여 푸는 것이 좋습니다. 교과 문제집은 2학년 겨울방학 때 3학년 1학기 응용서로 시작합니다.

4. 연산, 사고력, 교과 교재의 진도 차이가 날 수 있습니다. 예를 들어 연산은 4학년 내용을 하면서 교과 문제집은 3학년 2학기, 《문제 해결의 길잡이》는 3학년 1학기를 풀 수도 있습니다. 이렇게 진도 차이가 나면 예·복습을 충실히 할 수 있어 더 좋은 효과를 냅니다.

5. 응용 수준에 들어선 학생은 4학년 1학기부터 조금씩 예습에 들어갑니다. 방학을 활용하여 다음 학기 응용서를 풀고, 현 학기 최상위를 풀 수 있습니다. 경험 상 4, 5학년 때 공부머리가 트이면서 아이들이 많이 성장합니다. 오히려 6학년은 최상위 수학을 잠시 쉬고 중등 선행을 준비하는 단계입니다. 여기서는 중학교 교재는 특정 교재를 쓰지 않았습니다. 아이에게 맞는 것으로 선택하세요.

수학 학습에서 자주 등장하는 단어

수학 관련 글이나 정보를 접할 때 자주 등장하는 용어를 익혀두면 내용을 이해하는 데 도움이 됩니다.

- **나선형 구조** : 토네이도 모양처럼 아래는 좁고 위로 갈수록 넓게, 소라껍데기처럼 빙빙 올라가는 구조를 말한다. 수학을 계단식이 아니라 나선형 구조라고 하는 것은 한 과정도 뛰어넘을 수 없고 학년이 올라갈수록 넓은 개념을 다룬다는 것을 의미한다. 예를 들어 덧셈을 모른 채 곱셈을 배울 수 없고 원을 모른 채 구를 이해할 수 없다.
- **현행** : 학교 수학 진도와 똑같이 공부하며 진도를 나가는 것을 말한다. 학교에서 배운 단원을 집에서 문제집으로 풀기. 보통 3학년 1학기 때 3학년 1학기 문제집을 풀면 '현행'으로 수학 공부를 한다고 한다.
- **선행** : 학교 수학 진도보다 빠르게 공부하며 진도를 나가는 것. 이 책에서는 일 년 이상을 선행이라 하고 방학 때 다음 학기 내용을 공부하는 것은 예습이라 한다.
- **예습** : 학교에서 배울 내용을 미리 공부하는 것. 내일 배울 것부터 다음 학기에 배울 것까지 모두 예습이라 말할 수 있다.
- **복습** : 학교에서 배운 내용을 다시 공부하는 것. 수학은 단계를 뛰어넘을 수 없기 때문에 개념을 이해하지 못한 단원은 복습해서 이해하고 넘어가야 한다.
- **다지기** : 한 단원이나 한 학기를 다진다, 라고 표현하는 것은 유형서나 심화서를 꼼꼼히 여러 번 풀어보는 것을 뜻한다. 아는 것도 다시 풀고 모르는 것을 열심히 공부한다. 한 학기 과정을 여러 종류 문제집으로 세 권 이상 풀기도 한다.

- **오답** : 틀린 문제. 오답을 한다는 것은 틀린 것을 다시 풀어본다는 것. (연관 용어 : 오답 노트)
- **오오답** : 두 번 틀린 문제. 한 번 틀린 문제를 공부한 뒤 다시 풀었을 때 또 틀리는 것. 혹은 한 번 틀린 문제를 공부한 뒤 다시 푸는 것.
- **완북** : 문제집 한 권을 끝까지 다 푸는 것을 '완북했다'고 한다. 표준어는 아니지만 엄마들 사이에서 자주 쓰는 말이므로 뜻만 알아두면 좋겠다.
- **기본(서)** : 기본 수준은 학교 교과서, 수학익힘책 수준의 문제. 필수적으로 알아야 하는 내용. 모르면 다음 학기, 다음 학년이 어렵다. 기본서는 기본 문제의 비중이 많은 교재. 초등에서는 개념서와 같은 말로 쓰인다.
- **개념(서)** : 교과서보다 더 상세하게 교과 내용이 설명되어 있는 교재. 각 출판사마다 개념서가 나온다. 문제 수는 많지 않고 문제 난이도도 쉬운 편이다.
- **응용(서)** : 응용 수준은 중상 난이도. 응용서는 문제 수준이 기본 수준 반, 응용 수준 반 정도의 문제집이다.
- **유형(서)** : 다양한 유형의 문제를 풀 수 있다. 대부분 유형서는 문제 수가 많다. 중등에서 중요하다.
- **심화(서)** : 심화 수준은 고난도 문제. 심화서는 심화 수준 문제의 비중이 50퍼센트가 넘는 문제집이다.
- **활용** : 연산 문제가 아니라 실생활에 접목한 응용 문제를 뜻한다.
- **몰입 공부** : 수학 공부 시간을 평소보다 두 배로 잡아서 진도와 난도를 높여서 공부하는 것. 초등 5, 6학년과 중학교 3학년 때 몇 달씩 경험해보는 것이 좋다.

학년별 수학 개념 정리표

우리 아이가 초등학교부터 중학교까지 배우는 교육 과정과 주요 내용을 알아둘 필요가 있습니다. 초등 1학년부터 중등 교육 과정까지 학년별 수학 개념을 정리해봤습니다. 이 내용을 미리 살펴보면 시계 보기나 단위 등 실생활에서 나오는 수학 개념을 학교에서 언제쯤 배우는지 알 수 있을 거예요.

학년	주요 개념
초등학교 1학년	• **수 세기** : 9까지의 수, 50까지의 수, 100까지의 수 (스물, 서른, 마흔, 쉰, 예순, 일흔, 여든, 아흔 알기) • **여러 가지 모양** : □△○ 모양 찾기 • **연산** : 모으기와 가르기, (한 자리 수) ± (한 자리 수) 부터 받아올림 받아내림 없는 (두 자리 수) ± (두 자리 수) 까지 • **비교하기** : 길다/짧다, 크다/작다, 무겁다/가볍다, 넓다/좁다, 많다/적다 • **시계보기** : 정각과 30분 단위까지만 • **규칙찾기** : 수배열표
초등학교 2학년	• **수 세기** : 세 자리 수, 네 자리 수 • **여러 가지 도형** : □△○ 특징 알기, 오각형·육각형 구별하기, 칠교, 쌓기나무 • **연산** : 받아올림 받아내림 있는 (두 자리 수) ± (두 자리 수), 세 수의 계산, 곱셈 개념 도입, 구구단 암기 • **길이재기** : 1미터(m)=100센티미터(cm), 길이의 계산, 길이 어림하기 • **시각과 시간** : 1분 단위까지 시곗바늘 그리기, 0시 30분 전 개념, 1시간=60분, 달력 보기, 며칠 동안인지 구하기, 1일=24시간, 1주일=7일, 1년=365일 • **규칙 찾기** : 덧셈표, 곱셈표에서 규칙 찾기

학년	주요 개념
초등학교 3학년 1학기	• **연산** : 받아올림 받아내림이 두 번 있는 (세 자리 수) ± (세 자리 수), 나눗셈 개념, 올림이 한 번 있는 곱셈 (두 자리 수)×(한 자리 수), 분수와 소수 소개 • **평면도형** : 선분, 직선, 반직선, 각, 직각, 직각삼각형, 직사각형, 정사각형 • **길이와 시간** : 1밀리미터(mm), 1킬로미터(km)=1000미터(m), 1초 단위까지 시곗바늘 그리기, 60초=1분, 걸리는 시간 계산 예 8km 400m-3km 600m 혹은 4시간 15분 30초-1시간 40분 50초
초등학교 3학년 2학기	• **사칙연산** : 다양한 자리에서 올림이 있는 곱셈 (두 자리 수)×(두 자리 수), (세 자리 수)×(한 자리 수), 다양한 나눗셈 (두 자리 수)÷(한 자리 수), (세 자리 수)÷(한 자리 수), 내림이 있는 나눗셈, 나눗셈의 몫과 나머지, 나머지가 있는 나눗셈 • **원** : 원의 중심, 반지름, 지름, 컴퍼스 활용법 • **분수** : 분수 개념, 진분수, 가분수, 대분수, 가분수를 대분수로 바꾸기, 대분수를 가분수로 바꾸기, 분모가 같은 분수 크기 비교 • **들이와 무게** : 1리터(L)=1000밀리리터(mL), 1킬로그램(kg)=1000그램(g), 1톤(t)=1000킬로그램(kg), 무게 어림하기, 무게의 합과 차 예 3L 600mL-1L 900mL, 3kg 300g+5kg 800g
초등학교 4학년 1학기	• **큰 수** : 큰 수를 소리내서 읽기, 10000(만) 100000(십만) 1000000(백만) 10000000(천만) 100000000(억) 1000000000000(조), 10000(만)을 기준으로 십만은 만의 몇 배인지, 천만은 만의 몇 배인지 • **각도** : 직각, 각의 어림, 삼각형의 세 각의 합 180°, 사각형의 네 각의 합 360° • **사칙연산** : 복잡한 곱셈과 나눗셈의 완성 • **평면도형** : 모눈종이에서 평면도형을 밀기, 뒤집기, 돌리기 • **막대그래프** : 막대그래프의 특징과 막대그래프 그리는 방법 • **규칙 찾기** : 수배열표
초등학교 4학년 2학기	• **분수** : 분모가 같은 분수의 덧셈과 뺄셈 예 $1\frac{2}{4}+2\frac{1}{4}$ • **삼각형** : 예각삼각형, 둔각삼각형, 직각삼각형, 이등변삼각형, 정삼각형 • **소수** : 소수의 개념과 소수점 위치, 크기 비교, 계산 받아올림 받아내림 있는 소수 (두 자리 수) ± (두 자리 수) 예 0.43 - 0.37 • **사각형** : 평행사변형, 마름모, 직사각형, 정사각형, 사다리꼴, 마름모 • **꺾은선 그래프** : 꺾은선 그래프의 특징과 그리기, 예측하기

학년	주요 개념
초등학교 5학년 1학기	• 자연수의 혼합계산 : 예 42+(23-19)×5 • 약수와 배수 : 약수와 배수 이해, 공약수, 최대공약수, 공배수, 최소공배수 • 규칙과 대응 : 주어진 숫자를 보고 규칙 찾기 • 약분과 통분 : 분수의 약분과 통분, 기약분수, 두 분수를 분모를 같게 통분하여 크기 비교, 분수의 분모를 10이나 100으로 만들어 소수로 고치기 예 $2\frac{1}{4}=2.25$ • 분수의 덧셈과 뺄셈 : 받아올림이 있는 분모가 다른 (대분수)+(대분수) 받아내림이 있는 분모가 다른 (대분수)-(대분수) 예 $5\frac{1}{3}-3\frac{1}{4}$ • 다각형의 둘레와 넓이 : 1제곱센티미터(1cm^2) 1제곱미터(1m^2)는 넓이의 단위, 평행사변형, 삼각형, 마름모, 사다리꼴의 넓이 구하기
초등학교 5학년 2학기	• 수의 범위와 어림 : 이상, 이하, 초과, 미만, 올림, 버림, 반올림 • 분수 : 분수의 곱셈, 세 분수의 곱셈, 대분수를 가분수로 바꾼 후 분자는 분자끼리, 분모는 분모끼리 곱셈 예 $2\frac{1}{5}×4\frac{3}{4}$ • 합동과 대칭 : 합동, 대응점, 대응변, 대응각, 선대칭도형, 점대칭도형 • 소수의 곱셈 : 소수를 분수로 바꾸기, 소수와 분수의 크기 비교, 소수점 위치 예 1.143×0.37 • 직육면체 : 공간도형 개념, 직육면체와 정육면체의 겨냥도와 전개도 • 평균과 가능성 : 평균의 개념, 일이 일어날 가능성
초등학교 6학년 1학기	• 분수의 나눗셈 : (진분수)÷(자연수), (대분수)÷(자연수) • 각기둥과 각뿔 : 각기둥과 각뿔 개념, 전개도 • 소수의 나눗셈 : (소수)÷(자연수), (소수)÷(소수), 자리수가 다른 소수의 나눗셈 • 비와 비율 : 비, 기준량, 비율, 백분율, 퍼센트, 다양한 활용 문제 • 여러가지 그래프 : 원그래프, 띠그래프 • 직육면체의 부피와 겉넓이 : 직육면체의 전개도, 부피 구하기, 부피 단위 1000000cm^3 = 1m^3

학년	주요 개념
초등학교 6학년 2학기	• 분수의 나눗셈 : (가분수)÷(자연수), (대분수)÷(자연수), (진분수)÷(진분수) • 소수의 나눗셈 : (소수)÷(소수), (자연수)÷(자연수) 의 몫을 소수로 나타내기 • 공간과 입체 : 1세제곱센티미터($1cm^3$) 부피의 단위, 입체공간, 쌓기나무 • 비례식과 비례배분 : 전항, 후항, 내항, 외항, 비례배분, 소금물, 톱니바퀴 문제 • 원의 넓이 : 원주, 원주율, π, 원의 넓이 • 원기둥, 원뿔, 구 : 전개도와 개념이해 까지만 (겉넓이와 부피는 중등에서)
중학교 1학년 1학기	• 자연수의 성질 : 소인수분해, 거듭제곱, 최대공약수, 최소공배수 • 정수와 유리수 : 정수와 유리수의 사칙연산 부호, 절댓값, 항, 상수항, 계수 • 방정식 : 다항식 차수, 방정식, 항등식, 일차방정식과 그 해, 특수한 해, 방정식 활용 예 거리 속력 시간, 소금물의 농도, 정가, 일에 관한 문제 • 좌표평면과 그래프와 비례 : 순서쌍과 좌표, 그래프 $y = ax, y = a/x$ • 정비례와 반비례
중학교 1학년 2학기	• 기본도형 : 교점, 교선, 직선, 각, 맞꼭지각, 수선, 꼬인 위치, 직선과 평면의 위치관계, 동위각, 엇각, SSS SAS ASA 합동 • 평면도형 : 정n각형, 내각의 크기, 원과 부채꼴, 호, 현, 활꼴, 부채꼴 • 입체도형 : 다면체, 각뿔대, 회전체, 입체도형의 겉넓이와 부피 • 통계 : 도수분포표, 상대도수
중학교 2학년 1학기	• 수와 식 : 무한소수, 순환소수, 밑과 지수, 지수법칙, 다항식의 사칙연산 • 부등식 : 일차부등식(연속하는 세 정수, 원가와 정가, 농도 문제 등) • 방정식 : 연립일차방정식(대입법, 가감법, 대치법), 해가 무수히 많거나 없는 경우 • 함수 : 일차함수 $y = ax + b$ $(a \neq 0)$, x 절편 y 절편, 연립방정식의 해와 그래프
중학교 2학년 2학기	• 삼각형의 성질 : 이등변삼각형, 직각삼각형, 삼각형의 외심, 삼각형의 내심 • 사각형의 성질 : 평행사변형, 직사각형, 마름모, 사다리꼴, 정사각형 • 도형의 닮음 : 삼각형의 닮음 조건, 도형 안에서 평행선 사이의 선분의 길이의 비, 삼각형의 중선, 삼각형의 무게중심, 닮은 도형의 넓이와 부피의 비 • 피타고라스 정리 : 피타고라스 정리 • 확률 : 경우의 수 (또는, 동시에, 일렬로, 대표로) 확률 (또는, 동시에)

학년	주요 개념
중학교 3학년 1학기	• **제곱근과 실수** : 제곱근, 분모의 유리화, 제곱근표, 제곱근의 사칙연산, 무리수의 정수부분, 세 실수의 대소관계 • **다항식의 곱셈과 인수분해** : 곱셈공식, 인수분해 • **이차방정식** : 이차방정식($ax^2 + bx + c = 0$), 여러 가지 이차방정식, 근의 개수, 중근, 완전제곱식, 근의 공식 • **이차함수** : 이차함수($y = ax^2 + bx + c$)와 이차함수의 그래프
중학교 3학년 2학기	• **삼각비** : 삼각비의 개념과 값, 삼각비의 활용 • **원의 성질** : 호와 현의 길이, 원의 중심과 현의 수직이등분선, 접선의 성질, 삼각형의 내접원, 원에 외접하는 사각형, 원주각과 중심각의 크기, 원주각의 크기와 호의 길이, 원에 내접하는 사각형, 접선과 현이 이루는 각 • **통계** : 중앙값과 최빈값, 대푯값, 변량, 편차, 분산과 표준편차, 산점도

* 표에서 정리한 개념은 주요 개념을 뜻하는 용어로 표기했기에 문제집이나 교과서의 단원명과는 다를 수 있습니다.

1. **[연산]** 초등 수학은 학년이 올라갈수록 연산을 확장합니다. 기본적으로 교과 목표에 해당하는 연산은 실수 없이 하도록 반복해서 연습해야 합니다. 1학년 1학기부터 3학년 2학기까지 자연수에 대한 사칙연산(덧셈, 뺄셈, 곱셈, 나눗셈)이 마무리됩니다. 4~5학년에 걸쳐 분수의 연산을 확장하고 5~6학년에 걸쳐 소수의 연산을 확장합니다. 중등 수학에서는 정수, 유리수, 무리수로 수 체계가 확장됩니다. 복잡한 수와 식의 중등 연산도 준비가 필요합니다.

2. **[도형]** 초등수학에서 2학년까지는 각 도형을 구분하는 것이 목적이라면 3학년부터 도형을 이루는 요소에 대해 학습합니다.

도형은 각 요소(예 선분, 각, 반지름)에 대한 정의를 정확하게 이해하고 암기해야 합니다. 4학년부터 도형의 활용 문제가 등장합니다.(예 삼각자 이용, 종이 접기 각도 구하기 등) 문제집에서 다양한 유형의 문제를 풀어보아야 합니다.

3. **[단위]** 2학년 2학기 '시간과 시각', 3학년 1학기 '길이와 시간' 단원은 연습이 필요하므로 시중에 한 권짜리 교재가 다양하게 나와 있습니다.

    예 《기탄영역별수학》 도형·측정편 5과정, 《초능력 수학연산》 시계달력, 《바쁜 초등학생을 위한 빠른 시계와 시간》 등

4. 초등 수학은 응용서 위주로 풀지만, 중등 수학은 연산서, 개념서, 유형서를 순서대로 풀어야 합니다.

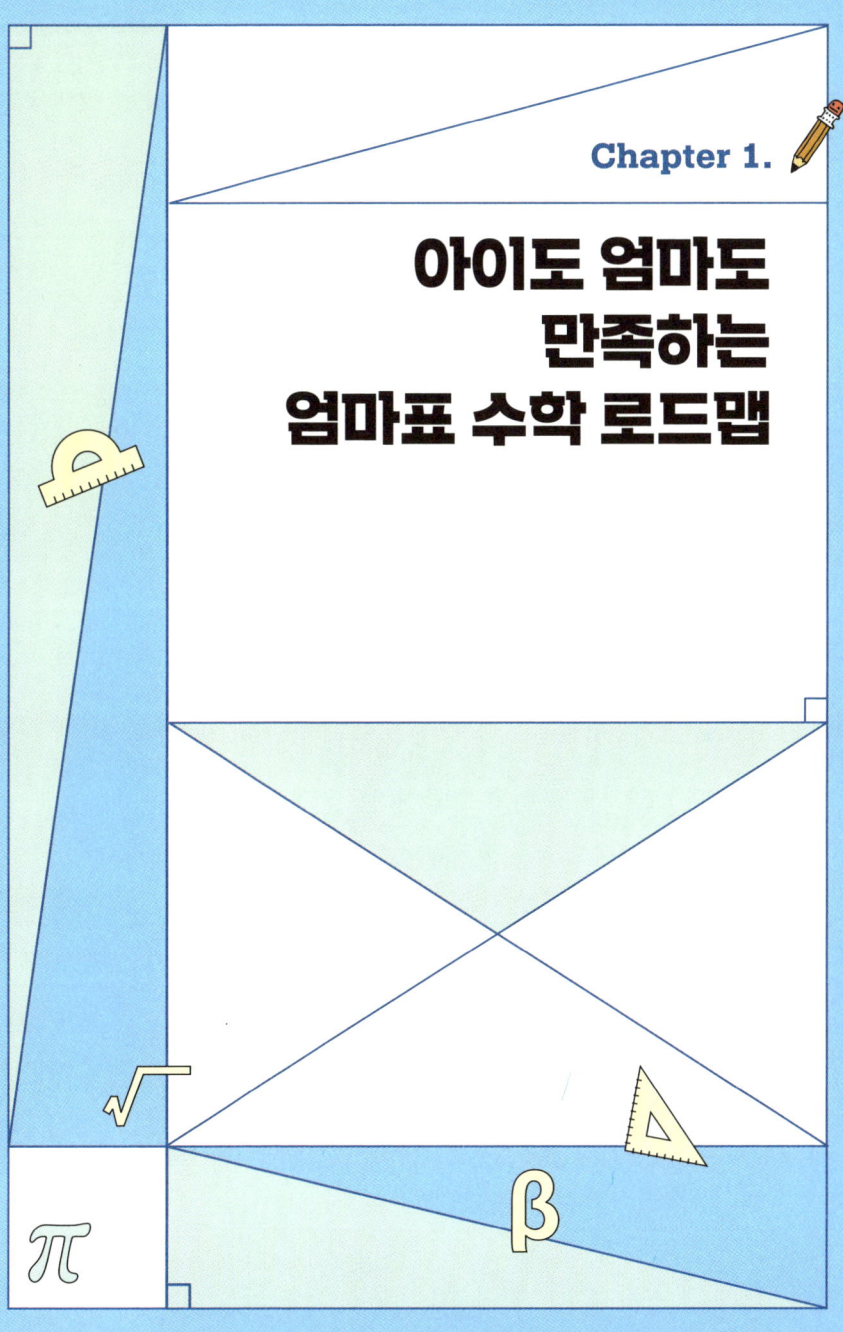

Chapter 1.

아이도 엄마도 만족하는 엄마표 수학 로드맵

바퀴가 저절로 굴러가는
엄마표 수학 공부의 시작

"우리 아이는 줄넘기를 잘해", "종이접기를 잘해", "발표를 잘해", "국어를 잘해"라고 말하기는 쉬운데 "수학을 잘해"라고 말하기는 왠지 껄끄럽습니다. 많은 사람들이 수학을 어려운 과목이라 생각하기 때문에 잘한다고 말하면 대단한 경지에 올랐구나, 라고 생각할까봐서죠. 한 가지 이유를 더 들자면, 대부분 수학을 잘한다는 기준이 매우 높기 때문입니다. 초등 2학년 교육 과정에 곱셈이 처음 나오는데, 학교에서 이제 막 구구단을 배운 2학년 학생이 구구단을 다 외웠다고 해서 수학을 잘한다고 생각하지 않습니다. 여섯 살 아이가 구구단을 줄줄 외우는 정도는 되어야 잘한다고 할까 말까입니다. 수학에 대한 기준은 참 높습니다.

교육부에서 고시한 수학 교육 과정을 보면 학년마다 각 단원의 기본 개념만 이해하면 됩니다. 하지만 실제 사교육 현장에서는 어떤가요. 심화 수학, 사고력 수학이라는 이름으로 수학익힘책에 나오는 문제와는 비교도 되지 않는 난이도의 문제를 풀고 있습니다. 가정에서도 마찬가지고요.

수학 학습의 바람직한 방향

수학이 중요 과목이라는 것은 부정할 수 없습니다. 고등학교 수학에서는 내신이든 수능이든 높은 점수를 받아야 상위권 대학에 진학할 수 있습니다. 수학 시험의 변별력을 높이기 위해 고등학교 내신과 수능에 심화 문제를 포함시키는 것 자체는 어느 정도 합리적이라고 생각합니다. 그런데 고등학생이 되어 수학 성적을 드라마틱하게 올리는 것은 대단히 어렵고, 수학은 나선형 과정이므로 한 학년이나 한 단원을 건너뛸 수가 없습니다. 이런 이유가 지금의 극단적인 심화 선행 문화를 만들게 된 것이죠. 대입의 변별을 위한 고등 심화 문제가 점점 내려와서 중등 수학에서 더 어렵게 더 열심히, 또 내려와서 초등 수학에서도 더 어렵게 더 열심히, 이제는 그 요구가 미취학 아동에게까지 내려왔습니다.

시작은 좋은 취지에서 비롯되었습니다. 고등학생이 되어 갑자기 성적을 올리기는 힘드니 미리미리 열심히 하자는 마음이었겠지요. 그러나 요즘엔 초등학생들도 최상위 수학 문제집을 '푼다/못 푼다'로 구분하는 것이 현실입니다. 수학을 잘하려면 선행을 해야 하고 심화까지 해야 한다는 것에 일정 부분 동의하지만 지금의 현실은 너무 극단적으로 보입니다.

지금 우리 아이가 2학년이든 5학년이든 중학생이든, 이 아이가 도저히 1년 이상의 수학 선행이 힘들고 수학 심화 문제를 못 푼다고 해봅시다.

당연히 불안합니다. '우리 아이는 공부 머리가 없는 걸까?' 하는 생각이 들 수도 있습니다. 그렇지만 지금 심화 문제를 못 푼다고 해서 고등학교에 가서도 못 푸는 것은 아닙니다. 뇌는 유전적인 요소와 외부적인 요인에 따라 끊임없이 발전합니다. 시기의 차이가 있을 뿐이죠. 지금 우리 아이의 뇌 발달 상태가 그대로 고등학교까지 이어진다고 생각하지 마세요. 어떤 노력을 하는가에 따라 결과는 달라질 수 있습니다.

초등학교 때 반짝반짝 빛이 나는 아이들이 있습니다. 이런 아이들은 또래 다른 아이들이 집중력과 끈기가 부족한 시기를 틈타 앞서 나갈 수 있습니다. 이런 아이들은 선행도 하고 심화도 하면 됩니다.

하지만 중학생이 되면 친구들도 달라집니다. 고등학생이 되면 더 달라지고요. 목표의식도 생기고 집중력도 끈기도 생깁니다. 못 풀던 심화 문제를 파고들 힘이 생깁니다. 그렇기 때문에 어릴 때 조금 미리 당겨서 공부하는 것을 비교할 필요가 없습니다. 본인 학년의 심화 수학 성적이 진짜 성적입니다. 선행 기본 성적보다 현행 심화 성적이 더 중요합니다.

여기서 '누구나 고등학생이 되면 수학을 잘할 수 있다는 말인가요? 현실은 아니던데요?'라는 의문이 들 것입니다.

정확히 말씀드리겠습니다. 고등학생이 되어서 빛이 나는 건 초등 때부터 꾸준히 해왔던 아이들에게만 해당합니다. 수학 공부를 기본까지 하든, 응용까지 하든, 꾸준하게 놓치지 않고 해왔던 아이들은 고등학교에 가서 실력을 발휘할 수 있습니다. 고등학교 3학년 입시 때 최고의 성과를 내기 위해서는 자기 역량대로 꾸준하게 공부하면 됩니다.

이 책에서는 가정에서 내 아이에게 맞는 역량대로 꾸준하게 할 수 있는 수학 공부법을 담았습니다. 지금 말고 대입을 앞두었을 때 비로소 "수학 잘해"라고 말할 수 있기를 바랍니다.

성취감, 수학 공부의 가장 큰 동기

제가 대학에서 수학교육을 전공할 때는 《학교 수학의 교육적 기초》라는 서울대학교출판문화원에서 출판한 수학교육학의 바이블과 같은 두꺼운 책을 필수 과목으로 배웠습니다.

그 책의 서문에서는 "학교 수학의 중대한 결함은 학습을 위한 동기유발이 결여되어 있는 점"이라고 수학교육의 모순된 점을 인정하고 있습니다. 수학은 형식적이고 추상적인 이론이므로 그 자체에 매료되는 학생이 적고, 사칙연산의 산술을 벗어나는 대수나 기하나 삼각법을 열심히 공부해야 하는 이유를 실감하기가 어렵기 때문이라 합니다.

그런데 참 아이러니합니다. 왜 배워야 하는지 모르는 수학이 전체 성적과 입시를 좌우하고, 대부분의 학생들이 학창 시절 내내 가장 많은 시간을 할애하는 과목이라니요.

어렵고 추상적인 수학을 학교에서 배우는 근본적인 이유가 분명히 있습니다.

바로 성취감 때문입니다.

수학이 왜 아름다운지 묻는다면 저는 단연 성취의 기쁨을 꼽겠습니다. 이 성취의 기쁨은 엄마표 수학과도 깊은 연관이 있습니다.

1년 전, 저희 첫째가 영어 학원에서 배우는 교재 내용을 보고 너무 어려워 깜짝 놀랐습니다. 바로 학원 선생님에게 전화해서 상담을 했지요. "초등학생이 배우기엔 단어가 너무 어려운 것 같다, 본문을 다 이해하고 진도를 나가는 건지 의심된다"라는 제 걱정에 영어 선생님은 이렇게 대답했습니다.

"어머니, 지금 ○○가 반에서 테스트 성적이 평균 이상이에요. 그 말은 잘 해나가고 있다는 거예요. 영어에서 읽기reading 영역은 모든 단어를 알지 못해도, 느낌으로 푸는 감感도 중요합니다."

저는 감이라는 말을 한동안 잊고 지냈습니다. 모든 공부를 수학적으로 접근했기 때문이죠. 타 과목에서는 감이 중요할 수 있습니다. 정확한 답이 아니더라도 가장 가까운 답을 고르면 정답이 될 수도 있다는 말입니다.

하지만 수학은 어떨까요? 수학은 문제 이해와 정확한 풀이 과정을 통해서만 정답이 나옵니다. 그래서 누군가는 수학이 가혹하다고 합니다. 하지만 내가 열심히 푼 문제를 다른 누군가는 그저 감으로, 느낌만으로 푼다면 어떨까요. 과연 열심히 공부하면 수학 실력이 쌓일 거라는 믿음, 해냈다는 성취감이 생길까요?

- **수학에서 느낄 수 있는 성취감**
  - 어려운 문제를 해결했을 때의 성취감

- 어제 틀린 문제를 다시 풀어서 정답을 내고야 말았을 때의 성취감
- 오늘 정한 분량을 다 해결했을 때의 성취감
- 오늘 푼 분량은 오답이 많았지만 결국에는 이해했을 때의 성취감
- 문제집 한 권을 다 풀었을 때의 성취감

수학은 문제 하나를 온전히 이해하고 잘 풀어냈다는 작은 성취감에서 문제집의 한 단원을 다 풀었다는 중간 성취감, 그리고 한 학년의 내용을 무사히 마쳤을 때의 큰 성취감까지 다양한 성취를 쌓아가기에 가장 좋은 과목입니다. 이 성취감을 느끼기 위해서는 자신과의 싸움을 치러야 합니다. 선생님이 칠판에 푸는 문제를 보는 것으로는 성취감을 느낄 수 없습니다. 오로지 나와 수학 문제와의 줄다리기를 통해서만 경험할 수 있습니다.

그렇기 때문에 수학은 양에 집착하기보다 ==나에게 맞는 진도를 끝내는 경험을 쌓아야 합니다.== 모든 아이들은 각기 다른 발달 과정을 거칩니다. 특히 초등까지는 주위 다른 사람과의 비교를 멈춰야 합니다. 터무니없는 목표를 잡거나 남과 비교하다 보면 성취감을 충분히 느껴야 할 시기에 좌절감만 느끼니까요.

내 아이의 현재 수준은 부모가 가장 잘 압니다. 하지만 미래 수준은 아무도 모릅니다. ==현재 수준에서 한 발 나아갈 수 있도록 가까운 목표를 잡아주세요.== 아이가 성취감을 느낄 수 있도록 도와주세요.

기분 좋게 책상에 앉아 오늘의 분량을 마칠 수 있도록 도와주세요. 아이가 한 주를 열심히 보내면 이번 주에 푼 수학 문제집을 넘겨보며 꼭 칭찬해주세요. 오늘의 오답을 내일의 정답으로 바꾸고 기쁨을 느낄 수 있게 도와주세요. 아이 혼자서는 잘 느끼지 못합니다. 부모님이 격려해주고, 다음으로 나아갈 수 있도록 응원해주세요.

수학이 처음부터 재미있는 아이들은 극소수입니다. 수학에 대한 분명한 동기가 생기는 방법은 모르던 문제 하나를 노력 끝에 풀게 된 것. 그것이 첫 발자국입니다.

수학 학습의 기본 원칙, 매일 풀기

'플라이 휠' 이론을 아시나요? 미국 온라인 시장을 독차지하고 있는 아마존의 회장 제프 베조스가 고안한 회사의 성장 이론입니다. 아마존 사업 초기에 구축한 이론으로, 매주 모든 사원들에게 상기시킨다고 해요. 이 플라이 휠의 핵심은 선순환 구조입니다.

아마존은 많은 판매자 수를 확보하여 어마어마한 양의 데이터를 갖추고, 그에 걸맞는 상품을 보유하고 있습니다. 이를 통해 고객들이 선호하는 상품을 더 잘 알게 됩니다. 고객의 필요에 맞는 상품이 많아질수록 고객들이 더 많이 방문하고, 또다시 더 많은 판매자가 아마존을 찾게 됩니다. 이것이 선순환 구조입니다. 시장을 선점하기는 어렵지만, 일단 선점하기만 하면 선순환이 됩니다. 바퀴를 처음 굴리기에는 많은 힘이 들지만 바퀴가 한 번 구르기 시작하면 저절로 굴러가는 것이죠.

이 이론은 이제 다른 기업들의 비즈니스 모델이 되기도 하고, 개인 역량을 발전시키는 데도 응용됩니다. 플라이 휠 이론을 엄마표 수학에 적용해본다면, 가정에서 아이가 매일 수학 공부를 하는 것이 바퀴를 처음 굴리는 것과 같습니다. 많은 노력과 힘이 들지만 한 번 구르기만 하면 상위권 성적을 선점하는 거나 마찬가지입니다. 그 노력의 시작은 부모님이 도와주는 것이 가장 효과적입니다.

저는 주변 엄마들에게 이런 말을 자주 듣습니다.

"어떻게 엄마표 수학을 하는 거야? 대단하다."

"아이들이 착하고 순한가 보네."

"난 해보려고 했는데 안 되더라. 아이가 내 말은 안 들어."

막상 저는 그리 힘들지도 않고 애를 쓰지도 않는데 말이죠. 이런 말을 들을 때마다 왜 그런지 생각해보았습니다. 곰곰이 생각해보니 저희 집에서는 한 가지 단순한 규칙이 지켜지고 있었습니다.

<mark>오늘의 공부 분량은 오늘 할 것.</mark>

이 쉽고 간단한 규칙은 사실 꽤 지키기 어렵습니다. 엄마표 수학의 플라이 휠을 그려볼까요?

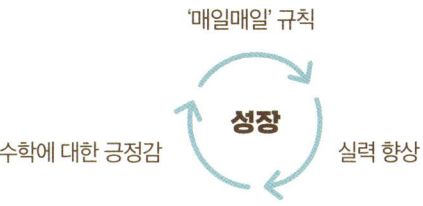

　매일매일 규칙적으로 수학 문제집을 풀다 보면 수학 실력이 향상됩니다. 즉각적으로 성적이 오를 수도 있고 성적이 오르지 않더라도 문제를 푸는 스킬이 생기기도 합니다. 하지만 무엇보다 수학 문제집을 아예 안 풀어본 아이와 규칙적으로 매일 문제집을 풀어본 아이는 마음가짐이 다릅니다. 할 수 있다는 자신감이 생깁니다. 소위 말해 돈 주고도 살 수 없다는 수학에 대한 긍정감이 생기는 것이죠. 어렴풋이 어렵다고 느껴지던 수학이 내 손 안에 들어오는 경험이요.

　말도 안 된다고요? 우리 아이는 수학 문제집을 풀어도 여전히 못한다고요?

　실력은 며칠 만에 완성되지 않습니다. 매일매일 하다 보면 수준에 맞는 연산 문제집이나 본인 학년의 기본서는 마음만 먹으면 한 권을 완성할 수 있습니다. 기본서라도 한 권을 완성하는 데는 끈기가 필요합니다. 새 학기가 되어서 문제집을 사놓고 앞에 몇 장만 풀고 버려지는 문제집이 수두룩합니다.

　수준별, 학년별 문제집을 정하는 방법은 이 책의 뒷부분에서 자세하게 다루겠습니다. 여기서 짚고 넘어가야 할 것은 **매일 풀어야 한다는 것입니다.**

두 살 터울의 세 아이를 키우면서 하루에 세 번 밥을 먹고, 열 시쯤 잠자리에 들고, 다음날 학교를 가고, 정해진 학원을 다니는 것은 매일 빠질 수 없는 일상이었습니다. 저희 집에서는 그 일상과 맞먹는 중요도로 규칙적으로 수학 공부를 하는 것을 우선 순위에 올려두었습니다. 반복되는 일상의 규칙을 **루틴**이라고 합니다. 지루하지만 건너뛸 수 없는 것입니다.

보통의 가정에서 수학 공부는 영어, 독서, 운동, 놀이 중 가장 후순위가 되기 쉽습니다. 하지만 수학만은 잡아보고 싶다는 간절함이 있다면 이제부터는 "수학 문제집 두 장씩 두 권 풀기"를 먼저 한 다음 다른 건 마음껏 하자는 규칙을 정해보세요.

"오늘 수학 공부 할래?"

"싫어."

"오늘 한 장만 풀어보자."

"싫어."

이렇게 아이를 어르고 달래는 것은 분명 스트레스입니다. **규칙은 정해지기까지 진통이 있지만, 정착되기만 하면 잘 굴러갑니다.**

처음이 힘들지 루틴 안으로 들어오기만 하면 아이도 받아들입니다. 엄마표 수학을 하면서 "수학을 좋아하게 만들어야지!"라는 생각은 욕심입니다. 대신 좋아도 싫어도 조금씩 하던 것이 쌓여서 결과물을 만들어내면 자연스레 성취감이 생기고 성적도 올라갑니다. 매일 푸는 양은 부담 없이 스트레스 없이 할 정도면 됩니다.

연산과 교과 문제집의 시작

이 책을 읽는 미취학, 혹은 초등학교 1, 2학년 부모님 중에는 '수학 공부를 벌써부터 꼭 해야 해?'라는 생각을 가진 분도 있을 거예요. 어쩌면 주변에서 "결국은 수학이다, 저학년 때 영어하고 고학년부터는 수학이다, 수학 잘해야 대학 잘 간다, 초등 수학부터 어렵다" 등 수학을 강조하는 말에 벌써 질린 것일 수도 있습니다.

수학만을 강조하는 이런 말에 기분이 상할 필요도 없고 미리 걱정할 필요도 없습니다. 다만 초등학교 1, 2학년 때도 가정에서 풀 수 있는 유익한 교재가 있으니 하루에 한두 장씩 풀어보는 게 어떨지, 먼저 해본 부모로서 권해봅니다. 풀어서 남 주는 것 아니고 어딘가에 다 남더라고요. 수학 내용이 남지 않는다면 학습 태도라도 남습니다. 미취학과 저학년은 30분 이내가 좋습니다. 그럼에도 영 내키지 않는다면 3학년부터라도 해보세요. 그래도 연산 문제집만큼은 집에서 꾸준하게 푸는 것이 좋다는 말씀은 드리고 싶습니다.

오른쪽 표(45쪽)는 가정에서 수학 공부를 할 때 걸리는 시간을 가늠해볼 수 있도록 2학년 연산 교재와 3학년 교과 문제집으로 예를 들어 정리한 것입니다. 연산 교재는 저학년부터 풀어야 하지만 교과 문제집은 3학년부터 푸는 것이 좋습니다. 저학년 연산 문제집으로는 《소마셈》을 추천하는데, 교재에 친절하게 매일의 분량이 표시되어 있습니다. 교과 문제집 《쎈》에도 단원별 표준 학습일이 표시되어 있습니다.

이 표는 넉넉하게 잡은 거라 여행을 가거나 아픈 날은 빠져도 괜찮습니다. 일주일 공부를 주 5회로 잡은 이유는 토요일은 주중에 밀린 공부를 하고 일요일은 쉬기 위해서입니다.

소개한 문제집 외에도 대부분의 문제집 앞에는 하루 분량이 표시되어 있습니다.

이 표대로 매일 정해진 분량을 했다고 가정해보겠습니다. 7세라면 7세의 교재로, 3학년이라면 3학년의 교재로 말이죠. 7세는 30분 정도 걸리고, 3학년은 한 시간에서 두 시간 정도 걸리고, 6학년은 두 시간, 중학생은 두 시간 이상 걸립니다. 수학 학원을 다니지 않고 가정에서 수학 공부하는 시간입니다.

저희 집 첫째는 1년이 되기 전에 1년 치의 연산 문제집과 교과 문제

문제집	표준 학습일	한 권 학습 소요 시간	연간 학습량
연산 문제집 소마셈 (2학년 B8)	본문 3페이지씩 → 20일 완성 보충학습 2페이지씩 → 8일 완성	한 권에 총 28일	1년에 여덟 권 → 1년 과정 넉넉잡아 10개월 완성
교과 문제집 쎈 3-1	1단원 표준 학습일 9일 2단원 표준 학습일 10일 3단원 표준 학습일 9일 4단원 표준 학습일 10일 5단원 표준 학습일 10일 6단원 표준 학습일 12일 학업 성취도 평가 : 한 장씩 6일	한 권에 총 66일	1년에 두 권 → 1년 과정 8개월 완성
	한 권에 66일 → 주말, 여행, 아파서 쉬어도 98일(14주) 완성 가능 + 한 권 끝난 후 2주 정도 오답 정리 → 4개월 완성		

집의 오답 정리까지 마쳤습니다. 그 다음부터는 속도 조절을 할 수 있습니다. 심화를 할 시간도, 선행을 할 시간도 있습니다. 복습을 해도 됩니다. 3월에 시작했다고 하면 겨울방학 즈음에 완성입니다. 겨울방학 때 다음 학년 문제집을 시작하면 그것이 바로 예습이고 선행입니다. 선행이 별건가요. 꾸준하게 풀다 보니 저절로 앞서게 되는 것이죠.

 석 달만 참고 도전해보세요. 공부의 선순환이 이루어지는 것을 확인할 수 있습니다.

수학도 엄마표 가정 학습을 해야 하는 이유

앞서 수학 학습의 동기가 성취감이고, 성취를 이루어 나가는 과정은 루틴을 잡아 학습하는 것이라고 했습니다. 이 두 가지를 완성하는 최적의 장소는 바로 가정입니다.

가정 학습의 장점

가정 학습의 장점을 꼽자면 첫 번째는 비교당하지 않는다는 것입니다.

아이들은 학교 현장에서 어렴풋이 느낍니다. 내가 발표를 잘하는구나, 글씨를 잘 쓰는구나, 모범생이구나, 혹은 나는 선생님이 알려주신 걸 이해하는 게 빠르진 않구나 등을 말이죠. 이런 감정을 느끼는 공간이 교실입니다. 가정은 그 감정을 채우는 곳이 되어야 합니다.

부모는 아이를 가장 잘 아는 사람이고, 아이의 치부도 사랑으로 감싸주는 사람입니다. 엄마, 아빠에게 듣는 잔소리는 사실 사랑이라는 것을 아이들도 알고 있습니다.

==가정 학습의 두 번째 장점은 자발성입니다.==

초등학교 때는 엄마와 아이가 동의 하에 하루 분량을 정하는 것 자체가 자기주도학습입니다. 자기주도학습은 정해진 시간에 스스로 공부한다는 뜻이 아닙니다. 세상에 어떤 아이가 "저는 지금부터 수학 공부를 시작할 거예요" 하고 책상에 앉아서 매일매일 수학 공부를 할까요. 그런 아이가 있다는 소리는 듣지도 보지도 못했습니다. 저희 집도 마찬가지입니다.

가정 학습이 자발적으로 이루어진다는 뜻은 문제집의 종류와 하루 분량을 본인이 정한다는 것입니다. 이것만으로도 학습의 주도권을 잡은 것입니다. 학원 선생님이나 부모가 정한 문제집을 시키는 대로 푸는 것이 아닙니다. 스스로 정한 문제집으로 본인이 정한 분량을 한다는 사실만으로도 아이에게는 학습의 주도권을 잡았다는 긍정감이 생깁니다. 부모의 역할은 아이가 정한 분량을 지킬 수 있도록, 매일 의자에 앉을 수 있게 유도하는 것입니다.

==가정 학습의 세 번째 장점은 사교육과 달리 완급 조절이 가능하다는 것입니다.==
아이가 컨디션이 안 좋거나 여행을 갈 때는 공부량을 좀 줄일 수 있고, 방학을 맞아 몰입 공부를 계획했다면 몇 주간 진도를 빨리 나갈 수도 있습니다.

수학 학습의 완급 조절

우리 아이 수학 공부, 어디서부터 어디까지 완급조절을 해야 할까요. 미취학이나 저학년 자녀의 부모님들은 두 부류(?)로 나뉩니다. 아이가 혹시나 수학에 뒤쳐질까 봐 무엇이라도 시키고 싶은 분이 있고, 반대로 공부는 본인이 할 때가 되면 알아서 하는 거지 시켜서 하는 것은 아니라는 분이 있습니다. 둘 다 일리가 있습니다. 이 둘을 잘 조합해서 적절하게 수학 학습을 하기 위해서는 먼저 알아야 할 것이 있습니다. 부모님 세대와는 다른 지금의 학교 교육과 입시 현실입니다.

매일 두 장, 초등 수학

초등 수학을 아주 오랜 시간을 투자해서 괴롭게 공부하는 것은 권하지 않습니다.

<u>하루에 문제집 두 권을 정해 두 장씩 푼다.</u>

이 정도면 적당합니다. 사칙연산 실수를 줄이기 위해서는 연습이 꼭 필요하니 연산 문제집 두 장을 풉니다. 거기에 더해 이번 학기나 다음 학기 수학 교과 문제집을 두 장씩 푸는 것을 습관으로 만들면 예·복습을 하는 의미에서도 좋습니다. 현재 초등학교에서 이루어지는 단원평가는 심화문제까지 나오지 않기 때문에 매일 성실하게 한다면 90점 이상을 받을 수 있습니다.

개념 이해가 중요한 중등 수학

중등 수학은 5, 6학년 때 시작하면 좋은데, 그 이유는 우리 아이가 수학감이 있는지 없는지를 알아보기 위해서입니다. 미지수가 나오고 부호체계가 달라지면서 수학감이 없는 아이들은 중학교 1학년 1학기부터 굉장히 고전합니다. 6학년에 미리 중등 연산 교재를 시작했을 때, 개념을 잘 받아들이는 아이들은 시중에 나온 문제집을 꾸준하게 풀면 됩니다.

그런데 아이가 너무 어려워하고 개념 이해를 못하면 마음을 굳게 먹어야 합니다. <u>스스로 풀면서 원리를 깨우치는 데 시간이 걸릴 수</u>

==밖에 없어요. 남들 한 권 풀 때 두 권 풀더라도 스스로 이해할 때까지 기다려줘야 합니다. 개념 이해가 느리기에 중등 연산부터 준비하여 개념서까지 풀어봅니다.== 문제집 수준은 욕심내지 말고 남들보다 더 긴 시간을 투자해야 같은 성취를 얻을 수 있거든요. 가정에서 문제집을 풀면서 채점하고 오답을 고쳐나가면서 연습합니다. 필요하다면 부모가 도와줄 수도 있고, 공부방을 가거나 과외를 시작할 수도 있습니다. 아이가 스스로의 문제를 파악하고 사교육을 원한다면 시켜도 됩니다. 하지만 사교육의 목표는 스스로 집에서 공부하기 위한 기본 바탕을 배우는 것이라는 걸 명심하세요.

중등 수학은 개념서, 응용서를 반복해서 푸는데, 두 권을 정해 매일 꾸준하게 풀면 1년 동안 2년 선행의 진도가 가능합니다. 초등 심화 문제집과는 결이 다른 중등 유형서의 특징 때문입니다. 그동안 수학 공부를 꾸준히 해온 학생이라면 중등 수학은 암기를 바탕으로 유형서 한 권을 두 달 안에 풀 수 있고, 유형서 두 권을 병행할 수도 있습니다. 이를 바탕으로 중3 때는 본격적으로 고등 수학을 들어갈 수 있습니다.

여기까지는 부모님 세대와 별반 다르지 않습니다. '수학 문제집 두 권을 두 장씩 집에서 꾸준히 공부한다'에서 크게 벗어나지 않습니다. 하지만 고등학교에 가면 달라집니다.

선행 필수, 고등 수학

현現 고등 수학은 선행이 필수입니다. 중학교 때 수(상), 수(하), 그리고 수I까지도 조금 공부하고 가면 좋습니다. 응용까지 하느냐, 심화까지 하느냐는 각자의 능력에 달려 있습니다. 선행을 해야 하는 이유는 요즘 고등학생에게 주어진 시간이 절대적으로 부족하기 때문입니다.

부모 세대와 달리 요즘 고등학교에서 이루어지는 모든 활동은 대입과 직결됩니다. 예전에는 고등학교 1학년 1학기 중간고사가 대입에 큰 영향을 주지 않았습니다. 하지만 현 고등학교 1학년 1학기 중간고사는 그대로 학생부에 기록됩니다. 고등학교 1학년 수학 시험 네 번, 고등학교 2학년 수학 시험 네 번, 고등학교 3학년 1학기 수학 시험 두 번으로 대학 원서를 냅니다. 더군다나 고등학교 수학 시험은 부모님 세대와 다르게 수행 평가, 수리논술, 서술형 평가, 주관식 문항이라는 다양한 이름으로 깊이 있게 공부해야만 높은 점수를 받을 수 있습니다.

그런데 문제는 수학만 그런 게 아니라는 겁니다. 전 과목에서 수행 평가에 들어가는 과제가 쏟아져 나옵니다. 개별 과제, 조별 과제 종류도 다양합니다. 상위권 학생들의 경쟁이 정말 치열합니다. 고등학생이 되면 상위권 학생들은 엄마가 제발 그만하고 자라고 뜯어말려도 밤을 새워서 과제를 하고 수행 평가를 준비합니다. 최상위권으로 올라가는 과정이 더욱 치열해졌습니다. 국영수과사 어느 한 과목도 놓칠 수 없는 시스템이 되었고요.

우리 아이들 너무 안쓰럽지요. 하지만 학교 입장에서는 변별력을 갖추기 위한 어쩔 수 없는 선택입니다. 내신이 9등급제로 나뉘기 때문에 4퍼센트 안에 들어야 1등급을 받을 수 있습니다. 3등급까지가 상위권이라면 그 안에서 피를 말리는 경쟁이 매주, 매달 이어진다고 보면 됩니다.

부모님 세대에 상위권 고등학생이 중간고사를 준비한다고 하면 3주 정도 전부터 계획을 짜고 시험 공부를 했을 겁니다. 그 시간 동안 집중적으로 교과서와 문제집을 바탕으로 공부하고, 수학 역시 난이도 있는 문제집까지 꼼꼼하게 풀면 좋은 점수를 받을 수 있었습니다. 하지만 학생을 질적으로 평가한다는 취지의 수행 평가 제도에서는 부모 세대 공부법으로는 좋은 결과를 얻을 수 없습니다. 출제 위원이 아무리 어렵고 복잡하게 문제를 내도 풀어내는 아이들이 있기 때문에, 수행 평가도 단순히 참가에 의의를 두고 점수를 주는 것이 아니라 더욱 세밀해질 수밖에 없습니다. 한마디로 아이들의 정신력과 노력의 끝을 본다 할 수 있습니다.

제가 근무했던 모의고사 출제실에서는 모의고사 결과가 나오면 성적표를 분석했습니다. 상위 0.01퍼센트부터 100퍼센트까지 백분율대로 나누어진 학생들의 전국 분포 점수를 보면서 가혹하다고 생각했습니다. 하지만 변별을 하는 입장에서는 그 어떤 학생부 기록보다 내신 시험과 수능 시험이 기준점이 되기도 합니다. 공부 안 하는 하위권 학생을 둔 부모님 속도 타들어 가겠지만, 열심히 하는 상위권 학생을 둔 부모님도 눈물로 영양제를 준비합니다. 아이들이 노력한 만큼 성적이 나오면 좋으련만 어느 한 군데만 삐끗해도 문제가 되는 아슬아슬한 삶을 살고 있기 때문입니다.

이 글을 읽고 있는 미취학이나 초등 저학년 부모님들은 자녀가 고등학생이 되면 상위권이 되길 바라겠지요. 물론 저도 그렇습니다.

그러면 하나만 기억하면 됩니다. 고등학생이 된 우리 아이가 상위권의 압박을 견딜 수 있는 멘탈을 가진 아이가 되면 됩니다. 그래서 완급 조절을 해야 한다는 것입니다.

"초등학교에서 진 빼지 마라."

교육 전문가들이 하는 말입니다.

"수학 공부는 초등학교 때부터 성실하고 꾸준하게 해야 한다."

이 역시 교육 전문가들이 하는 말입니다.

둘 다 맞는 말이고 지극히 상식적인 말입니다. 초등보다는 중등, 중등보다는 고등에서 가장 많은 에너지를 쏟을 수 있도록 키워야 합니다. 초등학교 5, 6학년 때 몰입 공부를 경험해보고, 중학교 3학년부터 달려야 합니다. 앞으로 다가올 날들을 생각하면 아이 능력에 따라 완급조절 해가면서 오늘 하루 성실하게 말고는 더 욕심을 부릴 수가 없습니다.

아이에게 맞는 문제집으로 시작한다

문제집 종류가 참 많습니다. 서점에 가면 어떤 문제집을 골라서 풀어야 할지 몰라 막막합니다. 저 역시 지인이 추천해준 《최상위 수학》을 풀어보고 좌절한 경험이 있습니다. 문제집은 엄마와 아이가 상의해서 고르면 가장 좋은데, 일단은 한 권을 풀어봐야 가늠할 수가 있습니다.

다음은 초등 문제집 중 교과 수학 문제집을 출판사별로 정리한 표입니다.

	연산	기본 (= 개념)	응용	심화
디딤돌 교육	최상위 연산	디딤돌 원리 디딤돌 기본	디딤돌 기본+응용 디딤돌 기본+유형	최상위 수학S 최상위 수학
천재 교육	빅터 연산	개념 해결의 법칙 수학리더 기본	우등생 해법수학 유형 해결의 법칙 응용 해결의 법칙	최고수준 최강 TOT
신사고	쎈연산	우공비 라이트쎈	쎈	최상위쎈

수경	수력충전 연산	수력충전 개념 총정리	자이스토리	
동아 출판		큐브수학 개념	큐브수학 개념응용 큐브수학 실력	큐브수학 심화
미래엔	하루한장쏙셈		문제 해결의 길잡이 원리	문제 해결의 길잡이 심화
비상 교육		개념 플러스 유형 기본	개념 플러스 유형 응용	최상위 탑

1. 응용 수준 문제집을 기준으로 학습량이 많은 순서로 나열하자면 《쎈》→《디딤돌 기본+응용》→《응용 해결의 법칙》입니다. 학기당 한 권만 풀고 싶으면 문제수가 많은 《쎈》을 풀고, 심화서를 한 권 더 풀고 싶으면 문제수가 적은 《응용 해결의 법칙》을 권합니다.
2. 《최상위 수학S》는 처음 심화서에 도전할 때 추천합니다.
3. 5학년 분수, 6학년 소수도 연산이 중요합니다. 연산이 자유자재로 되어야 응용, 심화가 가능합니다. 학년이 올라가도 연산을 놓지 말아야 하는 이유입니다.
4. 《문제 해결의 길잡이》 시리즈와 《최강 TOT》는 교과 단원별 교재가 아니라 영역별 교재입니다. 단원별 교재를 공부하고 난 뒤에 풀어보면 좋습니다.

좋은 문제집을 선택하려고 고민을 시작하면 끝도 없습니다. 초등 사교육과 초등 수학 교재 시장은 포화 상태입니다. 어떤 문제집을 골라야 우리 아이에게 효율적인 선택일까, 최단 기간에 좋은 효과를 낼까, 너무 오래 고민하지 마세요.

==중간 난이도의 교재를 선택해서 오늘부터 풀기 시작하면 됩니다.== 한 권을 풀고 정답률을 체크하고 오답을 정답으로 바꾸는 과정을 충실히 하면 그 시간은 아이에게 무조건 실력으로 남습니다.

"어느 집에 누구는 어떤 문제집을 풀어서 수학 성적이 올랐을까?"가 아니라 "수학 성적이 오른 아이는 어떤 문제집을 풀어도 성적이 오를 만큼 열심히 공부한 것"입니다.

초등 수학 교재는 종류가 많고 신간이 계속해서 나옵니다. 하지만 중등 교재로 올라가면 그 종류가 반으로 뚝 줄어듭니다. 문제집 한 권을 사서 소위 완북(문제집 한 권을 다 풀었다는 뜻)을 하기가 쉽지 않기 때문입니다. 고등 교재는 어떨까요. 여전히 엄마들 세대에 공부하던 《수학의 정석》이 제일입니다. 교과서와 학교 프린트, 《수학의 정석》 두 권으로 1년을 공부해도 탄탄하게 다질 수 있습니다. 교육의 본질은 변하지 않았습니다. 열심히 공부하면 실력이 오른다는 것입니다. 일단은 오늘부터 수학 문제집 두 권을 정해서 매일 두 장씩 풀다 보면 성장하는 것을 느낄 수 있습니다.

출판사별로 연산, 기본, 응용, 심화 교재가 있습니다. 교과 교재 중 기본→응용→심화 수준에 대해 안내해드리겠습니다.

- **기본 수준** : 학교 교과서 수준으로 개념이 착실하게 설명되어 있는 개념서가 많습니다. 혹시 선행을 할 때 개념을 꼼꼼하게 공부하고 싶다면 '개념'이라는 단어가 들어간 문제집을 선택하면 됩니다.
- **응용 수준** : 학교 단원 평가에서도 어려운 문제로 분류되는 수준입니다. 문제를 많이 풀어보기를 원하면 대표적인 유형서 《쎈》을 풀거나 '유형'이라는 단어가 들어간 문제집을 선택하면 됩니다. 유형서는 대체로 두껍습니다.
- **심화 수준** : 학교 단원 평가나 교과서에는 나오지 않는 문제 위주로 구성되어 있습니다. 하지만 대형 학원에서 탑반의 기준이 됩니다. 초등 때 모든 아이가 탑반을 가야 하는 것은 아닙니다. 응용 수준으로 꾸준하게 공부하며 초등 시절을 보내도 중학교에 가서 열심히 하면 내신 시험 90점 이상은 받을 수 있습니다. 심화 수준 교재를 술술 잘 풀기는 어렵습니다. 한 문제에 30분씩 걸리기도 합니다. 무턱대고 풀기보다는 응용 수준을 잘 풀고 도전 의식이 있는 아이에게 권합니다.

교과 문제집을 정하는 기준

교과 문제집을 정하는 기준은 2학년 2학기 혹은 2학년 겨울방학 때, 초등학교 3학년 1학기 응용서《디딤돌 기본+응용》,《응용 해결의 법칙》,《쎈》중 한 권을 풀고 정답률이 70퍼센트 이상 되는지 확인하는 것입니다.

　수학 문제집을 풀어보지 않고 단순한 감으로 문제집을 정할 수는 없습니다. 몇 페이지, 한 단원만 풀고서 문제집 수준을 정할 수도 없고요. 최소한 문제집 세 개 단원은 풀고 정답률을 확인해야 합니다. 그런 다음 높은 난도로 올라갈지, 한 단계 낮출지 결정합니다. 3학년부터 교과 문제집을 풀면서 공부하는 방법은 Chapter 3에서 자세하게 다루겠습니다.

　문제집은 출판사 두세 군데 교재를 돌아가면서 풀면 좋습니다. 문제집을 정할 때 아이와 함께 서점에 가서 비교를 해보고 선택하는 것도 공부에 대한 동기부여가 되는 좋은 방법입니다.

　미취학이나 저학년 학부모라면 먼저 연산 문제집과 사고력 문제집을 꾸준하게 풀게 하세요! 이 시기에는 좀 많이 틀려도 상관없습니다.

　이번에는 교과 수학 외의 문제집 종류를 소개해보겠습니다.

- **초등 저학년**: 사고력 문제집으로《팩토》와《TOP 탑 사고력 수

학》,《광세》가 있습니다.

- **초등 고학년** : 사고력 문제집의 확장으로《문제 해결의 길잡이》와 같은 서술형 문제집을 교과 문제집과 병행해서 풀기도 합니다. 서술형 문제는 시간이 많은 3, 4학년 때 연습해두면 좋습니다. 처음 접할 때는 식을 쓰는 게 어렵지만 서술형 문제 비중이 커지는 고학년 때 연습한 보람을 느끼게 될 거예요. 그리고 심화서이지만 영역별로 나뉘어져 있는《최강 TOT》나《3% 초등 수학 올림피아드》,《영재 사고력 수학 1031》같은 문제집도 있습니다. 교과 심화서를 풀고 나서 경시대회 준비와 같이 극심화로 한 단계 더 올라가고자 하는 학생이 풀면 됩니다.

문제집은 두 권을 정해 각각 하루에 두 장씩 푸는 것을 권합니다. 시작이 힘들면 분량을 줄여도 되지만, 분량보다는 난이도를 낮추는 것을 권합니다. 결국은 하루 두 권, 두 장씩으로 올려야 할 시기가 오기 때문입니다.

초등 1, 2학년	연산＋사고력 문제집
초등 3, 4, 5학년	연산＋교과 문제집 or 교과 문제집＋서술형 문제집
초등 6학년	교과 문제집＋중등 연산
중등	교과 문제집 두 권

학원은 가정 학습이 정착된 후에 시작한다

학원이 무조건 나쁜 것은 아닙니다. 특히 예체능이나 영어는 적절한 시기에 좋은 커리큘럼대로 배우면 시간과 에너지를 절약할 수 있습니다. 하지만 수학만큼은 초등학교 때 가정 학습, 엄마표 학습이 정착된 후에 가는 게 좋습니다. 중학생이 되어서도 자기주도학습을 할 수 있을 때 가면 좋습니다.

초등학생이 수학 학원에 가서 강의식 수업을 듣는 것은 시간을 낭비하고 나쁜 습관을 들이는 것입니다. 문제집을 풀 때 답지를 펼쳐놓고 푸는 것과 같습니다. 차라리 엄마표 수학을 장소만 바꿔서 하는 소규모 공부방이 낫습니다. 수학은 끈기와 노력이 없으면 결코 자기 것이 안 됩니다.

- **수학 가정 학습의 원칙**
  - 개념은 스스로 이해하려고 노력한다 (교과서, 기본서 사용)
  - 개념 설명을 부모님이 해준다면 짧고 간결하게
  - 문제 풀이는 아이 혼자서
  - 채점은 부모님이 한다(중학생 이후에는 본인이 해도 되지만 가능하면 부모님이 채점)

이 네 가지 원칙이 지켜져야 합니다.

학원에 다니지 않던 아이들이 처음 학원에 가서 개념 설명을 들으면 머리에 쏙쏙 들어오는 느낌이 듭니다. 문제 풀이도 선생님이 칠판에서 풀어주면 그렇게 쉬울 수가 없습니다. 전에는 몰랐던 새로운 수학 개념을 이제는 알게 되었다는 뿌듯한 마음으로 집에 갑니다.

하지만 며칠 뒤에 선생님이 설명해준 개념을 그대로 말할 수 있는 아이는 거의 없습니다. 또 학원은 주 2회, 주 3회를 가기 때문에 갈 때마다 새로운 진도를 나갑니다. 학원에서 배운 모든 것을 머리에 넣으려면 학원 수업 시간의 두 배를 집에서 다시 공부해야 하는데 그렇게 실천하는 아이는 드물 거예요.

세상은 발전하고 편해지고 있지만, 수학 공부 방법은 변하지 않았습니다. 전통적인 방법이 가장 올바른 방법입니다. 종이 위에 텍스트로 적힌 개념을 읽고 이해하고, 예제를 풀어보고, 비슷한 유형의 문제를 풀어보는 것이죠. 텍스트로 읽을 때는 완벽하지 않았던 개념이 문제를 풀면서 머릿속에 자리 잡습니다. 이 과정을 기본적으로 학교 수업에서 합니다. 그 다음 집에 와서 학교 교과서를 복습해야 하지만 요즘은 학교 수업 예·복습이란 말이 점점 힘을 잃어갑니다.

하지만 여전히 기본은 중요합니다. 새 학기가 시작되기 전에 방학 동안 다음 학기 기본서와 응용서를 풀어보고 학교에서 복습을 하면서 심화서를 공부하는 방법은 여전히 대표적인 공부 방법입니다.

그렇게 한 해가 지나면 자연스레 한 학기 예습이 이루어집니다.

수학 공부를 본격적으로 시작한지 몇 해가 지나면 한 학기 예습이 1년 선행으로, 1년 선행이 2년 선행으로 진행됩니다. 3학년 때부터 본격적으로 수학 교과 공부를 시작해서 꾸준하게 해왔다고 가정하면 중입을 앞둔 시점에는 2년 선행의 과정에 진입합니다. 선행 자체에 의미를 두는 것이 아니라 꾸준하게 하다 보니 자연스레 진도가 나간 것입니다. 이것이 가장 바람직한 선행입니다.

가정 학습이 루틴에 따라 순조롭게 이루어지고, 자기주도학습이 되면 스스로 부족한 부분을 알 수 있습니다. 그때는 짧고 굵게 필요한 부분을 사교육으로 메우면 됩니다. (문제집 푸는 순서와 사교육에 대해서는 Chapter 2, Chapter 3에서 자세하게 다루겠습니다.)

효과적인 가정 학습을 하는 구체적인 방법

요즘 시대에 수학을 잘하는 아이는 부모 세대보다 훨씬 더 절제력이 높은 아이일 거예요. 우리가 요즘 시대에 태어났다면 과연 사춘기 때 스마트폰의 유혹에서 빠져나올 수 있을까요? 확신하기 어렵습니다. 수학을 잘하기 위해서는 손쉬운 것, 자극적인 것, 빠른 것과는 거리가 멀어야 합니다. 우직하고 요령이 없는 아이들이 수학을 잘합니다.

제각각 성향이 다른 아이들, 가정에서 어떻게 도우면 좋을까요?

공부가 잘 되는 학습 분위기 만들기

조금 느리게, 덜 자극적이게 가정 분위기를 만들면 됩니다. 하지만 그런 분위기를 만들기 위해서는 부모의 품이 듭니다. 부모가 귀찮다는 뜻입니다. 아이에게 장난감을 사주고 부모가 편해지는 것보다는 아이와 눈 맞추고 놀아주고 책을 읽어주고, 충분히 아이의 이야기를 들어주는 건 여간 귀찮고 힘든 일이 아닙니다. 하지만 아이 셋을 하룻밤도 건너뛰지 않고 온전히 키우며 '쉽게 가는 길은 없다'는 것을 깨달았습니다. 꾀를 부리면 바로잡기는 두 배, 세 배로 힘이 듭니다. 그래서 지금도 수학을 어떻게 편하게 해볼까 하는 생각은 하지 않습니다. 아주 높고 커다란 수학이라는 산을 앞에 두고 쉬운 길로 가려는 생각은 하지 않습니다. 어떻게 하면 효율적으로 매일 조금씩 올라갈 수 있을까를 고민합니다. 힘들고 고생스러운 만큼 분명한 보상이 되리라는 것을 알고 있으니까요.

이 책을 읽으며 아이의 수학 학습을 고민하는 부모님이라면 이미 알고 있을 거라 생각합니다. 우리가 좀 귀찮고 힘들어도 아이의 하루를 바람직하게 채우는 방법을 함께 실천하면 좋겠습니다.

채점하는 방법

적어도 초등학생까지, 가능하다면 중학생도 수학 문제집 채점은 부모님이 합니다. 사실 수학 문제집은 푸는 것보다 틀린 것을 고치는 시간이 더 중요한데, 아이들이 가장 힘들어하는 시간입니다. 애써 풀었는데 반 이상 틀리는 날도 있습니다. 그날은 부모님도 힘든 날입니다.

채점이 끝나면 부모님 옆자리에 앉아서 틀린 문제를 같이 훑어봅니다. 단순한 계산 실수는 그 자리에서 다시 풉니다. 계산 실수가 너무 많다면 연산 교재에 좀 더 비중을 두고 푸는 것이 좋습니다. 어려워서 손도 못 댄 문제는 별표를 합니다. 아이를 토닥여 다시 방으로 보냅니다.

이제부터가 진짜 수학 공부입니다. 아이가 머리를 가장 많이 쓰는 시간이기도 합니다. 이번에는 아는데 실수로 틀린 문제를 다시 풀고, 어려워서 못 푼 별표 문제도 다시 한 번 생각해봅니다.

이제 두 번째 채점을 합니다. 생각 실수로 틀린 문제를 제대로 풀었으면 세모로 바꿔줍니다. 별표 문제를 조금이라도 생각했으면 칭찬해줍니다. 아직 해결하지 못한 문제는 아이가 생각하는 것을 옆에서 가만히 지켜봐줍니다. 두 번째 틀린 문제를 다시 풀어보는 과정에서는 저학년 때는 부모님이 적절하게 강조할 것을 강조하며 문제를 한 번 더 읽어주는 것만으로도 해결이 될 때가 있습니다. 고학년 때는 문제의 키 포인트를 적어주는 것이 좋은데, 부모님도 바로 생각나지 않으면 정답지의 세 줄을 읽어주세요. 부모님이 답지를 미리 이해하고 설명해주는 시간을 줄여보세요.

아이들은 의외로 엄마, 아빠가 길게 이야기하면 집중하지 못합니다. 수학 전공자인 저도 아이에게 길게 개념이나 문제 풀이를 설명하지 않습니다. 보통 힌트를 살짝 알려주거나 정답지 세 줄을 읽어줍니다. 답지 세 줄을 듣고도 풀이 방법을 찾지 못할 때는 제가 설명하기보다 차라리 정답지를 보여줍니다. 정답지도 이해하지 못하겠다고 하면 정확히 어디까지 이해했는지 표시하라고 합니다. 그것도 공부가 됩니다. 저는 전공자라 아이가 정답지를 이해 못할 때는 내용을 설명해주지만 그 설명이 큰 도움이 된다고 생각하지 않습니다. 이렇게 억지로 이해한 문제는 오답 정리에 가서도 다시 오오답이 될 확률이 높았습니다.

정답지 세 줄을 듣고 힌트를 얻는 것, 그리고 모르는 문제를 정답지를 보고 이해하는 것은 텍스트(=문자)로 쓰인 것을 분석하는 작업입니다. 정답지는 구구절절 설명하지 않기 때문에 이해하는 데 집중력이 필요합니다. 누군가 말로 친절하게 설명해준 것만 이해하는 버릇을 들이면 중학교에 올라가서 정답지로 혼자 채점하고 혼자 공부할 수 없게 됩니다.

완전히 모르는 별표 문제는 정답지를 보고 이해한 후에 연습장에 다시 풀어봅니다. 물론 정답지를 보기 전에 다시 방에 들어가서 고민하는 시간을 충분히 가져야 합니다.

채점하고 틀린 문제 풀어보기. 여기까지가 오늘 분량의 마무리입니다. 문제집 한 권을 다 풀고 나면 별표 문제만 따로 모아서 풀어봅니다. 바로 오답 정리입니다.(오답과 오오답에 대해서는 Chapter 3에서 다루겠습니다.)

문제 풀기 → 첫 번째 채점 → 틀린 문제, 별표 문제 다시 풀기 → 두 번째 채점 → 오답 정리

이 과정은 끊임없이 반복됩니다. 글로 읽으면 어려울 것 없는데 실제로 이 과정을 해본 부모님은 알고 있습니다. 채점을 하고 나서 틀린 문제를 마주한 우리 아이의 표정을 말이지요. 투덜대고 짜증내기 마련입니다. 어느 아이나 비슷하게 반응합니다.

적당한 선에서의 투정은 안아서 달래주세요. 수학 문제집을 어서 풀고 남은 시간에 무얼 할지 말해보기도 하고 지난 며칠 동안 푼 수학 문제집도 다시 넘겨보며 칭찬해줍니다. 이 시간을 견뎌야 문제집 한 권을 풀 수 있다는 것을 알려줍니다.

눈앞의 아이를 우리는 신생아 때부터 키워왔습니다. 새벽에 수유를 하고 이유식을 반쯤은 흘려가며 먹이던 사람이 바로 엄마입니다. 아이가 뒤집고 걸음마 하는 것만큼이나 오늘의 공부도 대단한 노력이고 발전입니다. 부모에게 응석을 부릴 때는 아직 그만큼 가깝다는 증거입니다.

만약 아이가 선을 넘어 짜증을 낼 때는 단호한 모습을 보여줘야 합니다. 30분이면 끝나던 수학 공부가 어떤 날은 부모님께 혼나느라 두 시간이 넘게 걸립니다. 저희 집도 같은 문제의 계산 실수를 서너 번 해서 제가 폭발한 적도 있고, 문제집 풀기 싫다고 책장이 찢어질 듯 세게 넘기는 행동을 하다가 벌을 선 날도 있습니다. 수학 머리가 안 돼서 어떤 문제를 정답지를 보고도 도저히 이해를 못할 때는 안타깝고 속이 상하지 화가 나진 않았습니다. 그러나 짜증을 내는 태도가 지나치면 화가 났습니다. 엄마도 사람이니까요.

아이를 나무란 날은 모든 부모들이 잠든 아이를 바라보며 후회합니다. 부모도 아이와 함께 성장하는 중입니다. 세상에 부모 말고 어느 누가 우리 아이 수학 문제 다시 푸는 시간을 기다려줄까요. 우리 아이가 오늘의 분량을 마치고 엄마, 아빠에게 안기는 순간, 그 성취감을 아이보다 부모가 두세 배 더 진하게 느낍니다. 하루의 분량을 끝낸 아이는 참 기특합니다.

줄 수도 없고 안 줄 수도 없는 힌트

토파즈 효과Topaze effect라는 것이 있습니다.《수학 학습 – 지도 원리와 방법》에는 "교사가 '가르쳐야 한다'는 교수학적 계약의 압박 때문에 풀이에 대한 명백한 힌트를 주거나 유도 질문을 하거나 문제와 함께 해답을 제시함으로써 학생들이 지식을 구성하는 것을 방해하는 상황을 말합니다."라고 설명하고 있습니다.

학교 현장에서는 토파즈 효과가 드러날 수밖에 없습니다. 교실에는 오늘 학습해야 할 내용이 정해져 있고, 오늘 학습해야 할 내용을 미리 알고 있는 학생과 모르는 학생이 공존하니까요. 그런 상황에서는 모르는 학생이 정답에 다가가는 시간을 무한정 기다려줄 수가 없습니다. 엄마표 수학의 장점은 옆자리에 앉아 "나는 이 문제 벌써 풀었다~" 하고 잘난 척하는 친구도 없고, 정해진 시간에 풀어야 하는 제한도 없습니다. 다만 부모의 인내심이 필요할 뿐입니다.

대치동에서 시작해 전국에 지점이 생긴 유명 수학 학원이 있습니다. 저도 그 학원 원장님이 진행하는 설명회를 들어본 적이 있습니다. "수학 문제를 푸는 아이에게 힌트를 주는 것은 생각을 멈추게 하는 것과 같다, 아이가 수학 문제를 풀기 위해 노력하고 있을 때 힌트를 주면 작은 손전등으로 비추는 것이 아니라 형광등을 켜주는 것이 된다"는 설명을 들었습니다. 맞는 말입니다. 그 학원의 교수 활동을 보면 '토파즈 효과'를 극단적으로 지양한다는 것을 알 수 있습니다. 스스로 답을 찾게 하려는 것이죠.

이런 방식으로 성장하는 아이들이 분명 있습니다. 하지만 모든 아이들이 그렇지는 않습니다. 나이가 어릴수록, 수학 공부에 대한 동기가 낮을수록 어려운 문제 앞에서 쉽게 좌절합니다. 그래서 그 학원에서 선택한 방법은 이미 잘하는 아이를 입학시키는 것입니다. 선행도 어느 정도 되어 있고, 자질도 갖춘 아이들을 토파즈 효과 없이 심화 단계로 끌고 가는 것입니다. 하지만 수학 공부에 대한 동기가 낮은 아이들은 힌트를 절대로 안 주는 방법을 고수하다가는 얼마 안 가 지쳐서 수학을 포기할 수도 있습니다.

힌트를 쉽게 주면 생각하는 힘이 자라지 않고, 그렇다고 힌트를 안 주자니 아이가 너무 괴로워합니다. 어떻게 하면 좋을까요?

저희 첫째가 6학년 때 중등 수학 진도를 나갈 때입니다. 중학교 입학을 앞두고 몰입 공부를 시작했고 아이도 성적에 대한 목표가 생겼습니다. 오답 문제를 푸는 시간이 오래 걸려서 힌트를 주려고 하면 "곧 풀릴 것 같아요. 엄마 기다려주세요"라고 하더군요. 하지만 과연 이 아이가 여덟 살 때도 그랬을까요? 열 살 때도 그랬을까요? 제 기억에는 불과 1년 전 5학년 때도 안 그랬습니다.

공부 주도권은 아이가 가지고 있어야 합니다.

아직 수학 공부에 동기부여가 안 된 학생은 엄마가 옆에서 도와주면서 한 발짝만 앞으로 나갈 수 있게 밀어주면 됩니다. 힌트를 줘도 됩니다. 정 모르겠으면 답지를 세 줄 보여줘도 됩니다. 효과적인 방법으로 문제집을 풀고 채점하고 오답을 다시 풀다 보면 어느새 아이가 성장합니다.

저희 첫째도 6학년이 되어서야 "엄마 기다려줘"라고 했습니다. 2학년, 3학년을 지나고 있는 막내는 말할 것도 없지요. 제 설명이 조금만 길어지면 딴청을 피웁니다. '그래서 답이 뭐냐고요'라는 표정으로 저를 바라봅니다. 문제를 풀고 틀린 것을 해결하겠다고 제 옆에 앉아 있는 것만으로도 고마울 지경입니다. 힌트를 줘가며 답지 세 줄을 보여줘 가면서 일단은 오늘의 분량을 끝냅니다. 한 권을 풀고 나서 오답 노트를 할 때 두세 문제라도 제 손으로 풀게 되면 남는 장사입니다. 그 정도면 이 문제집을 풀면서 충분히 얻은 것이 있다고 할 수 있습니다. 저희 막내도 6학년이 되면 "엄마 잠시만, 내가 풀 수 있겠어요"라는 말을 하길 기다려봅니다.

힌트를 주는 기준

미취학~초등 2학년

미취학에서 초등 2학년까지 아이들은 연산 교재를 주로 풉니다. 연산 교재는 꾸준하게 풀어야 합니다. 이 시기에 교과 수학 문제집을 푼 것과 안 푼 것은 성적이나 실력에 관계가 없습니다.

교과 문제집은 2학년 겨울방학부터 권합니다. 교과 수학 문제집을 풀더라도 수학 문제 자체가 어려워서 틀린다기보다는 문제를 제멋대로 해석하고, 대충 읽고, 쉽게 포기해서 틀립니다. 이런 아이들에게는 무작정 오답을 다시 생각해보라고 할 것이 아니라 틀린 문제를 천천히 읽어줍니다. 그러면 부모의 말 속에 힌트가 있다는 것을 알아채게 됩니다.

사고력 교재를 풀 때는 많이 틀려도 괜찮습니다. 오히려 틀려봐야 합니다. 문제를 풀면서 고민했던 것 자체가 남는 것입니다. 이 시기에 사고력 문제집까지 접해본 아이들은 3학년이 되어 긴 문제 풀이에서 차이가 납니다. 저학년까지는 알록달록한 그림이 있는 사고력 문제를 풀면서 수학 문제 풀이가 문장으로 그림으로 길게 표현될 수도 있다는 것을 배우면 됩니다.

초등 3~6학년

3학년부터 6학년까지 아이들은 이제 어느 정도 성적이 나눠집니다.

- **상위권** : 상위권 아이라면 '토파즈 효과'를 지양하고 혼자 곰곰이 생각할 시간을 충분히 주어야 합니다. 이 시기에 내 아이가 잘한다는 마음에 기쁜 나머지 수업량이 절대적으로 많은 학원을 보내면 혼자서 생각하는 힘을 잃게 됩니다. 문제를 풀고 정답을 맞추고 다음 문제로 넘어가는 기쁨을 알아야 합니다. 문제를 풀다가 모르면 바로 답지 세 줄을 보지 말고 앞의 개념을 다시 찾아보고, 풀어본 문제 중에 비슷한 유형을 찾아봅니다. 오답이 특히 많이 나오는 단원은 유형서를 한 번 더 풀어보면 좋습니다.

- **중위권** : 내 아이가 중위권이라면 초등 기간 동안 상위권으로 올라간다는 목표를 잡아야 합니다. 할 수 있습니다. 제가 앞서 제시한 것처럼 실수한 오답은 다시 풀고, 별표 오답은 한 번 더 고민한 뒤에 답지 세 줄을 보여줍니다. 그리고 문제집 한 권이 끝나면 꼭 전체 문제집의 오답을 다시 풀어보는 1주간의 시간을 갖습니다. 답지 세 줄의 의미는 한 번 더 생각할 여지를 주는 것입니다. 아이가 답지 세 줄을 보고 문제를 온전히 이해하는 것이 부모의 정리되지 않은 설명보다 더 낫습니다.

- **하위권** : 이 아이들을 하위권이라고 말하지는 마세요. 아직 초등학생이니까요. 이 아이들은 아직 수학 공부를 제대로 안 해본 것뿐입니다. 우리 아이가 이 수준이라 생각한다면 수준별 문제집 안내(20쪽)를 참고하여 아이 수준에 맞는 문제집을 선택하세요. 학교 교과서와 수학익힘책이 어려운 학생은 거의 없습니다. 처음 문제집을 풀 때는 부모님이 옆에 앉아 있어야 할 수도 있습니다. 울면서 풀든, 힌트를 주면서 풀든, 같이 풀든, 기본서 한 권을 다 풀 때까지는 아직 우리 아이에게 어떤 이름표도 붙이지 말아주세요.

중학생

중학생이 되면 아이의 공부 주도권이 조금 더 분명해집니다. 사춘기를 맞이하여 남과 나를 비교하기도 합니다. 그 비교는 부정적인 감정일 때가 많습니다. 이 감정을 발판 삼아 공부에 대한 동기를 가지게 됩니다. 머리로는 공부해야 한다는 것을 알지만 몸과 마음이 따라주지 않는 대표적인 시기이기도 합니다. 이 시기에는 늘 자녀와의 대화를 이어가세요. 공부를 하려고 하는데 잘 안 되는 그 마음을 공감해주세요. 부모인 우리도 그때는 그랬다는 걸 잊지 마세요.

- **상위권** : 이 학생들은 고등 선행을 나갈 때도 꼭 현행 심화 문제집을 같이 풀어야 합니다. 중등 선행은 개념서로 시작하고 유

형서를 중점적으로 푸는데, 유형서는 객관식이 많습니다. 그래서 유형서의 정답률을 제 실력이라고 착각하면 안 됩니다. 물론 중등 수학은 개념을 이해하고 많은 유형을 풀어보는 것이 중요합니다. 초등 때처럼 모두가 심화 문제집을 풀어야 하는 것이 아닙니다. 대표적인 유형서를 꼼꼼하게 푸는 것이 가장 큰 공부가 됩니다. 하지만 상위권에서 최상위권으로 도약하려면 중등 심화 문제집 중《에이급 수학》이 주관식 비율이 높기 때문에 풀다 보면 부족한 부분을 알게 됩니다. 오답의 비율은 20퍼센트, 오오답의 비율은 10퍼센트 이내가 될 때까지 공부합니다.

- **중위권** : 학교 진도에 맞춰 현행을 해도 아직 늦은 것은 아닙니다. 극단적으로 말해서 교과 유형서《쎈》을 중학교 3년 내내 학기당 한 권씩 여섯 권만 풀어도 늦은 것이 아닙니다.《쎈》을 C단계까지 꼼꼼하게 풀고 오답, 오오답까지 합니다.《쎈》C단계는 어렵습니다. 틀린 문제에 붙이는 별표를 두려워하지 마세요. 별표가 수두룩해도 반복하면 풀립니다. 그러다 보면 중위권에서 상위권으로 올라갑니다. 상위권 친구들이 고등 수학 선행하는 것을 부러워하지 마세요. 수학 학원을 안 다니면 시간이 남고 또 남습니다. 아무리 사춘기가 지독하게 왔어도 3년 동안 수학 문제집 여섯 권을 못 풀까요.

여러 종류의 문제집을 푸는 방법도 있지만 학기당 유형서 두 권을 제대로 오답까지 풀어도 됩니다. 대신 중학교 3학년 때는 고등 수학인 수(상), 수(하)를 1회독 해보기를 추천합니다.

- **하위권** : 하위권 학생들은 교과서에 있는 문제를 다 풀고, 《개념원리》나 《개념 해결의 법칙》 같은 개념서를 풉니다. 《쎈》은 B단계까지만 풀고 한 권이 끝나면 오답을 합니다. 목표를 낮게 잡는다고 자존심 상해하지 말고, 일단 여기까지라도 해봅시다. 그러면 이미 중위권에 올라서 있을 거예요.

지금까지 나온 수학 가정 학습 원칙을 한번 정리해보겠습니다.

1. 매일 푼다.
2. 아이의 수준에 맞는 문제집을 선택한다.
3. 저학년까지는 연산과 사고력, 3학년부터는 연산과 교과 문제집을 정해 매일 두 장씩 푼다.
4. 채점은 부모님이 한다. 틀린 문제는 다시 풀고, 두 번째 채점을 하며 모르는 문제를 이해하는 시간을 갖는다.
5. 아이에게 힌트를 줄 때는 부모가 개념을 설명하려 하는 대신 답지의 해설 세 줄을 읽어주고 아이가 다음 풀이를 유추할 수 있도록 한다.

모든 아이들은 분명히 성장합니다. 가정에서 부모님과 함께 공부하며 이 원칙을 기억하고 완급을 조절해가다 보면 지금보다 한 단계 더 나아갈 아이를 기대해봅니다.

 **칼럼**

아이가 공부할 때
부모가 시간을 보내는 방법

  아이가 공부할 때 부모는 어떻게 시간을 보내면 좋을까요? 가장 좋은 방법은 같이 공부하는 것입니다. 육아서에 많이 나오는 내용이지요. 저도 고등 수학 문제집을 한 권 사놓고 풀어보기도 하고, 영어 문법이 약하다는 생각이 들어서 큰 아이 문법 교재를 펴놓기도 했습니다. 그런데 잘 안되더라고요. 검사하는 사람도 없고 핸드폰이 있으니 집중이 안됐습니다. 거실에서 카톡을 하는데, 갑자기 아이가 방에서 나오면 괜히 얼굴이 붉어졌습니다. 아이가 정해진 분량을 매일 푸는 것이 얼마나 대단한지도 알게 되었습니다.

  아이가 공부하는 시간을 어떻게 보낼까 고민하다가 하루에 단 30분이라도 시간을 발전적으로 사용하고 싶다는 생각이 들었습니다. 저는 소설책 읽기를 좋아하는지라 맘카페에 가입해 책읽기 모임에 들어갔습니다. 의외로 굉장히 모임이 많더라고요.

  세계사, 미술사, 인문학 등 벽돌처럼 두꺼운 책을 처음으로 사보았습니다. 내게 투자하는 2만 원이었습니다. 돈을 주고 책을 샀더니 책임감도 생기고 마음가짐부터 달라졌습니다. 보통 책읽기 모임은 하루의 분량이 정해져 있고, 짧게 필사를 한두 줄 하거나 한 줄 소감을 카톡에 남기면서 진행되었습니다. 긴 시간이 필요하진 않더라고요.

책을 읽기 시작하고 가장 큰 변화는 엄마로서 아이들의 공부 시간을 감시하는 태도였지요.

"엄마가 오늘 이 책을 30쪽까지 읽어야 해, 글자 크기 좀 봐. 얼마나 작은지 보이지? 내용도 엄청 어려운데 도전해보려고 해. ○○이가 수학문제집 푸는 동안 엄마도 읽을 거야. 우리 서로 응원하자."

아이가 딴짓을 하는지 감시하던 시간이 배움의 시간으로 바뀌었습니다. 엄마가 책을 읽고 수첩에 메모를 하고 포스트잇을 붙이는 모습을 아이가 옆에서 신기한 듯 바라봤습니다. 아이가 먼저 공부를 끝내고 엄마를 놀리기도 하고요. 이제부터는 윈윈win-win이라 할 수 있습니다.

꼭 책읽기 모임이 아니어도 좋습니다. 글쓰기 모임, 부동산공부 모임, 주식공부 모임, 영어책 읽기 모임, 영어회화 문장외우기 모임, 성경공부 모임, 뜨개질 모임 등 수많은 온라인 모임이 있습니다. 맘카페 말고 오픈 채팅이나 유명 게시판에도 각자의 집에서 스스로 분량을 채운 뒤, 사진 한 장으로 인증을 하는 간단한 소모임이 많습니다. 코로나 시대를 맞아 새롭게 확장된 시대의 흐름이었습니다.

혹시 찾을 수 없다면 맘카페나 자주 가는 커뮤니티에 글을 써보세요. "아이 공부할 동안 책 읽고 사진 한 장으로 서로 격려해볼까요"라는 멘트로 글을 올리면 아마 깜짝 놀랄 만큼 많은 분들의 댓글이 달릴 겁니다. 우린 모두 성장하고 싶은 본능이 있거든요.

엄마가 책상에 앉아서 볼펜을 굴리는 모습, 도전하는 모습, 엄마가 누군가에게 분량을 검사받는 모습 자체가 아이에게는 동기부여가 됩니다. 엄마에게는 말할 것도 없고요. 이런 도전은 아빠도 같이 하면 더 좋겠지요. 아이가 커가는 만큼 함께 성장하는 부모가 되어보세요.

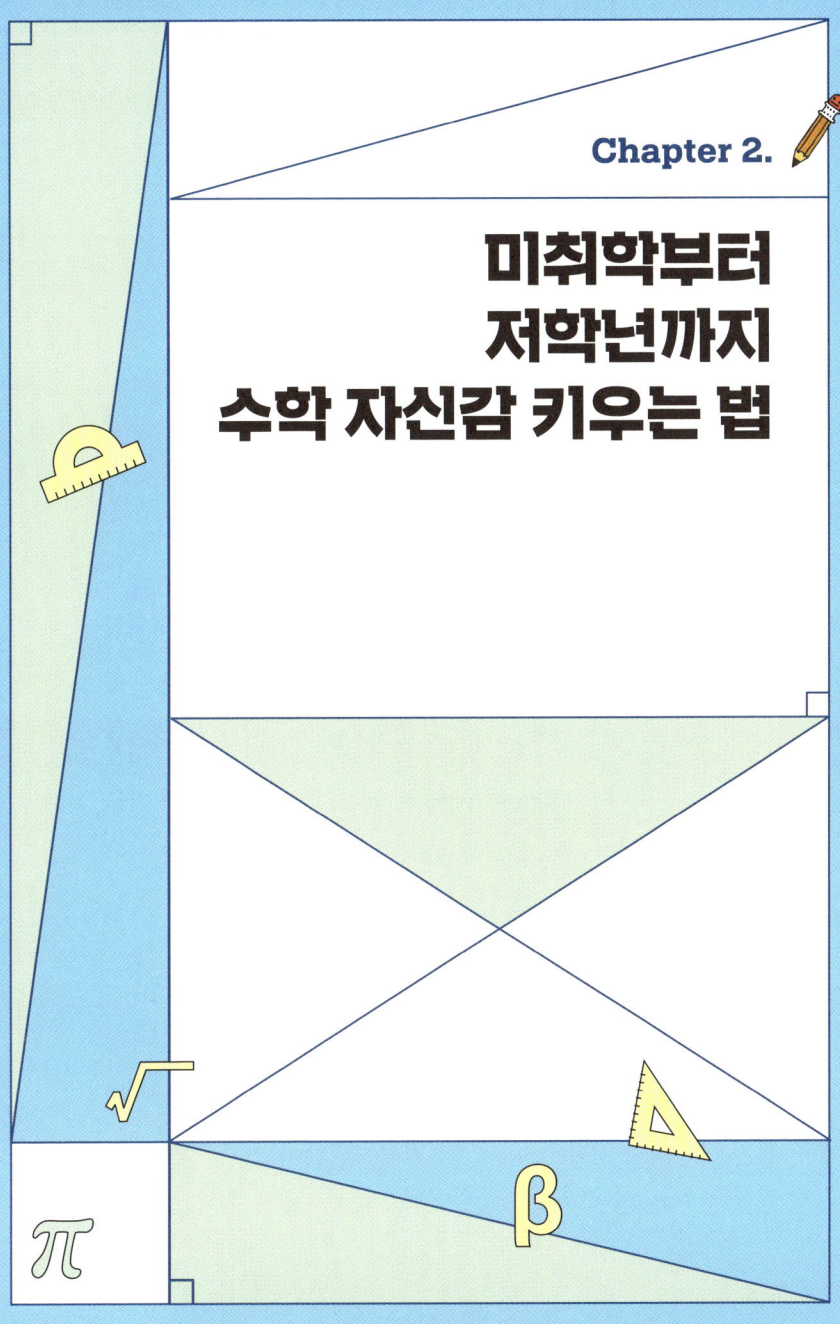

Chapter 2.

미취학부터 저학년까지 수학 자신감 키우는 법

6~7세에 시작하는 첫 수학 공부

기저귀가 겹쳤습니다. 무슨 말이냐고요? 저희 집 첫째가 기저귀를 떼기 전에 둘째가 태어났고, 둘째가 기저귀를 떼기 전에 셋째가 태어났습니다. 베란다에는 XXL 사이즈 기저귀와 S 사이즈 기저귀를 박스로 쌓아뒀습니다. 어떻게 하루 세 끼 밥을 먹고 제 시간에 잠을 자고 일어났는지 지금 생각해도 아찔하네요. 요즘 유아차를 밀고 산책을 다니는 젊은 엄마들을 보면, 갓난 아이가 귀엽기는 해도 그 시간으로 다시 돌아가라면 자신이 없습니다. 그래도 시간은 흐르기 마련이라 첫째를 유치원에 보내고 둘째를 어린이집에 보내는 날이 오긴 왔습니다. 셋째를 아기띠에 메고 동네 육아 동지들과 수다를 나누다 보면 자연스레 대화는 교육으로 연결되었습니다.

저희 아이 셋 다 한글이나 영어를 어린 나이에 읽은 영재는 아니었어요. 그저 엄마가 읽어주는 책을 좋아했고 밥을 잘 안 먹고 밖에 나가 노는 걸 좋아하는 보통 아이였습니다. 읽기 독립은 7세에 가능했습니다. 다른 집과 다른 점은 텔레비전은 꼭 시간을 정해두고 봤다는 정도인 것 같습니다. 제가 너무너무 지칠 때 일주일에 두세 번 30분씩 보여줬습니다. 스마트폰이나 태블릿 노출은 전혀 없었고요. 셋을 키우며 너무도 힘들었지만, 그거 하나 잘했다고 스스로를 칭찬하고 싶습니다.

놀이하는 기분으로 한 장씩

《영재의 탄생》이라는 미취학 대상의 교재가 있습니다. 미국 번역 교재로 수학 교재라기보다 일상생활 전반에 대한 다양한 주제를 다루고 있습니다. 동식물, 시간, 길이, 한글, 숫자, 예절 등 그 나이가 알아야 할 만한 상식에 관한 교재입니다. 일단 쉽고 대상 연령이 정해져 있는데 다섯 살(만 3세 대상)부터 시작됩니다. 한 페이지씩 뜯어서도 할 수 있어서 하루하루 완성하는 맛이 있었습니다.

저희 아이는 알록달록한 색감의 종이를 신기해했습니다. 숫자를 따라 쓰고 색칠로 칸을 채우고 연관 있는 것끼리 줄로 이으면서 한 장씩 넘겼습니다. 동화책 외에 색연필을 대고 그려도 되는 책을 처음 가져봤습니다. 한글을 읽을 줄 몰라서 제가 문제를 읽어주었어요. 아이는 한 장 풀고 나면 "한 장만 더! 한 장만 더~" 하면서 졸랐습니다. 나중에는 더 하고 싶다는 것을 말리느라 실랑이를 할 정도였습니다.

==미취학 시기에는 시작은 쉽고 재미있게 하는 게 좋습니다. 부모님이 읽어주는 동화책보다 더 재미있는 교재라는 생각이 들 만큼이요. 그렇게 엄마표 공부를 시작했습니다.==

첫째가 다섯 살에 유치원에 들어갔을 때 주변 친구들을 살펴보니 《아이챌린지》 학습지를 많이 하더군요. 벌써 한글이나 수학 학습지를 시작하는 친구도 더러 있었습니다. 불과 7, 8년 전이지만 요즘처럼 책이나 교구를 몇 세트씩 전집으로 들이던 시절은 아니었던 것 같아요. 물려받은 책들과 낱권으로 산 동화책을 여러 번 읽어줬습니다. 유치원을 보내면서 엄마들 사이의 교육 정보를 처음으로 접한 시기이기도 했습니다. '파닉스'가 뭔지 몰라서 이웃 엄마에게 부끄러워하며 물어봤던 기억이 납니다. 돌이켜보면 그 시절 엄마표 공부에 대한 확실한 신념이 있었던 것은 아니지만 사교육에 의지하지 말고 책을 많이 읽어주고 싶다는 마음이 컸던 것 같아요.

요즘엔 마트나 서점에 가면 6, 7세가 풀 수 있는 교재가 많이 있습니다. 동화책도 예전에 비해서는 종류와 양이 훨씬 많아진 느낌입니다. 미취학 시절 큰 아이를 키울 때 저는 동생들을 돌보느라 항상 정보가 느렸고, 책이나 교재를 남들보다 부족하게 준비해준 엄마였습니다. 그렇지만 둘째나 셋째는 큰 아이 덕에 자연스레 남들보다 일찍 접했죠. 그런데 세 아이를 비교해보니 아이들이 집에 준비된 교재나 책의 양에 비례해 책을 좋아하는 것은 아니었습니다. 각기 타고난 성향에 따라 누구는 새 책을 좋아하고 누구는 반복해서 읽는 것을 좋아합니다. 또 누구는 색칠공부를 좋아하고 누구는 색칠공부라면 질색했습니다. 아이 셋 다 방향을 다 따로 정해 가르칠 수는 없었습니다. 엄마인 제가 할 일은 그저 아이들이 종이와 친해지게 하는 것이었고, 그것이 엄마표 공부의 시작이었습니다.

종이와 20분이라는 시간

미취학 아이가 엄마표 공부라니 거부감이 드시나요? 저도 그랬습니다. 지나고 보니 그때가 엄마표 공부의 시작이었다는 것일 뿐, 5, 6세 때 학습을 시작해야 한다는 뜻은 절대 아닙니다. 다만 종이와 친해지는 연습, 무엇보다 영상보다는 동화책이나 교재와 친해두자는 말은 꼭 하고 싶습니다.

==이 시기 중요한 포인트는 "엄마와 종이로 된 어떤 놀이를 한다"라는 인식입니다.==

옆집 아이가 무슨 교재 풀더라 말고, 나와 내 아이의 관계에 집중해야 합니다. 영어 노출을 중요시하는 부모라면《ABC 색칠놀이》도 좋고,《콩쥐팥쥐》책을 읽고 나서 두꺼비를 그리면서 놀아도 됩니다. 숫자를 가르치고 싶다면 1과 2를 그리며 놀아도 됩니다. 일단 엄마, 아빠와 하는 시간이 재밌으면 됩니다.

아이를 키워본 부모들은 이 시기의 아이들이 천차만별이라는 것을 압니다. 어떤 아이는 혼자 한글을 떼고 책을 줄줄 읽고, 영어유치원에 다니는 친구들은 원어민 발음으로 회화를 합니다. 영어책을 읽는다는 아이들도 있고요. 하지만 지극히 평범한 대부분의 아이들은 숫자에 막 관심을 갖기 시작하고, 7세가 되면 한글 읽기는 그럭저럭하지만 한글 쓰기는 영 자신 없는 정도 아닐까요.

줄넘기는 뇌와 몸의 협응입니다. 여섯 살에겐 당연히 어렵습니다. 먼저 뇌에서 신호를 준비합니다. 다리로 점프하라는 신호를 보내면서 양손으로 줄도 한 바퀴 돌리라고 신호를 보낼 것입니다. 다리와 양손이 동시에 재빨리 움직여야 하고, 한 번이 아니라 리듬감 있게 계속 움직여야 합니다. 여섯 살이 잘 못하는 건 당연합니다.

그렇지만 몇 년이 지나면 뇌와 몸이 자라서 한 번, 두 번 뛰게 되고 줄넘기를 익히는 속도가 빨라집니다. 감을 익히고 나면 그 다음부터는 끈기와의 싸움입니다.

공부도 마찬가지입니다. 어떤 여섯 살은 색연필을 쥐는 게 서투르고, 어떤 여섯 살은 숫자를 익히는 데 오래 걸립니다. 그렇지만 학교 교육 과정으로 보았을 때는 모두 늦지 않았습니다. 우리는 다같이 예습 중입니다. 아이의 뇌와 몸이 자라는 것을 기다려주면서 장점을 찾아보세요.

미취학에 종이로 된 교재를 풀어보는 것은 여섯 살부터 줄넘기를 가지고 놀아본 아이와 같습니다. 여섯 살에 줄넘기에 실패해서 이리저리 끌고 다니며 놀다가, 여덟 살에 줄넘기를 몇 발짝 뛸 수 있게 된다면 그만큼 아이는 성공을 경험하는 겁니다. 아이에게 **작은 성공 경험을 만들어주세요.** 여섯 살에 줄긋기 연습을 하건, 덧셈뺄셈을 하건 속도는 중요하지 않습니다. 한 권의 교재를 온전히 경험해보는 것이 중요합니다. 시중에 미취학 연령의 교재가 많이 나와있으니 아이가 좋아하는 걸로 선택해서 함께 시간을 가져보세요. 이 시기 아이와 종이로 놀았던 경험은 몇 달만 지나도 추억이 될 거예요. 아이는 금세 자라니까요.

고학년 학부모끼리는 문제집 한 권을 다 푸는 것을 '완북했다'라고 합니다(맞춤법에 맞는 말은 아니지만 이 말만큼 한 권을 다 마친 뿌듯한 기분을 표현해주는 말이 없는 것 같아요). 수학 문제집을 사서 마지막 페이지까지 풀기가 쉽지 않기 때문이죠.

미취학 때는 놀이가 가미된 교재들이라 한 권을 풀기가 수월합니다. 어설픈 학원비에 비하면 교재비는 비할 바가 아닙니다. 너무 자주 완북을 하여 교재비가 걱정될 정도라면 행복한 고민입니다. 초등학교 3학년만 되어도 완북은 정말이지 크나큰 인내심을 요구합니다. 아이가 어릴 때일수록 몇 달 동안 완북한 교재를 아이에게도 보여주고, 큰 성장을 이룬 아이를 칭찬해주세요.

학습의 시작은 대개 6세부터

시중에 사고력 교재는 6세부터 나옵니다. 엄마가 문제를 읽어주고 아이가 푸는 준비가 되었다면 시작해도 좋습니다. 준비가 되지 않았다면 아직은 스티커 붙이기, 그림 그리기, 색칠 공부를 하며 종이와 노는 연습만 해도 충분합니다. 7세에는 초등학교 입학 전에 한글과 덧셈, 뺄셈을 익히고 가면 좋습니다. 시중에 많은 교재가 준비되어 있기 때문에 접해보는 것이 좋습니다. 일단 시작하면 성실하고 꾸준하게 해야 하기 때문에 쉬운 교재를 준비합니다. 미취학 대상 교재는 한 권을 푸는 데 많은 시간이 걸리지 않으므로 금세 다음 단계로 올라갈 수 있습니다. 이 시기에는 문제집 한 권을 다 풀었다는 성취감을 느끼기에 좋습니다.

수학 교재마다 하루에 풀면 좋은 양이 정해져 있습니다. 그대로 따라도 좋고, 하루에 한 장만 해도 됩니다. 한 권은 《소마셈》이나 《기탄수학》과 같은 연산 교재, 한 권은 《킨더팩토》, 《키즈팩토》 같은 사고력 교재가 좋습니다.

아이가 처음에는 신나 합니다.

"엄마, 이거 너무 쉬운데?"

"엄마 벌써 다 했어요."

5분도 안 되어 풀어서 가지고 나옵니다. 처음엔 그렇습니다. 이게 공부인지 뭔지 열 장을 풀려도 부모 성에 차지 않을 만큼 쉽습니다. 하지만 아이와의 약속을 지켜야 합니다. 그렇게 하다 보면 두 달만 지나도 이제 슬슬 틀리는 부분이 나옵니다. 처음엔 놀이였는데 어느새 귀찮은 공부가 되어 있습니다.

아이가 교재를 처음 사서 손에 들었을 때의 설렘이 점점 무뎌질 즈음, 틀리는 문제가 나오고 하기 싫은 마음이 듭니다. 매일 하는 것이 힘들면 학습 요일을 정하거나 분량을 줄일 수 있습니다. 대신 교재 풀던 일이 없던 일처럼 무너지면 안 됩니다. 시작을 했으면 완북까지 천천히 해야 합니다. ==하기 싫어하는 아이를 달래서 결국 오늘치 분량을 마치는 것, 오늘도 결국 해냈다는 마음이 들게 만드는 것==

은 어쩌면 엄마표 공부의 시작이자 반입니다.

6, 7세가 할 수 있는 사고력 & 연산 문제집

	사고력 문제집		연산 문제집
팩토	7세 키즈팩토	소마셈	6세 K단계 7세 P단계
최상위 사고력	Pre 1, 2 난이도 어려움	기탄수학	4세 대상부터 있지만 아이가 준비되는 시기에 시작할 것, 7세도 충분함
TOP 사고력	팩토와 비슷하지만 약간 어려움, 활동자료 스티커 포함	기적의 계산법	미취학 1년에 여섯 권
팡세	6세 S단계, 7세 P단계	키즈 원리셈	5, 6, 7세 연령별

칭찬, 성장, 성취의 힘

엄마표 공부로 7세에 수학 문제집 두 권을 두 장씩 풀다 보면 어느새 1년 동안 연산 문제집과 사고력 문제집을 꽤 많이 풀게 됩니다. 얇은 한 장이 매일 쌓여서 만드는 분량과 습관은 남들이 쉽게 따라 하지 못합니다.

　엄마표 공부, 가정 학습을 언제까지 하느냐는 집집마다 달라도 꼭 한 번은 해야 한다고 생각합니다. 엄마, 아빠와 실컷 놀다가 "이제 공부할 때가 되었으니 학원을 알아봐야겠다"는 것은 "내 아이의 기쁨, 행복, 좌절, 실패, 도전에 나는 관여하지 않겠다"는 말과 같다고 봅니다.

  문제집 한 권을 시작할 때는 항상 표지에 네임펜으로 시작하는 날짜를 씁니다. 아이가 어리면 한 달이면 끝나지만 점점 자랄수록 6개월 넘게 끌게 되는 문제집도 분명히 생깁니다. 문제집 한 권을 끝내고 나면 그 성실함을 칭찬해주세요. 약속한 공부를 꾸준히 해서 마치는 건 어른들에게도 쉽지 않고 칭찬받을 만한 일이라고 알려주세요. 저희 집은 미취학 나이에 연산 문제집 한 권을 마치면 할머니께도 전화를 했습니다. 피자 파티, 치킨 파티에도 이름을 붙여주세요. 오늘은 우리 ○○이가 어떤 교재를 완북해서 가족 모두 덕분에 즐거운 시간을 보낸다고 박수쳐주세요. 칭찬 한마디가 큰 힘이 됩니다. 내년과 내후년을 덩달아 움직이는 힘이 됩니다. 그리고 이 과정이 우리 가족 전체의 문화가 되기도 합니다.

"오~ 이제 우리 막내가 팩토를 풀기 시작해?"

"소마셈 B4 진짜 어려운데, 이거 기억난다!!"

"난 팩토에서 규칙 찾기가 제일 좋더라."

"그래? 나는 도형에 자신 있지."

"누나, 비밀인데 팩토에 거울 문제 나오면 나는 진짜 거울을 대보고 풀었다!"

"얘들아, 아무래도 쌓기나무는 너희가 엄마보다 더 잘하는 것 같아."

문화라는 것이 이보다 거창해야 할 이유가 있을까요. 각자의 할 일을 마치고 나서 남은 시간을 재미있고 건강하게 보내는 것. 그것이야말로 하루를 살아가는 힘일 거예요.

덧셈과 뺄셈을 시작하는 초등 1, 2학년 수학 공부

큰 아이가 처음 초등학교에 입학했던 1년간은 저와 아이 모두 힘든 시기를 보냈습니다. 요즘 아이들은 교과서를 학교에 두고 다니기에 숙제가 있는 날은 그 책만 챙겨서 집에 가져와야 하지요. 큰 아이가 1학년을 보내는 내내 수학익힘책을 학교에 두고 와서 얼마나 혼냈는지 모릅니다. 지금 생각해보면 어린 아이가 큰 책가방을 메고 안 다치고 집으로 돌아오는 것만으로도 대견한데 말입니다.

첫째는 활자 중독이라 할 만큼 책을 좋아합니다. 그런데 주변을 돌아보는 능력이 부족해서 답답할 때가 있었어요. 그런데 둘째를 키워보니 성향은 타고나는 거더라고요. 눈치도 빠르고 배려도 할 줄 아는 야무진 둘째를 보니 그런 건 가르치고 혼낸다고 되는 게 아니라 타고난다는 걸 알게 되었습니다. 그렇다면 둘째의 장점을 감사히 생각해야 하는데, 또 언니만큼 책을 읽지 않으니 그 또한 걱정이 되어 잔소리를 하고 있습니다. 욕심도 끝이 없고 걱정도 끝이 없습니다.

그리고 나서 막내로 아들을 키워보니 제가 모르는 세상이 펼쳐졌습니다. 이것도 흥, 저것도 흥, 마냥 놀고 싶어하고 공부는 하기 싫어합니다. 엄마나 선생님에게 칭찬받기 위해 힘들어도 참고 해보겠다는 모범생의 DNA가 없었습니다. 그렇게 세 아이를 키우다 보니 마음을 내려놓는 법을 배웠습니다. 기다려주는 법도 배웠고요. 그리고 첫째와 둘째가 다시금 대견해 보였습니다. 그만큼 저도 엄마로서 성장했고요.

초등학교 적응기

학교에 가면 정해진 규칙을 따르고 평가를 받습니다. 개인의 다양성을 더 존중하는 쪽으로 규칙과 평가가 바뀌고 있지만, 규칙과 평가 자체가 없어질 수는 없겠죠. 정해진 규칙을 잘 지키고 좋은 평가를 받기 위해 열심히 노력하는 학생들은 항상 존재합니다. 그 학생들의 노력도 인정해야 합니다.

작은 규칙을 지켜나가며 발전하기

학교 교육에 들어가면 가정에서도 노력해야 합니다. 가정에서 준비하고 도와주면 자연스레 아이의 몸과 마음이 따라갑니다. **각 가정의 목표는 다르더라도 가정 안에서 작은 규칙을 만들고 약속한 일은 반드시 지키는 분위기가 뒷받침되면 좋습니다.**

아이들은 모두 다른 성향을 갖고 있습니다. 경우에 따라서는 부모가 컨트롤하기 힘든 아이도 있습니다. 제가 겪은 바로는 아이의 성향을 인정하고 받아들이는 것이 첫 번째였습니다. 미취학 유아 시절부터 파악이 되는 경우도 있지만, 성장통을 겪고 나서야 아이의 성향을 제대로 이해하고 인정하기도 합니다. 아이의 장점은 잘 키워서 특기로 만들고, 단점도 잘 다듬어서 불편하지 않을 만큼 만들어주는 것이 가정의 역할, 부모가 할 일입니다.

수학도 감이 있는 아이도 있고 부족한 아이도 있기에 무턱대고 "어떤 문제집을 언제 풀어라"라고 권할 수는 없습니다. 다만 가랑비에 옷 젖듯이 '하루에 두 권, 두 장씩 풀기' 약속을 정하고 하다 보면 실력도 늘고 아이의 성향도 파악할 수 있습니다.

만약 아이가 친구들과 축구를 하는 도중에 수비 실수를 해서 우리 팀이 한 골 먹었다고 해봅시다. 친구들의 원망하는 눈초리를 받으면 부모 마음이 쓰리지요. 하지만 그것 또한 아이가 겪어야 할 과정이고 이겨내야 한다는 것을 알고 있기에 마음이 상한 아이를 잘 달래어 다시 놀이터에 나갑니다.

　수학도 똑같습니다. 책상에 앉아서 하는 과정이지요. 틀린 문제에 괴로워하고 수학 문제집을 풀기 싫어졌어도 그만둘 수는 없습니다. 아이가 좌절할 때마다 다시 일으켜 세워주면 아이는 어느새 성장해 있습니다.

　학교 현장에서 많은 연구와 노력이 뒤따르고 있지만, 아직도 여전히 '종이에 쓰인 질문에 정답을 선택하는 것'이 주가 됩니다. 무엇을 얼마나 이해했느냐를 알아보는 가장 공정하고도 객관적인 방법이 '문제풀이'이기 때문입니다. 아이가 문제집 한 권의 마지막 장을 푸는 날은 엄마 역시 즐거운 날입니다. 이 문제집 한 권을 다 풀면서 틀린 문제를 고치던 시간 동안 아이의 수학 맷집이 커진 것을 축하하는 것이죠. 그날을 위해 매일 조금씩 푸는 약속을 지키는 가정 분위기를 만들어주세요.

우리집 수학 교재

7세부터 초등학교 2학년까지 저희 아이들의 진도를 한번 정리해보았습니다.

첫째	《영재의 탄생》 만 3세, 만 4세, 만 5세 《소마셈》 P, A, B 단계 각(여덟 권) 《키즈팩토》, 《팩토》 1, 2 각(여섯 권)

둘째	《영재의 탄생》 만 5세 《소마셈》 K, P, A, B 단계 (각 여덟 권) 《키즈팩토》,《팩토》 1 (각 여섯 권) 《최상위 수학》 2-1, 2-2, 3-1
셋째	《소마셈》 P, A, B 단계 (각 여덟 권) 《키즈팩토》 (여섯 권) 《플라토》 한두 권, 《최상위 수학》 2-1, 2-2,《쎈》 3-1

셋 다 과정은 조금씩 다릅니다.

큰 틀에서 보았을 때는 아이 셋 모두 7세부터 2학년까지 연산 문제집과 사고력 문제집을 열심히 풀었습니다. 하지만 교과 문제집을 풀기 시작하면서 좌절을 경험했습니다. 교과 문제집을 풀면서부터는 수학은 어려운 것, 하기 싫은 것이라는 마음이 생겼습니다. 대부분 아이들이 그러하리라 예상합니다. 이 시기를 잘 견뎌야 수학에 대한 나쁜 선입견을 갖지 않습니다.

첫째는 2학년 겨울방학부터 사고력 학원을 다녔습니다. 그 전까지는 집에서 《소마셈》과 《팩토》를 풀었습니다. 사고력 수학 학원에 재미를 붙이면서 수학을 좋아하게 되었습니다.

둘째는 가정에서 교재를 꾸준하게 푼 덕에 크고 작은 성취감을 자주 느꼈습니다. 성취의 기쁨을 통해 '나는 수학을 잘한다'라는 선순환의 바퀴에 오르게 되었습니다.

셋째는 교재 난이도를 조정했습니다. 스스로 동기부여가 잘 되지 않아서 하루 분량을 무사히 마무리하는 것을 목표로 잡았습니다. 본인은 하기 싫더라도 하루 두 장이 쌓이면 결국에는 결실을 맺는다는 것을 제가 알고 있었기 때문입니다. 부모가 최대한 양보를 했고 힘들어하면 분량을 줄이고 응용서나 기본서 위주로 풀었습니다. 그렇지만 하루에 두 장 이상은 연산 문제집 혹은 교과 문제집으로 꼭 풀었습니다. 언젠가는 성취의 기쁨을 알게 되리라 믿습니다.

셋째가 《최상위 수학》을 포기하고 《쎈》을 푼다고 제가 셋째를 포기한 걸까요? 아니면 '너는 심화서는 못 푸는 아이구나' 하고 단정 지었을까요?

아닙니다.

첫째와 둘째를 키우면서 배운 것은 아이들은 자라면서 뇌도 자라고 생각하는 힘도 자란다는 것입니다. 그래서 힘들어하면 좀 더 기다려줘도 된다는 것을 배웠습니다. 제가 만약 넷째를 키운다고 상상해보면 첫째를 키운 방식대로 2학년까지는 연산과 사고력 문제집만 열심히 풀게 할 것입니다. 굳이 교과 문제집을 일찍 시작할 필요가 없다는 것을 깨달았기 때문입니다.

이렇게 저는 제 아이들의 성향을 알아갔습니다. 해보지 않았다면 몰랐을 것입니다. 할 수 있는 양으로 규칙은 지키되, 힘들어하면 교재를 바꾸는 방법으로 엄마표 공부를 지속했습니다. 이 책에서 거듭

강조하고 반복하는 말입니다. 일단은 풀어보세요. 그래야 압니다.

연산과 사고력, 두 권의 교재를 준비한다

앞서 미취학 시기의 수학 공부법에 대해 소개했습니다. 그 시기부터 문제집으로 준비하면 좋지만 초등학교에 들어와서 시작해도 됩니다.

초등학교 1, 2학년 수학에서 가장 중요한 것은 연산입니다. 사실 4학년까지도 사칙연산이 가장 중요합니다. 덧셈과 뺄셈이 자유자재로 되어야 하고, 구구단을 외워야 합니다. 구구단을 외울 때는 곱셈의 원리를 이해해야 합니다. 그리고 다음으로 중요한 것은 이 시기에 수학 교재와 친해져야 하며 세상에는 다양한 문제가 있음을 알아야 합니다.

이 두 가지 조건을 가장 잘 채울 수 있는 방법이 연산 문제와 사고력 문제 풀기입니다.

- **연산 문제집** : 여러 가지가 있습니다. 하지만 이 시기에 1년 과정을 한두 권에 담은 연산 문제집은 권하지 않습니다. 연산은 계속 반복해서 풀어야 합니다. 곱셈의 원리를 이해했다 하더라도 곱셈 연산을 계속 반복하지 않는다면 금세 잊어서 문제에 적용할 수 없습니다. 그래서 연산 교재 중에서는《소마셈》,《원

리셈》,《빨라지고 강해지는 이것이 연산이다(이하 빨강 연산)》,《기탄수학》을 추천합니다. 1년에 여섯 권 정도이고 풀 때마다 조금씩 단계를 높이는 것이 좋습니다. 연산에서 가장 중요한 것은 하기 싫어도 해야 한다는 점입니다. 그래서 하루에 한두 장이 좋습니다.

- **사고력 문제집**: 수학의 다양성을 이해하는 데 꼭 필요합니다. 덧셈 뺄셈처럼 숫자로 된 지겨운 문제만 수학이 아니라, 퍼즐도 거울보기도 숨은그림찾기도 규칙찾기도 쌓기나무도 마방진도 다 수학이라는 것을 알게 됩니다. 미취학, 저학년 대상 사고력 문제집으로는《키즈팩토》,《팩토》,《TOP 탑 사고력 수학》,《광세》가 있습니다.

처음《팩토》교재를 접하면 부모도 어렵습니다. 저도 아이가《팩토》를 푸는 중에 리그전이나 토너먼트 방식에 대한 문제를 보면서 새롭게 이해했습니다. 평소에 운동 경기에 관심이 없었으니 일반 상식인데도 부족했던 것입니다. 누구나 접해보지 않으면 생소합니다. 사고력 수학 7세~2학년 대상의 교재는 학교 교과서에 나오지 않지만 실생활에 쓰이는 개념도 많기 때문에 좋은 교재입니다.

사고력 교재를 풀다가 아이가 힘들어하면 권장 연령보다 한 단계 낮은 걸로 다시 시작해도 됩니다. 틀린다고 큰 일이 나는 것도 아니고 정답률이 높지 않다고 해서 걱정할 일도 아닙니다. <mark>사고력 교재는 연산과 다르게 재미있게 풀어야 합니다. 다양한 문제를 이해하는 것이 목표이지, 권장 연령 교재를 꼭 풀어야 하는 것이 아닙니다.</mark> 어렵다고 포기하기보다 한 단계 낮은 교재를 다 푸는 것이 성취에도 큰 의미가 있습니다. 가벼운 마음으로 시작하되 우리 아이에게 수학의 폭을 넓혀준다는 마음으로 꾸준하게 풀길 권합니다.

<mark>엄마표 공부는 성실과 근면이 기본입니다.</mark> 엄마표 공부는 엄마가 한 발짝 앞서서, 다음은 어떻게 공부해야 할지 알고 있는 상태를 말합니다. 흔들리지 않는 부모의 모습이 필요합니다.

아이들은 부모가 키운 대로 보고 듣고 자랍니다. 아이가 힘들어할 때 힘이 되어주고, 지겨워할 때 응원해주고, 수학 풀기를 잊고 놀 때는 오늘의 분량을 상기시켜줍니다. 이 시기에 공부 분위기를 잘 잡으면 하루에 할 일을 당연한 순서로 받아들이게 됩니다.

연산 교재		사고력 교재	
소마셈	1년에 여덟 권	팩토 탑 TOP 사고력 수학	1년에 여섯 권, 원리 세 권만 풀거나 아래 학년 교재를 풀어도 된다. 많이 틀려도 되고 접해보는 것이 중요.
원리셈	1년에 여섯 권	최상위 사고력	1년에 두 권, 난이도 높음. 학기말에 복습용으로 추천.

빨강연산	1년에 네 권	초등 사고력 수학 1031 pre	1년에 네 권, 난이도 높음. 2학년 이상 푸는 것 추천.

부족한 부분은 독서로 채우기

독서의 중요성은 모두가 알고 있습니다. 독서를 즐기면 문해력이 높아지고, 긴 지문에 대한 거부감이 줄어듭니다. 속독도 가능합니다. 더불어 상식도 높아지겠지요. 그렇지만 독서를 즐기지 않는다고 해서 수학 성적이 낮은 것은 아닙니다. 독서하는 시간 자체가 의미가 있는 것이지 성적을 보장하는 것은 아닙니다. 의사나 검사 같은 높은 학업 성취를 이루었던 직업군의 사람들 중에도 분명히 어린 시절 독서 여건이 되지 않았던 사람도 많습니다.

저희 집 아이 셋만 봐도 독서를 즐기는 아이가 있고, 재미있는 책은 잘 읽지만 재미없는 책은 바로 덮는 아이도 있습니다. 그렇지만 수학 성적의 성취로 보면 비슷합니다. 아마 꾸준하게 수학 교재를 푼 덕이겠지요.

우리의 목표는 장기적으로 봤을 때 객관식으로 된 고등학교 내신 시험과 수능을 잘 보는 것입니다. 그 과정에서 서술형 문제도 잘 풀고, 자기 주장도 조리 있게 이야기하고, 일기나 기행문도 잘 쓰기를 원하지요. 하지만 모두가 수학도 잘하고 글도 잘 쓰고 말도 조리 있게 할 수는 없습니다. 자기가 가지고 태어난 성향과 능력이 다 다르기 때문입니다. 다 잘할 수는 없지만, 부족한 부분을 한 단계라도 책으로 채우자는 것입니다. 여러 방법이 있겠지만 독서가 가장 가깝고 손쉬운 방법입니다.

저는 세 아이 각각 좋아하는 책의 종류를 파악해서 도서관에서 매주 빌려다 주었습니다. 첫째는 〈해리포터〉 같은 판타지를 좋아하고, 둘째는 비룡소 출판사의 〈일공일삼〉 시리즈 같은 창작 도서를 좋아합니다. 막내는 과학 지식책을 좋아합니다. 학년별 권장 도서목록과 흥미를 유발하는 도서를 적절히 섞어주었습니다. 미취학 때는 자연관찰, 창작, 인성 등 분야별로 읽혀야 한다는데, 첫째를 키울 때는 그런 정보조차 몰랐습니다. 그저 학교 가기 전에 '위인전과 전래동화는 한 번 읽어야지'라고 생각했습니다. 체계적으로 계획을 세워 독서를 시키지는 못했습니다. 오히려 미취학 어린 시절에는 육아에 치여서 돈을 주고 책을 구매한 적이 거의 없었습니다. 하지만 육아의 터널을 지난 후, 아이들이 초등학교 다니는 내내 책을 더 곁에 두도록 도왔습니다. 학습 만화는 멀리하고 글밥의 많고 적음과 상관없이 오랜 시간 책 읽는 습관을 만들어주려 노력했습니다.

유치원 시절 고가의 전집을 들이기보다 초등학생이 되어 더 많은 책을 읽는 것이 중요합니다. 요즘은 저학년 도서, 중학년 도서, 고학년 도서까지 연령별로 촘촘하게 양질의 도서가 많고 학교 도서관, 지역 도서관이 활성화되어 있습니다.

독서 여건을 만들어주는 것,

아이의 성향에 맞는 책을 곁에 두는 것.

엄마표 공부와 함께 나아가야 할 중요한 부분입니다.

수학 동화와 보드게임보다 중요한 것

'수학 동화'라는 말을 듣고 처음에는 의아했습니다. 수학의 개념을 이야기로 알려주는 건가? 동화책을 읽을 나이면 열 살 미만일 텐데, 어떤 내용일까? 궁금했습니다. 유명한 수학 동화 전집과 또 다른 수학 동화를 낱권으로 읽어보았습니다. 역시나 수 개념이 가장 먼저였습니다.

원숭이가 바나나를 하나, 둘, 셋. 또 참새가 씨앗을 넷, 다섯, 여섯.

많다/적다, 빠르다/느리다, 높다/낮다 같은 개념도 함께 다루고 있었습니다.

단순한 개념을 소개하기에는 좋았지만 사칙연산이 들어가니 스토리가 산만해졌습니다. 머릿속으로 계산할 수도 없고, 연습장으로 공부할 수도 없고, 숫자가 나오는 부분은 적당히 넘어가면서 이야기만 읽게 되었습니다.

　수학의 깊은 개념을 동화책으로 배우면 좋겠지만 실생활에서 배울 수 있는 것 이상을 동화책에 담을 수는 없습니다. 그 이상을 담으면 이야기가 재미없어지니까요. 저희 아이들 역시 수학 동화를 접했을 때, 이야기 자체가 재미있으면 그 책은 여러 번 읽었고 재미가 없으면 더 이상 읽지 않았습니다.

　수학 동화로 수학에 대한 없던 흥미가 생긴다거나 모르던 문제를 풀 수 있게 되지는 않습니다. 동화책을 읽는 것은 좋으나 수학적인 개념을 삽입하느라 오히려 스토리의 자연스러움을 방해할 수도 있습니다. 독서는 독서로만 하고, 실생활에서의 개념은 자연스럽게 배우고, 문제 풀이 요령은 문제집을 풀어보는 것이 더 좋습니다.

　'오르다'라는 보드게임으로 수업을 진행하는 그룹홈 수업을 알게 되었는데, 유치원 다니는 둘째에게 딱이다 싶었습니다. 보드게임을 참 좋아하는 아이였는데 막내가 어려서 집에서 보드게임을 제대로 못하고 있을 때였거든요. 전문적이고 교육적인 보드게임을 선생님의 지도 하에 친구들과 넷이서 할 수 있는 수업이라 참여하게 되었습니다. 특히 둘째는 보드게임에서 이기고 싶은 마음이 강한 아이라서 수업 집중도도 높고, 전략을 배우는 것도 열심이라고 전해 들었습니다. 그런데 같은 팀 친구 중에는 친구를 상대로 이기고 지는 상황 자체에 스트레스를 받는 아이도 있었습니다. 가끔씩 선생님의 피드백을 들으면 아이들의 성향에 따라 사교육이 독이 될 수도 있다는 것을 느꼈습니다. 보드게임만 하기를 원했는데, 6개월 이상 지나자 그 수업은 사고력 수학을 접목시켜서 학습 위주로 진행되었습니다. 점점 보드게임 시간이 줄어들자 둘째는 스트레스를 받았고, 같이 배우는 친구들도 이사, 진도 격차, 분위기 등의 이유로 그만두게 되었습니다.

오르다 수업을 받으면서 둘째의 성향을 확실하게 알게 된 점은 좋았습니다. 둘째 아이의 성향에는 학습을 할 때도 높은 목표를 제시하는 것이 도움이 되고, 주변의 친구들과 약간의 비교는 좋은 자극이 되었습니다. 그에 비해 첫째는 아직도 본인에 대한 기대나 주변과의 비교는 굉장히 싫어합니다. 아이가 혹시 외동아이라면 그룹수업으로 성향을 파악해보는 것도 좋습니다. 부모가 보는 모습과 친구들과 함께 공부하는 모습은 다르니까요.

하지만 역시나 수학 학습 면에서는 둘째가 오르다 수업을 1년 넘게 배웠다고 해서 크게 차이 나지 않습니다. 오히려 수학 문제집을 어떤 종류와 어떤 방식으로 풀었느냐가 더 아이의 실력을 가늠하는 기준이 되었습니다.

고학년이 되어서 학원에 상담을 가면 지금까지 어떤 교재로 공부했냐는 질문을 받습니다. 꼭 그 질문에 대한 답을 위해서가 아니더라도 가정에서 수학 문제집을 풀다 보면 아이의 성향을 알 수 있습니다. 하기 싫어하고 귀찮아하고 짜증내는 정도는 어느 집의 누구나 다 그렇습니다. 그런 성향보다 한 권을 끝냈을 때의 만족도, 다음 문제집을 정할 때의 본인의 목표 설정, 틀린 것을 다시 풀 때의 감정 조절을 파악할 수 있습니다. 다음 장에서 문제풀이 속도와 스타일에 대해 이야기해보겠습니다.

다양한 성향에 따른 공부법

속도에 따라

- **문제를 꼼꼼히 풀고 속도가 느린 아이**

    열심히 하는 아이인데 천성 자체가 고민을 오래하는 아이. 수학 문제를 보면 연필을 들고 일단 계산부터 해야 하는데, 머릿속으로 풀이 과정을 마지막까지 생각하고 나서 시작하는 스타일입니다. 그러다가 딴 생각으로 넘어가기도 합니다. 스스로에게 엄격한 성향이므로 남과 비교하거나 지나친 개입은 하지 마세요.

- **스톱워치** : 버튼이 큰 것으로 준비합니다. 연산은 한 쪽, 사고력 문제는 두 문제 정도를 3분마다 울리도록 설정해보세요. 저학

년 때는 3분 모래시계도 효과적입니다.
- **자주 채점** : 원래는 한 권의 오늘 분량을 다하고 채점을 하는데, 한 장 푸는 데 30분 가까이 걸린다면 채점을 더 자주 합니다. 한 장 혹은 한 쪽마다 채점해보세요.

- **문제를 꼼꼼히 풀고 속도가 빠른 아이**
가장 이상적인 스타일로, 선행, 심화까지 열심히 해도 됩니다. 모든 저학년 아이들이 단순 실수를 많이 하기 때문에 한두 개 실수하는 것은 당연합니다. 자랄수록 나아질 거예요.
사고력 교재는 다음 학년 대상으로 단계를 높이거나 《최상위 사고력》을 현행으로 해도 됩니다. 연산은 선행으로 진도를 빼세요. 부모의 발 빠른 전략이 필요합니다. 학원 레벨 테스트를 보면서 아이의 위치를 파악해보세요.

- **오답이 많고 속도가 빠른 아이**
과제를 빨리 하고 싶은 마음이 큰 아이입니다. 공부를 해치우고 놀고 싶은 마음은 모두가 있지만, 이 마음을 실행에 옮기기는 어렵기에 속도 빠른 것도 능력이라 할게요. 오답이 많다면 이유를 파악해야 합니다. 오답을 미루지 말고 문제를 푼 뒤에 꼭 해결하세요. 엄마 설명이 길어지면 집중력이 흩어져서 귀에 안 들어옵니다. 짧고 간결하게 설명하세요. 매일 집에서 하는 공부와 교재 진도는 엄마가 적극적으로 개입합니다. 엄마가 애를 쓴 만큼 결과가 나오는 성향입니다. 아래의 내용은 반드시 체크하세요.

==문제 끝까지 읽기, 문제 끊어서 읽기, 문제의 마지막 문장에서 구하는 것 꼭 확인하기, 연산에서는 세로셈 하기, 받아올림 받아내림 꼭 쓰기==

- **오답이 많고 속도가 느린 아이**

    분량을 줄여서라도 오답을 해결해야 합니다. 틀리는 것에 익숙해지면 안 됩니다. 채점 후 좌절하기 쉬운 성향이므로 수학에 대한 부정적인 감정을 갖지 않는 것이 최우선 과제입니다.
    ==연산은 한 쪽, 사고력은 한 장을 풀면 채점하고, 오답은 힌트를 주고 문제집 단계를 낮춰서라도 자존감을 높이는 게 중요합니다.==

목표 설정에 따라

- **목표 설정 높은 아이 / 욕심 내는 아이**

    초등 수학에서는 타고난 수학 머리, 수학감보다는 목표 설정과 의지가 더 중요합니다. 높은 목표를 가진 아이는 잘할 수밖에 없지요. 경시대회 문제 같은 극심화 문제도 반복하다 보면 스킬이 생깁니다. 일반적으로 심화서에 나오는 심화 문제는 학년마다 학기마다 반복되거든요. 3학년 때 처음 심화서를 풀 때 드는 노력과 시간보다 4학년 때 두 번째로 심화서를 풀면 노력과 시간이 적게 들 거예요.

심화서를 풀겠다는 목표와 의지가 있는 아이는 긴 시간을 견디는 것이 가능하고, 수학 자신감이 높습니다. 장기 플랜을 같이 세우고 목표를 이루어나갈 수 있도록 이끌어주어야 합니다. 그러나 학년이 올라갈수록 성적 스트레스 받을 확률이 높습니다. 높은 성취가 극심화서를 풀 수 있는 원동력이 되는 아이이므로 다음 학년 심화서를 오답까지 마무리하고《최강 TOT》나《3% 초등 수학 올림피아드》같은 극심화서를 하루에 한 페이지씩 도전해보세요.

• **목표 설정 낮은 아이 / 수학 자존감 낮은 아이**

아이의 마음속에 있는 '수학은 어렵다'라는 선입견을 깨기는 무척 어렵습니다. 틀리는 것에 대한 두려움이 있어서 쉬운 기본서만 풀고 싶어하지요. 수학 공부 시간 외에 보상을 충분히 하고 매일 수학의 분량은 지키도록 유도해보세요. 심화서는 하지 말고 연산과 응용서를 철저하게 풀면 성적은 무조건 오릅니다. 연산을 중등까지 이어서 학습지를 꾸준하게 하는 것도 방법입니다. 연산에서 흔들리지 않으면 평균 이상은 갈 수 있습니다.

수학을 재미있게 해보자는 마음으로 창의수학, 교구수학, 사고력 수학 등으로 접근하지 마세요. 결국 수학은 문제풀이를 얼마나 하느냐로 판가름나고 창의수학도 수학 좋아하는 아이들이 더 잘합니다. 차라리 문제집을 한 권 더 푼다는 마음으로 교과 수학을 정면돌파 해보세요.

제가 수학교육과를 다닐 때 전공 수학이 너무도 어려웠는데, 그때 교수님이 이런 말씀을 하셨어요. "어려워? 대학교 수학까지는 성실하기만 하면 돼. 수학 머리가 필요 없어. 박사 과정은 되어야 수학이지, 지금은 무조건 연습하고 암기하는 거야!"

저는 현실과 동떨어진 교수님의 말이 차라리 위로가 되었습니다. 수학 전공자에게도 수학은 감이 아니라 성실과 끈기가 가장 큰 무기였습니다. 내가 가진 머리나 능력이 부족한 것은 아니라는 말이었기 때문입니다.

우리 아이들의 능력은 지금부터 시작입니다. 우리 아이들의 가장 강력한 무기는 매일 수학 문제집 두 권을 두 장씩 풀었다는 자신감입니다.

진단 문제
1, 2학년 수학 능력 점검

1, 2학년 시기에는 연산이 가장 중요합니다. 연산 이후에는 문장으로 된 문제를 읽고 문제가 원하는 것이 무엇인지 해석하는 능력이 중요합니다. 초등학교 1학년 수학교과서는 덧셈과 뺄셈을 다양한 방법으로 이해하는 것에 가장 큰 초점을 맞추었습니다. 다음 문제들을 살펴보고 각 학년에 해당하는 문제를 완전히 이해했는지 알아보세요.

1학년 진단 문제

문제1 주어진 숫자를 가르기 해봅시다. 물음표에 들어갈 숫자는 무엇일까요?

```
        11
       /  \
      7    ?
```

문제2 수배열표를 보고 떠오르는 규칙을 만들어보세요.

21	22	23	24	25	26	27	28	29	30
31	32	33	34	35	36	37	38	39	40
41	42	43	44	45	46	47	48	49	50
51	52	53	54	55	56	57	58	59	60
61	62	63	64	65	66	67	68	69	70

문제1 풀이 초등학교 1학년 1학기 3단원 '덧셈과 뺄셈'에 처음 나오는 개념은 **가르기와 모으기**입니다. 가르기 / 모으기는 덧셈 / 뺄셈에 선제되는 내용입니다. 가르기 / 모으기를 활용하여 큰 수를 작은 두 수로 나누면서 수의 감각을 배웁니다. 나아가 큰 수를 가르는 방법은 여러 가지가 있다는 것을 알게 되고, 큰 수를 가르고 다시 모았을 때 큰 수는 변화가 없다는 것을 직관적으로 알게 됩니다. 숫자 1-9, 2-8, 3-7, 4-6, 5-5를 10의 보수라고 하는데, 3단원 '덧셈과 뺄셈'에서 보수를 활용하기도 하고 **10까지 가르기 / 모으기** 하는 것을 배웁니다. 그리고 5단원 '50까지의 수'에서 **10 이상의 수를 가르기 / 모으기** 하는 것을 배웁니다.

주어진 문제의 ? 에 들어가는 숫자는 4입니다. 더 나아가 11을 7과 4로 나눌 수 있지만 6과 5처럼 다른 두 수로도 나눌 수 있다는 것을 배우게 됩니다. **가르기 / 모으기 개념**은 엄마와 함께 6, 7세부터 실생활에서 알아갈 수 있습니다.

문제2 풀이 수배열표는 1학년 2학기 5단원 '시계 보기와 규칙 찾기'에 나옵니다.

하나의 숫자를 개별적으로 다루는 것이 아니라 전체적인 수의 규칙성을 배우는 것입니다.

21	22	23	24	25	26	27	28	29	30
31	32	33	34	35	36	37	38	39	40
41	42	43	44	45	46	47	48	49	50
51	52	53	54	55	56	57	58	59	60
61	62	63	64	65	66	67	68	69	70

오른쪽으로 한 칸씩(초록색 화살표) 갈수록 1씩 커집니다.

아래로 한 칸씩(주황색 화살표) 갈수록 10씩 커집니다.

왼쪽으로 한 칸씩(보라색 화살표) 갈수록 1씩 작아집니다.

대각선으로 내려갈수록(빨간색 화살표) 11씩 커집니다.

아이와 1부터 100까지 수배열표를 만들어서 이야기해볼 수 있습니다. 시중에 수배열표를 팔기도 하는데 5, 6세라면 준비해도 좋습니다. 초등학생이라면 교과서에서 볼 수 있고 스스로 만들어볼 수도 있습니다.

화살표로 증감을 나타내보았다면 아래와 같이 3씩 커지는 수를 찾아볼 수도 있습니다.

21	22	23	24	25	26	27	28	29	30
31	32	33	34	35	36	37	38	39	40

세 칸씩 뛸수록 (연두색 네모칸) 3씩 커집니다.

학년이 올라갈수록 수배열표를 활용한 응용 문제가 자주 등장합니다. 위의 수배열표를 활용한 4, 5학년 응용 문제를 소개해보겠습니다.

예1 빨간색으로 표시된 상자 안의 수를 모두 더하세요.

21	22	23	24	25	26	27	28	29	30
31	32	33	34	35	36	37	38	39	40
41	42	43	44	45	46	47	48	49	50
51	52	53	54	55	56	57	58	59	60
61	62	63	64	65	66	67	68	69	70

예2 다음 수배열표에서 빈칸에 들어갈 수의 합을 구하세요.

21	22	23	24	25	26	27	28	29	30
31						37	38	39	40
41	42	43	44	45		47	48	49	50
51	52	53	54	55		57	58	59	60
61	62	63	64	65		67	68	69	70

예1 풀이 총 열여덟 개의 규칙적인 숫자 더하기의 방법에는 여러 가지가 있습니다. 열여덟 개의 숫자를 차례대로 더하는 것이 아니라 가로로 묶거나 세로로 묶는 방법도 있고, 십의 자리를 모두 더한 후 일의 자리를 더하는 방법도 있습니다. 중요한 것은 규칙을 사용하여 열여덟 개의 숫자를 차례대로 더하는 것보다 간편한 방법을 발견하는 것입니다.

제가 제시하는 방법은 먼저 첫 번째 가로줄 여섯 개의 숫자 **34+35+36+37+38+39를 더합니다.** 여기서도 십의 자리 수인 30을 따로 곱해 30×6=180을 계산한 뒤, 일의 자리 수 4, 5, 6, 7, 8, 9를 더해 **180+39=219**로 구합니다. 그리고 두 번째 줄의 합은 219에서 60이 큰 수, 세 번째 줄의 합은 219에서 120이 큰 수라는 것을 활용합니다. 십의 자리만 커지고 일의 자리는 같다는 것을 활용한 것이죠.

34+35+36+37+38+39=219
219+60=279
219+120=339

219+279+339 = 837

예2 풀이 먼저 주어진 수배열표의 빈칸에 들어갈 수를 구합니다. 32, 33, 34, 35, 36, 46, 56, 66 입니다. 가로줄과 세로줄을 나누어 더해도 되고, 십의 자리와 일의 자리를 따로 구해도 됩니다.

답 : (30×5)+(2+3+4+5+6)+40+50+60+(6×3)= **338**

위의 두 예시 문항은 숫자를 하나하나 직접 더하는 것이 아닙니다. 규칙을 찾은 뒤에 식을 세워서 구해야 합니다. 1학년 때 배운 수배열표가 4, 5학년에 심화확장 되는 것을 알 수 있습니다.

2학년 진단 문제

문제1 코끼리 버스에 30명이 타고 있었습니다. 동물원에 도착하여 21명이 내리고 4명이 탔습니다. 이제는 코끼리 버스에는 몇 명이 타고 있을까요?

문제2 다음 중 길이를 m 단위로 나타내기에 알맞은 것을 모두 찾아 기호를 쓰세요.
  ㉠ 교실의 가로 길이   ㉡ 필통의 세로 길이
  ㉢ 학교 앞 횡단보도의 길이   ㉣ 나뭇잎의 길이

문제1 풀이 2학년부터 '식 세우기' 연습을 시작합니다. 주어진 문제는 교과서에 있는 문제를 변형한 문제입니다. 난이도 하입니다. 덧셈 뺄셈을 할 수 있는 아이라면 머릿속에서 바로 답을 계산하여 13이라고 말할 수 있습니다. 하지만 30 - 21 + 4 = 13이라는 식을 세워보아야 합니다. 쉬운 문제의 식을 자연스럽게 쓸 수 있어야 복잡한 식도 세울 수 있습니다.

문제2 풀이 답은 ㉠과 ㉢입니다. ㉡과 ㉣은 cm를 사용합니다. 2학년 2학기에는 cm와 m를 배웁니다. 3학년 1학기에 mm와 km를 배웁니다. 모든 길이는 mm, cm, m, km로 나타낼 수 있지만 알맞은 표현 방식이 있습니다. 각 단위를 적절한 상황에 사용하는 것을 배우는 중입니다.
쉬운 문제 같지만 서울에서 부산까지의 거리는 대략 400km이고, 경기도의 인

구는 1,000만 명이 넘는다와 같이 실생활과 숫자를 접목시키는 것을 어려워하는 어른도 있습니다. 초등학교 2학년 학생이라면 **손톱은 대략 1cm 정도이고 손가락 하나의 길이는 5~7cm 정도 된다. 달걀 하나는 50g 정도이고 나의 몸무게는 ○○kg 이다**라는 것을 가정에서 미리 알려주면 좋습니다.

이렇게 숫자와 친숙해지는 것은 타고난 수학의 감도 많이 작용합니다. 부족하면 연습이 필요한 단원이고 가정에서 채워줄 수 있는 부분입니다. 학교에서 m를 배운 2학년 학생이라면 길을 가다가 전봇대는 몇 미터쯤 되는지, 우리집 냉장고의 키는 몇 미터쯤 되는지 대화해보세요.

진짜 수학을 잘하는 아이는 꾸준히 하는 아이

같은 아파트에 사는 육아 동지와 이야기를 나누었습니다.

"우리 아들이 야구를 정말 좋아해요. 초등학교 1학년 때부터 야구 선수들 타율을 다 외우고, 할푼리의 소수점까지 이해를 해요. 야구 관련 숫자를 기가 막히게 잘 외우고, 수학감이 좋다고 생각했어요. 그런데…."

결론은 학교 교과 진도에 따라 문제집을 풀어보니 오답이 많다는 고민이었습니다. 저도 들으면서 할푼리라니, 아이가 참 숫자와 친하구나 생각했습니다. 자연스럽게 물었죠.

"어떤 문제집을 풀고 있나요? 연산은 어디까지 했어요?"

제 질문이 너무 진부한가요? 제가 이어서 말했습니다.

"○○이가 숫자와 친숙하네요. 두려움도 없고요. 야구의 이응도 모르는 아이를 둔 엄마로서 참 부럽네요. 그렇지만 우리 아이는 일곱 살부터 매일 두 장씩《소마셈》과《팩토》문제집을 풀었어요. 그 시간이 쌓이니까 1년 동안 열네 권을 풀었더라구요. 얇은 문제집이에요. 그래도 지금 2학년이니까 서른 권 이상 풀었겠네요. 문제집

서른 권 푼 아이와 이제 한 권 시작한 아이와 정답률이 비슷하다면 우리 아이가 너무 억울하죠. ○○이가 숫자에도 친숙하니 지금부터 문제집을 풀면 금세 좋아질 거예요."

 서로 웃으면서 악수를 했답니다. 저희 아이가 푼 문제집이 대단한 게 아니었습니다. 그렇지만 하루에 몇십 분씩 쌓인 총 시간은 어쩌면 대단할 수 있습니다.
 매일 꾸준하게 조금씩 수학 문제를 풀다 보면 수학 점수보다 더 큰 것도 얻을 수 있습니다. 자연스레 '공부는 일단 해야만 하는 것'이라는 마음이 생깁니다. 그리고 가정에서는 공부하는 분위기가 조성됩니다. 문제집을 푸는 속도나 난이도는 아이마다 다를 거예요. 또 어떤 아이는 지겨워할 테고, 어떤 아이는 순순히 하겠죠. 어떤 아이는 본인이 더 욕심을 낼 거고, 어떤 아이는 매일 울면서 눈물바람으로 책상에 앉을 수도 있어요.
 그래도 위에서 이야기를 나눈 친구처럼 실생활에서 숫자를 자연스레 사용하면 연산에도 거부감이 없을 것이고 수학에 대한 막연한 긍정감이 있을 것입니다. 부모가 심어줄 수도 있는 부분입니다. 은연중에라도 아이에게 "너는 숫자에 약하니까"라는 말은 절대로 하지 마세요.
 어차피 수학 공부 없이 12년의 교육 과정을 지낼 수 없습니다. 열 살 이전에는 책상에 끌어당겨 앉는 연습을 부모가 도와주어야 한다고 생각합니다. 일단 시켜봐야 내 아이의 성향도 알 수 있습니다.

<mark>수학을 잘하는 아이는 꾸준하게 매일 공부한 아이입니다.</mark>

문제집 수준은 일단 뒤로 미루자고요. 한 학년 낮은 문제집을 풀 건 몇 년을 선행하건 간에 지금은 긴 마라톤 42.195킬로미터에서 시작 부분인 5킬로미터 구간 어딘가에 있습니다. 앞으로 갈 길이 훨씬 길어요.

떼려야 뗄 수 없는 사고력 수학과 교과 수학

미국과 이스라엘은 1970년부터 영재교육을 시작했습니다. 우리나라는 1990년대 중반에 영재교육에 대한 필요성을 느끼고 2000년부터 영재교육이 도입되었습니다. 지역별 교육청이나 대학교 부설 영재원에서 배우는 내용과 영재원 입학을 준비하는 사교육이 대표적인 사고력 수학의 모습이라고 할 수 있습니다.

또 다른 물결은 수리논술입니다.

2006년 모의고사 출제실에서 근무할 때 '전국 수리논술 모의고사' 1회를 진행한 적이 있습니다. 각 대학교에서 논술 시험이 도입되면서 수리 영역에서도 논술이 등장하게 됩니다. 수리논술은 수학적인 지문을 바탕으로 풀이 과정을 평가하는 대입 주관식 서술형 문제입니다. 문제를 제외한 지문의 길이만 시험지 한 페이지 정도였습니다. 그 당시에는 수학에서도 이런 문제가 나올 수 있는지 놀라는 분위기였습니다. 수리논술 출제위원들과 지문 내용, 문제 난이도, 채점 방향, 배점 등 다양한 연구를 했습니다. 어찌보면 지금 초등학생들이 사고력 수학에서 배우는 것을 그 시절에는 대학 입시에서 처음 다루었다고 볼 수 있습니다.

지난 2010년 초반까지는 특정 학생, 즉 수리논술을 치는 상위권 대학 입시생, 특목고를 준비하는 최상위권 중학생, 초등 영재원 학생들만 사고력 수학을 배웠습니다. 그러나 2010년 중반 이후 모든 학생들이 사고력을 요구하는 심화 문항, 서술형 문항을 접하고 있습니다. 초등학교 단원평가조차 객관식 단답형 문항에서 주관식 서술형 문항으로 변하고 있습니다. 시대가 바뀌고 평가가 바뀌고 있는 것이죠.

사고력 수학 이해하기

요즘 저학년 부모들은 '사고력 수학을 해야 하나? 언제부터 해야 하나? 한다면 과연 효과가 있을까?'라는 고민을 많이 합니다. 속뜻은 '사고력 학원을 다녀야 할까'라는 질문으로 봐도 됩니다. 왜냐하면

'사고력을 기를까?'라는 질문에 대한 대답은 당연히 yes이기 때문입니다.

사고력 학원은 안 다녀도 무방합니다. 하지만 사고력 수학은 해도 되고, 안 해도 되는 것이 아닙니다. 교과 수학 안에서 응용, 심화 문제는 다 사고력 수학이라고 할 수 있습니다. 단순한 연산 문제가 아니라 한 번 더 생각해야 하는 문제, 사고력을 높여야 풀 수 있는 문제는 모두 사고력 문제입니다.

사고력 문제에 대해서 소개하기 전에 먼저 **교과 수학**의 기본, 응용, 심화에 대해 알아보겠습니다.

먼저 교과 수학이란 학교 교육 과정에서 배우는 수학을 말합니다. 초등학교 1학년부터 고등학교 3학년까지 수학 교과서로 학교 수업 시간에 진도대로 배우는 수학입니다.

교과 수학 안의 기본 수학은 교과서와 수학익힘책 수준이라고 생각하면 됩니다. 각 학년에 따라 기본적으로 알아야 할 수학 학습 내용입니다.

예를 들어, 초등학교 2학년 2학기에는 구구단을 외워야 하고, 5학년 1학기에는 분모가 다른 분수를 통분하여 더하고 빼는 방법을 알아야 합니다. 사칙연산과 수학 교과서에 시각적으로 표현된 기본 개념 문제가 기본 수학입니다. 수학익힘책은 문제 양도 적고 학교 수업 시간에 풀기 때문에 이것만으로는 부족합니다.

수학은 개념이 이어지는 나선형 구조이기 때문에 개념을 놓치면 다음 단계를 이해할 수가 없습니다. 수학 교과서, 수학익힘책은 하나도 빠짐없이 이해하고 오답 없이 풀 수 있어야 합니다.

교과 수학 안의 응용 수학이라는 것은 교과 수학 안에서 조금 어려운 내용을 말합니다. 응용 수학은 계산 과정이 복잡할 수도 있고, 풀이의 과정이 다양하거나 풀이 단계를 여러 번 거쳐야만 답이 나올 수도 있습니다. 시중의 문제집에서 다양한 응용 문제를 많이 다루고 있습니다. 초·중등 교과에서는 비슷한 유형이 반복됩니다.

예를 들어, 리본 끈 여러 가닥을 붙이고 총 길이를 묻는 문제는 리본이 겹치는 부분을 빼고 생각해야 하는 응용 문제입니다. 2학년 자연수의 사칙연산에서도 나오고, 4학년 분수, 5학년 소수에서도 계속 반복됩니다. 그래서 개념을 이해하고 나면 기본서를 반복하는 것보다 응용서를 푸는 것을 추천합니다. 특히 현행을 할 때는 학교에서 수업을 받고 있기 때문에 기본서 없이 바로 응용서를 풀어도 됩니다.

모든 문제집의 기준은 오답률 30퍼센트(= 정답률 70퍼센트 이상)가 기준입니다. 오답률 30퍼센트 정도가 나에게 알맞은 문제집 수준입니다. 정답률이 90퍼센트가 넘는 문제집은 굳이 풀 필요가 없습니다. 정답률이 50퍼센트 이하인 문제집은 본인의 수준보다 높은 문제집입니다. 오답하는 데 시간이 오래 걸리고 자신감이 떨어질 수 있습니다.

교과 수학 안의 심화 수학은 교과 과정 중 가장 어려운 내용을 말합니다. 심화 문제는 풀이 단계 하나하나가 복잡할 수도 있지만 대부분의 심화 문제는 풀이 방법을 떠올리는 것 자체가 어렵습니다. 그래서 이때 사고력이 필요합니다. 응용 문제와 심화 문제는 정확하게 양분할 수 없습니다. 응용서에도 심화 문제가 10퍼센트 정도 수록되어 있고, 심화서에도 응용 문제가 50퍼센트 정도 수록되어 있습니다.

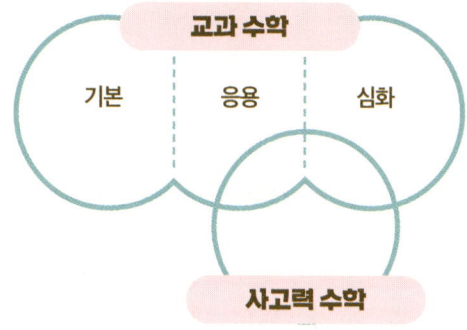

사고력 수학은 교과 수학과 교과 수학 밖의 내용에 걸쳐져 있습니다.

교과 수학 안에서 사고력 수학은 계산 능력보다는 다양한 문제 해결 능력에 초점을 맞춥니다. 다양하다는 의미는 틀에 맞춘 문제가 아니라, 여러 가지 방식으로 풀이가 가능하다는 뜻입니다. 단순한 계산 문제가 아니라 **고민 끝에 풀이 방법을 떠올리는 것, 그것이 사고력을 높이는 것**입니다. 그리고 한 단원에 국한되지 않아서 다른 과목의 지식을 끌어올 수도 있습니다. 배경 지식이 많을수록 쉽게 다가갈 수 있습니다.

교과 수학 밖의 사고력 수학은 교과서에서는 배우지 않지만, 그 나이대의 학생이 사고할 수 있는 개념들을 사고력 문제로 다루어보는 것입니다. 예를 들어, 쌓기나무, 거울 대칭, 스도쿠, 체스를 떠올리면 부모 입장에서는 '필요 없는 과정'이 될 수도 있습니다. 하지만 아이 입장에서는 '와 이런 것도 수학인가? 재미있다!'라고 느낄 수 있습니다. 그래서 교과 수학 외의 사고력 수학은 양면성이 있습니다.

사고력 교재의 세 가지 목표

앞서 보았듯이 사고력 수학과 교과 수학은 떼려야 뗄 수 없습니다. 사고력 수학이라는 단어 자체가 상업적으로 쓰이는 것이 안타까울 뿐입니다. 저학년 때는 시중의 연산 교재 한 권, 사고력 교재 한 권으로 가정 학습을 꾸준하게 하는 것이 가장 좋은 수학 공부 방법입니다. 지금의 현실은 사교육 시장에서 저학년을 돈벌이 대상으로 보고, 사고력 수학을 안 하면 큰일 난다며 겁을 줘서 사고력 수학에 반감만 생기고 있습니다. 오히려 사고력 수학이라는 단어를 쓰지 않고 ==깊은 사고를 요하는 다양한 응용 문제를 푼다==고 언급하는 것이 더 맞는 말입니다.

수학에 대한 흥미 유발

저는 저학년 사고력 수학을 《설민석의 한국사 대모험》 혹은 《용선생 만화 한국사》와 자주 비유합니다. 초등학교 1, 2학년이 되면 한국사에 관심 갖는 친구들이 생깁니다. 그리고 부모들에게 먼저 정보가 입수됩니다. 만화로 된 한국사 책은 어떤 종류가 있는지, 어떤 책이 가독성이 좋은지, 요즘 가장 많이 팔리는 초등 한국사 전집은 무엇인지, 학습지로 접하는 한국사는 괜찮은지, 한국사능력검정시험은 누가 보러 가는지 등 정보가 쏟아집니다.

보통 초등학생이 맛보게 되는 만화 한국사는 즉각적인 흥미를 유발합니다. 엄마들의 큰 그림은 한국사를 통해 자연스럽게 독서와 가까워지고, 한국사 만화책을 읽으면서 한국사에 나오는 연도, 지명, 왕의 이름, 나라 이름에 익숙해지길 바랍니다. 더 나아가서 초등학교 5학년 사회 교과서에 처음으로 한국사가 등장하니 그때 남들보다 쉽게 공부하길 바랍니다.

한국사로 된 만화책에 푹 빠져서 몇 번을 읽었다고 해서 역사 수업을 안 들어도 되는 것은 아닙니다. 하지만 친구들과 똑같이 사회 수업을 들어도 조금 더 수업 시간에 자신감이 붙을 것이고, 어떤 부분은 선생님이 설명하는 맥락이 귀에 쏙쏙 들어오면서 개략적인 시대 흐름이 그려지기도 할 것입니다. 우리가 한국사 만화책에 일차적으로 바라는 것은 이 정도입니다.

저학년 사고력 수학의 첫 번째 목표도 비슷합니다. 미취학과 저학년 때 사고력 수학 교재로 《팩토》를 시작하는 이유는 수학에 즉각적인 흥미를 유발하기 위해서입니다. 공부라는 느낌없이 알록달록한 사고력 문제집을 접합니다. 재미도 있고, 수학 공부를 한다는 성취감도 있고, 달력 보기나 시계 보기를 저절로 뗄 수도 있습니다. 그리고 '나는 수학을 좋아하는 게 아닐까?' 혹은 '나는 수학을 잘하나 봐!'라는 마음을 품기 시작합니다.

그러나 연산 문제집과 교과 수학을 시작하면서 어쩌면 점점 수학은 어려운 것, 틀려서 기분 나쁜 것, 엄마에게 혼나는 것으로 인식될 수도 있습니다. 그럴 때 사고력 수학이 다시금 수학에 마음을 열 수 있게 도와줍니다.

저학년 사고력 수학 교재는 선행학습이 필요 없습니다. 오히려 사고력 교재를 처음 접할 때는 후행을 해도 됩니다. 2학년이 되어서 《팩토》1을 풀어도 됩니다. 그리고 고학년 교과 과정과 거의 연관이 없습니다. 저학년 때는 서로 다른 부분 찾기, 거울보기, 분류하기, 땅

따먹기, 쌓기나무, 도형 돌리기 사이에 슬쩍 복잡한 연산인 마방진을 해봅니다. 스도쿠도 할 수 있죠. 숫자를 가지고 놀아보는 것이죠.

"와, 아빠 어릴 때는 이런 문제집 없었는데, 정말 재밌겠다."

"스도쿠는 과학자들이 쉬면서 머리 식힐 때 심심풀이로 하는 게임이라던데, 너도 잘하는구나. 멋지다!"

저학년 때는 부모의 응원이 필요한 시점입니다. 아이가 초등학생 때 '혹시 나는 수학을 잘하는 거 아닐까?'라는 마음을 먹는 것만으로도 사고력 교재가 가진 역할의 반은 했다고 볼 수 있습니다. 수학이 재미있다고 생각하는 것이 사고력 수학의 첫 번째 목표입니다.

긴 풀이를 이기는 법

초등 고학년 수학은 다릅니다. 재미로만 접근할 수도 없고, 문제 풀이 양도 많아집니다. 또 어떤 친구들은 중등 선행을 합니다. 교과 수학에 대한 마음은 급해지는데 문제집의 응용 수학은 점점 어려워집니다.

여기서부터가 사고력 수학의 두 번째 목표입니다.

저학년 교과서에는 한 번만 생각하면 풀 수 있는 수학 문제가 많습니다. 그런데 고학년이 되면 응용 문제가 늘어나고 여러 단계를 고민해야 풀이가 떠오를까 말까 한 문제가 많아집니다. 이때 문제 하나를 오랜 시간 고민해본 경험이 없다면 쉽게 포기하게 됩니다.

응용, 심화 문제를 만났을 때 아이들의 속마음입니다.

'이 정도 고민했으면 답이 나와야 되는데.'

'여기까지 힘들게 풀었는데 또 다시 저걸 구하라고?'

'한 문제 푸는 데 이렇게 시간이 오래 걸리는데 두 장을 어떻게 풀란 말이야!'

'문제가 길어서 무슨 말인지 모르겠다.'

이런 고민은 누구나 합니다.

여기서 수학을 포기하고 수학이 싫어지는 경우가 대부분입니다. 이때 필요한 것은 실패를 이겨낸 성공 경험입니다.

연산 위주의 공부만 하던 아이들은 수학은 바로 답이 나와야 한다고 생각합니다. 하지만 저학년 때부터 사고력 교재를 차근차근 풀었던 아이들은 수학 풀이도 문장으로 길게 쓸 수도 있다는 것을 알고 있습니다. 그리고 사고력 교재에 나온 규칙 찾기 문제를 한참 동안 고민해본 경험이 있습니다. 도형 문제도 처음에는 쉬워 보였는데 두 번 세 번 풀어도 틀렸던 경험이 있습니다.

- 한 문제로 오랜 시간 고민해본 경험
- 수학 문제의 풀이가 연습장 한 바닥이 될 수도 있다는 경험
- 처음 생각한 나의 풀이가 잘못된 것을 깨닫고 다시 풀어보는 경험

사고력 수학을 공부한다는 것은 저학년 때 몇 년 선행을 해서 고학년 수학 문제를 풀라는 것이 아닙니다. 연령에 맞는 사고력 문제가 있습니다. 1학년은 1학년 문제를, 2학년은 2학년 문제를 고민해서 해결할 수 있는 사고력 교재가 있습니다. 어릴 때부터 수학 문제를 풀면서 고민을 해본 아이들은 마음의 준비가 되어 있습니다.

엄마표 수학을 한다고, 어릴 때부터 수학 교재로 공부를 한다고 해서 수학이 쉬워지는 것이 아닙니다. 어려운 수학 문제를 만났을 때 해결할 수 있는 힘을 길러야 합니다.

그 힘을 기르는 것이 사고력 수학의 두 번째 목표입니다.

다음은 중학교 1학년 1학기 방정식에 나오는 서술형 문제입니다.

> 다음 방정식의 해의 합을 구하시오. (25점 만점)
> $x + 2 = |x| + |x - 4|$
> (수직선 활용할 것)

풀이

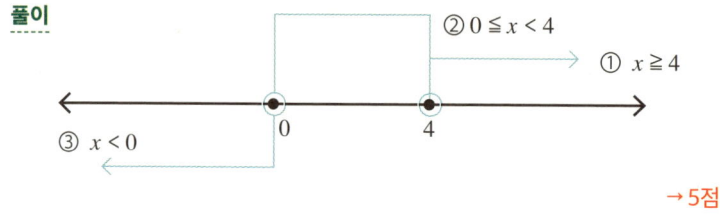

① $x \geq 4$
② $0 \leq x < 4$
③ $x < 0$

→ 5점

① $x \geq 4$ 일 때

$x + 2 = x + x - 4$

∴ $x = 6$ (조건에 성립하므로 해가 될 수 있다)

→ 5점

② $0 \leq x < 4$ 일 때

$x + 2 = x - (x - 4)$

$x + 2 = x - x + 4$

∴ $x = 2$ (조건에 성립하므로 해가 될 수 있다)

→ 5점

③ $x < 0$ 일 때

$x + 2 = -x - x + 4$

$3x = 2$

∴ $x = \frac{2}{3}$ (조건에 성립하지 않으므로 해가 될 수 없다)

→ 5점

따라서, 해는 6과 2이므로 답은 8이다.

→ 5점

이 문제를 언급하는 이유는 문제를 언뜻 보기에는 계산 문제 같지만 단계적 해결이 필요한 사고력 문제이기 때문입니다. 문제 의도를 파악하고, 수직선을 활용하고, 조건을 생각해서, 각 조건에 따라 따로 계산해야 합니다.

학년이 올라가면 올라갈수록 수학 문제는 단계적으로 차근차근 해결해야 답이 나오는 경우가 많습니다. 중학생이 된다고 이런 문제를 갑자기 잘 풀 수 있는 것이 아닙니다. 준비가 된 친구들만 해결할 수 있습니다. 이런 유형은 사고력 문제이면서 교과 과정 안의 심화 문제입니다. 학교 내신 시험에서는 서술형 문항으로 출제됩니다. 초등 때 사고력 문제를 연습하는 것과 응용, 심화 문제를 꾸준히 풀어 보는 것은 중등 이후의 수학에서도 꼭 필요합니다.

다양한 문제 만나기

저학년 때 사고력 교재를 푸는 세 번째 이유는 새롭고 다양한 문제를 만나기 위해서입니다. 저학년 때부터 교과 문제집을 풀면 그 스타일에 적응되고 맙니다. 교과 문제집은 앞으로 10년을 더 풀어야 하는 문제들입니다. 특히나 초등학교 1, 2학년 교과 수학은 수업 시간에 배우는 것으로도 충분합니다. 학교 현장에서도 초등학교 1, 2학년 수업은 최대한 재미있고 실생활에 접목해 가르치려고 노력합니다. 사칙연산 외의 단원 '비교하기, 여러 가지 모양, 시계 보기, 길이 재기, 분류하기, 표와 그래프, 규칙 찾기'는 사고력 교재에서 더 다양하고 심도 있게 접근할 수 있습니다.

예를 들어 초등학교 2학년 1학기 '분류하기' 단원은 이런 모습입니다.

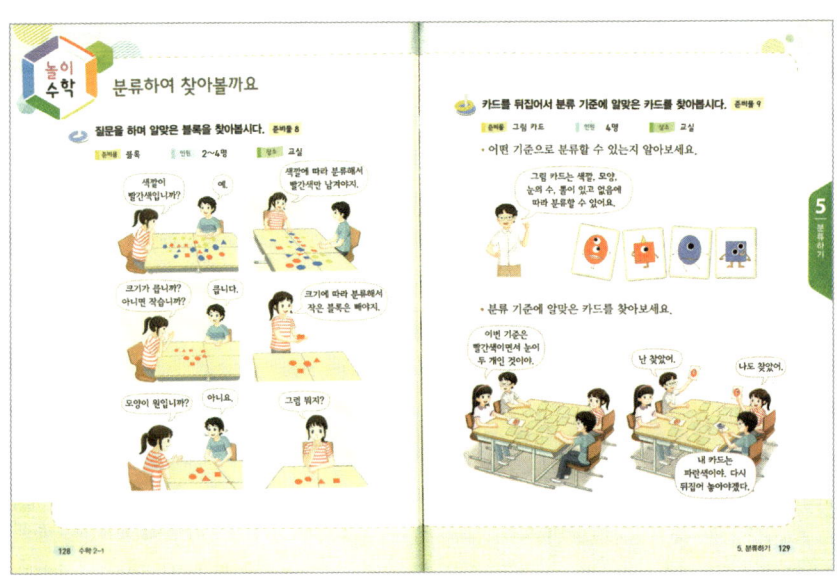

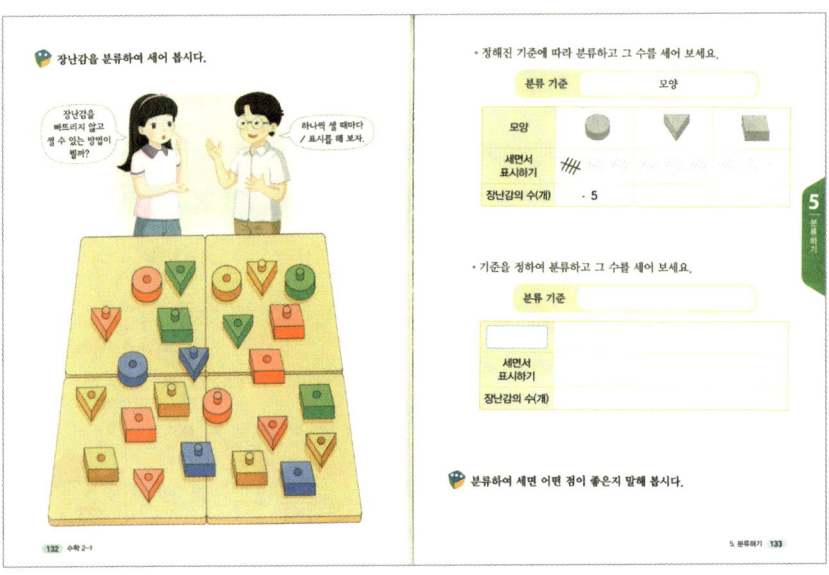

2학년 대상 '분류하기'는 사고력 교재에서 다음 문제와 같이 만날 수 있습니다. 학교에서도 이 단원은 수학 과목이라는 느낌 없이 실생활 연관 단원으로 접근합니다. 아래의 표를 보고 어떻게 풀어야 한다는 상세한 설명이 없어도 직관적으로 칸을 채울 수 있습니다. 그 순간에 아이들의 사고력이 자랍니다. 다음 문제를 볼까요.

보기 지렁이 고래 참새 거북 갈매기 구름 비행기 상어

바다	바다와 땅	땅	땅과 하늘	하늘	하늘과 바다와 땅
고래, 상어	거북	?	참새, 비행기	?	갈매기

풀이 상세한 설명 없이 보기의 단어를 읽고 답을 고민하는 것만으로도 사고 확장이 됩니다. 보기 중 땅에서만 사는 것은 '지렁이'이고 하늘에만 있는 것은 '구름'입니다. 거북, 참새, 비행기, 갈매기처럼 한 군데서만 머물지 않고 땅과 바다와 하늘을 넘나드는 것에 대한 생각을 새롭게 해볼 수 있는 문제입니다.

우리 아이에게 맞는 사고력 문제집을 찾는 것, 우리 아이가 흥미 있어 하는 수학 분야를 알아보는 것도 가정 학습의 장점입니다. 아이에게 맞는 사고력 교재를 집에서 풀면서 다양한 문제를 접해보세요. 미취학과 초등학교 1, 2학년 때는 늦은 것도 없고 빠를 필요도 없습니다. 이 시기는 고학년에 비해 시간도 많고 부모가 컨트롤하기도 쉬울 때입니다. 이 교재 저 교재 풀면서 좀 돌아가도 되고, 한 가지 주제에 흠뻑 빠져도 됩니다.

저학년 때는 어떤 사교육보다 가정에서 연산 교재 한 권, 사고력 교재 한 권을 꾸준하게 푸는 것이 수학에 대한 자신감을 키울 수 있는 방법입니다. 이 책에서 가장 많이 한 말이네요. 그만큼 진심이 담긴 문장입니다.

결국은 교과 문제집

지금까지 저학년 시기에 사고력 교재를 풀면 좋은 이유를 알아보았습니다. 하지만 2학년 겨울방학, 늦어도 3학년 여름방학부터는 교과 문제집을 풀기 시작해야 합니다. 저학년까지 사고력 교재를 풀면서 수학적 능력을 향상시켰다면 3학년부터는 본격적으로 교과 문제집으로 수학 실력을 점검하고 높이는 연습을 해야 합니다.

문제집을 정하는 기준은 정답률 70퍼센트입니다. 연산 공부를 꾸준하게 했다는 가정하에 첫 교과 문제집을 정할 때는 3학년 1학기 유형서 혹은 응용서로 정합니다. 대표적으로는 《디딤돌 기본+응용》, 《유형 해결의 법칙》, 《응용 해결의 법칙》, 《쎈》이 있습니다.

아이 스스로 설명을 읽고, 문제를 풉니다. 정답률이 70퍼센트 이상이면 틀린 것을 고쳐나가면서 계속 풀면 됩니다. 심화서는 정답률 50퍼센트도 괜찮습니다. 대신 아이가 오답하기를 너무 힘들어하면 심화서를 미루고 응용서를 푸세요. 초등 심화 문제 중에는 말도 안 되게 꼬아 놓은 문제들이 있기 때문입니다. 같은 문제집이라도 아이마다 체감하는 난이도는 다릅니다. 어떤 아이는 쉽게 풀고, 어떤 아이는 대충 풀고, 어떤 아이는 힘들게 풉니다. 문제집을 정해서 시작할 때 아이의 수학 능력을 알아간다 생각하세요. 지금 성적이 아니라 고등학교 때 웃을 수 있는 수학 성적을 위해, 오늘부터 풀어나가면 됩니다.

초등학교 3학년부터 교과 수학 문제집을 풀어야 하는 이유를 다음과 같이 정리해보았습니다.

수학 문제집을 푸는 이유

개념서 / 유형서
- 첫 번째, 이 단원의 개념을 확실하게 이해했는지 확인
- 두 번째, 다양한 유형의 문제를 풀어봄으로써 개념을 활용할 수 있는지 확인

응용서 / 심화서
- 세 번째, 심화 문제까지 다루어 아이의 수학 능력 점검
- 네 번째, 심화 문제로 더 높은 수학 성적을 기대하기 위하여

첫 번째, 두 번째 이유는 기본서(=개념서), 유형서를 풀어봄으로써 해결이 됩니다. 수학 교과서, 수학익힘책을 풀 수 있다면 개념서나 유형서는 스스로 풀 수 있습니다. 물론 계산 실수, 생각 실수를 해서 오답이 나올 수는 있지만 틀린 문제를 다시 푸는 연습을 하면 완북할 수 있는 문제집입니다. 초등학교 4학년부터 큰 수, 분수, 소수가 까다로울 수 있지만 틀리는 것에 겁먹지 말고 알 때까지 연습하면 됩니다. 각 학기에 유형서 한 권을 풀었다면 수학 성적이 상위권은 될 것이고, 학교 수학 성적이 평균이 안 된다는 것은 머리의 문제가 아니라 성실의 문제입니다.

다음은 세 번째, 네 번째 이유에 대해 생각해보겠습니다. 우리 아이가 심화서를 접했을 때 정답의 비율이 70퍼센트 이상이라면 계속 풀어나가면 됩니다. 그런데 아이가 심화서를 척척 풀어내지 못하고 정답률이 70퍼센트가 안 되면 솔직히 엄마 입장에서는 자존심이 상할 수 있습니다. '옆집 누구는 최상위 수학을 푼다던데, 어떤 학원은 최상위 수학으로 진도를 나간다던데, 우리 아이는 수학 머리가 없나?' 하는 생각이 들 수 있습니다.

그럴 때는 목표를 잡아봅니다. 2년 후에는 심화서를 풀겠다는 목표를 말이지요. 제가 앞서 말했듯이 수학 전공자들에게도 수학은 머리가 아니라 성실이 답이라고 했습니다. 2년 후에는 우리 아이의 끈기와 집중력이 길러질 테고, 지금 기본서와 응용서를 성실하게 풀다 보면 공부하는 습관도 잡힙니다. 대신 노력은 하지 않고 '중학생이 되면 잘하겠지', '좀 크면 나아지겠지'라고 막연하게 생각하면 안 됩니다. 왜냐하면 수학 성적을 상위권으로 유지하는 친구들은 지금도 꾸준하게 수학 공부를 하고 있기 때문입니다. 우리의 목표는 고3 때 잘하는 것입니다. 심화서를 언젠가는 풀겠다는 마음으로 차근차근 준비하면 됩니다.

이 꼭지의 제목인 '결국은 교과 문제집'이라는 문장에 많은 의미가 담겨 있습니다. ==저학년 때 사고력 수학 문제집을 추천하는 이유는 고학년 때 응용, 심화 문제를 더 잘 풀기 위해서입니다.== 사고력 교재를 접하지 않고 고학년이 된 친구들도 많습니다. 결국은 빠른 길로 가든 돌아서 가든 교과 문제집의 응용, 심화 문제를 정면돌파 해야 합니다. 나에게 맞는 수준의 문제집을 찾아서 모르는 문제를 아는 문제로 고치는 것, 그리고 다음 방학에는 한 단계 높은 난도의 문제집에 도전해보는 것이 수학 공부를 하는 바른 길입니다.

칼럼
영상 노출, 시간 때우기만 하지 맙시다

고만고만한 아이 셋을 키우며 영상의 유혹이 참 강했습니다. 〈뽀롱뽀롱 뽀로로〉 만화 영상 20분이면 저는 잠시 침대에 누울 수도 있었고, 믹스 커피를 한 잔 마실 수도 있었습니다. 꿀맛 같은 20분이 지나 텔레비전을 끄자고 하면, "하나만 더 하나만 더" 하면서 매달리는 아이들에게 "사실 엄마 속마음도 똑같아"라고 말할 수 없었습니다. 그런데 가끔 틀어주는 텔레비전에 말도 못하는 아이가 온몸의 신경을 빼앗기는 모습을 보고 정신을 차렸습니다.

　모든 영상 노출이 나쁘다는 것은 아닙니다. 하지만 영상 뒤에 영상이 저절로 이어져서 끊임없이 재생되는 시스템은 나쁘다고 생각합니다. 부모님들의 어린 시절, 일요일 아침 방영되던 〈디즈니 만화동산〉을 기억해보세요. 새로운 세상이 있다는 것을 알게 해준 상상력의 원천이었습니다. 어른이 되어서도 일요일 아침에 설레었던 기분을 기억할 수 있는 것은 그 만화가 간헐적이었기 때문입니다. 일주일이라는 시간을 기다려서 볼 수 있는 영상은 짧지만 강력했습니다. 지금의 유튜브와 같은 영상 서비스는 끝없이 이어지기 때문에 방금 본 영상의 감상을 느낄 새가 없습니다.

　유튜브가 도움이 되는 시기는 따로 있습니다. 최소한 6학년은 되어야 합니다. 일단 미취학과 저학년 아이들은 영상을 보는 것도, 텔레비전을 켜고 끄는 것도 부모의 컨트롤이 가능해야 합니다. 혹시나 그 컨트롤이 안 되어 있다면 공부가 문제가 아니라 관계의 문제로 접근해야 합니다. 아이들이 영상을 보고 싶다고 조르는 것은 괜찮습니다. 하지만 보여주느냐 마느냐는 엄마가 정해야 하고, 가정의 규칙을 만들어야 합니다.

　제가 추천하는 영상 노출은 시간 때우기가 아닌, 확실한 보상과 유익을 얻는 것입니다.

　첫 번째, 확실한 보상이란 과제를 다 끝난 후에 보는 것입니다. 그리고 서로 합의 하에 정해진 시간을 봅니다. 가정마다 다르지만 저희 집은 유튜브나 게임 등 스마트폰으로의 영상 노출은 없습니다. 대신 일주일에 두세 번 정도 영화나 애니메이션을 한 시간가량 텔레비전으로 봅니다. 삼남매라 취향이 서로 다르기 때문에 서로 의견 조율을 하는 시간이 꼭 필요합니다.

　두 번째, 적은 유익이라도 얻는 시간이 되도록 노력합니다.

　예를 들어, 〈해리포터〉는 전 세계의 10대가 함께 누리는 문화입니다. 그래서 아이들과 책을 먼저 읽었습니다. 아이들이 한 세트를 읽을 때마다 영화를 한 편씩 보았습니다. 책도 모두 스무 권이 넘고, 영화도 여덟 편이나 되니 이 또한 대장정이었습니다. 몇 달을 흠뻑 빠져 지내다 보니 대화 거리도 많아지고 가족 모두가 해리포터 동아리 활동을 하는 것처럼 끈끈해졌습니다.

저희 집의 예일 뿐입니다. 이 예는 이미 아이들이 초등 고학년이 되었기에 가능한 목록입니다. 아이들마다 성향이 다르고 부모마다 가치관이 다릅니다. 디즈니 영화도 좋고, 히어로 영화도 좋습니다. 영어 DVD도 좋습니다.

영화 산업은 세계를 선도하는 첨단 예술입니다. 특히, 소설과 영화는 만드는 이의 영혼이 담겨 있다 해도 과언이 아닙니다. 저는 앞으로도 책과 영화를 통해서 열정 가득한 작가와 감독의 작품을 맛보는 귀중한 경험을 아이들에게 선사하고 싶습니다. 영상 노출을 적절한 도구로 사용하여 아이들과 현명한 밀당을 하길 바랍니다.

진단 문제
1, 2학년 사고력 수학 능력 점검

저울 문제

다음 문제를 아이와 함께 풀어보세요. 대상은 숫자 익히기와 한 자릿수 덧셈을 끝낸 아이입니다. 7세, 8세, 9세, 10세 어떤 나이라도 상관없습니다.

> **문제** 무게가 1, 2, 5, 10의 추가 각 열 개씩 있습니다.
> 양팔 저울의 한 쪽에 무게가 10인 추를 올려놓았습니다.
> 양팔 저울이 수평을 유지하려면 반대쪽에 추를 어떻게 올려야 할까요?
> 여러 가지 방법을 생각해봅시다.

부모님은 벌써 몇 가지의 답이 떠오를 겁니다. 저는 5, 5와 2, 2, 2, 2, 2처럼 같은 수의 묶음이 먼저 떠올랐습니다. 아이에게 설명 없이 문제를 읽어보게 하고 풀이를 연습장에 적어보라고 해보세요.

먼저 같은 무게를 양쪽에 두어야 저울이 수평을 이룬다는 사실을 모르는 경우도 있습니다. 어른이 당연하게 생각하는 것을 아이가 모를 때가 있습니다. 이제부터 양팔 저울이 수평을 이룬다는 의미를 알 수 있도록 친절하게 알려주면 됩니다. 만약 7세에 《팩토》 같은 사고력 1단계 문제집을 풀었다면 접해본 유형일 것입니다.

이제부터 아이가 만들 수 있는 조합을 끈기 있게 기다려줍니다.

"엄마, 같은 숫자 또 써도 돼요?" 하고 물으면 부연 설명 없이 문제를 다시 읽어줍니다.

"엄마 10 하나만 올려도 돼요?" 하고 물으면 말하지 말고 일단 써보라고 알려줍니다.

다음은 저희 아이들의 풀이입니다.

8세의 풀이

10
22222
55
1111111111
2215
111115
21115

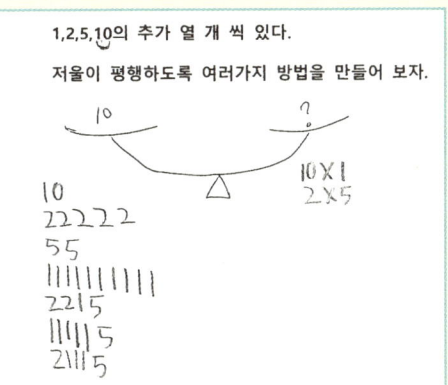

나름대로 열심히 생각했는데 여러 개를 빠뜨렸습니다. 그래도 칭찬해주었습니다.
"2215는 엄마도 생각하기 어려웠어!"라고 말해주었습니다.
"엄마도 헷갈렸지만 이러이러한 것도 찾아냈어!"라며 함께 더 탐구해보았습니다.

10세의 풀이

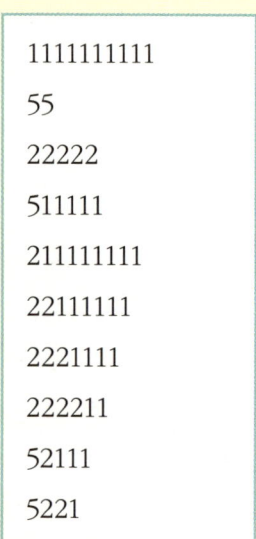
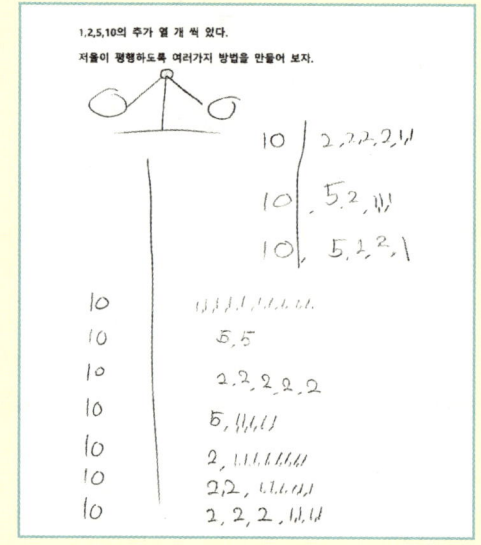

주관식 서술형 문제 중 답의 갯수가 몇 가지인지 제시되지 않은 문제는 꼼꼼하게 생각해야 합니다. 이번 문제 역시 기준을 정해 풀어나가야 합니다. 식을 세우는 연습과 같습니다. '작은 숫자부터 쓰겠다, 혹은 큰 숫자부터 쓰겠다'라는 목표를 잡는 것이 서술형 문제 풀이의 시작입니다. 저희 둘째는 왼쪽 저울에만 10을 쓰고 오른쪽에는 10을 빠뜨렸습니다. 반대쪽에도 10을 써서 10-10 균형을 맞추어야 하거든요.

분명히 실수일 테고 엄마도 무척 아쉬웠지만 숫자 2부터 순서대로 쓴 부분에 큰 칭찬을 해주었습니다. 헷갈리기 쉽고 놓치기 쉬운 부분을 차례대로 잘 정돈했습니다.

12세의 풀이

(1,1,1,1,1,1,1,1,1,1)
(1,1,1,1,1,1,1,1,2)
(1,1,1,1,1,1,2,2)
(1,1,1,1,2,2,2)
(1,1,2,2,2,2)
(2,2,2,2,2)
(1,1,1,1,1,5)
(1,1,1,2,5)
(1,2,2,5)
(5,5)
(10)

1,2,5,10의 추가 열 개 씩 있다.
저울이 평행하도록 여러가지 방법을 만들어 보자.

(1.1.1...1.1)   (1.1.1.2.5)
(1.1.1.1.1.1.1.2)   (1.2.2.5)
(1.1.1.1.1.2.2)
(1.1.1.1.2.2.2)
(1.1.2.2.2.2)
(2.2.2.2.2)

(1.1.1.1.1.5)
(5.5)   => 10과 평형
(10)

(1.1.1.1.1)
(1.1.1.2)
(1.2.2)   => 5와 평형
(5)

(1.1)
(2)   => 2과 평형

(1)   => 1과 평형

순서쌍으로 표현한 것도 고학년의 느낌이 물씬납니다. 그리고 작은 숫자부터 기준을 세워 하나도 빠짐없이 풀었습니다. 역시 칭찬해주었습니다.
어렵지 않지만 빠뜨리기 쉬운 문제를 풀다 보면 수학 문제의 풀이가 연습장 한 바닥이 될 수도 있다는 경험과 처음 생각한 풀이가 잘못된 것을 깨닫고 다시 풀어보는 경험을 할 수 있습니다.

---- 규칙 문제 ----

다음 문제를 풀어보겠습니다. 초등학교 2학년 대상 문제입니다.

> **문제** 1부터 30까지의 수를 차례로 나열할 때, 숫자 2는 몇 번 나오나요?

이 문제를 푸는 가장 직관적인 방법은 1부터 30까지 모두 써보는 것입니다. 숫자 2가 나오는 순서는 2, 12, 20, 21, 22, 23, 24, 25, 26, 27, 28, 29입니다. 그래서 모두 13번이라는 것을 알 수 있습니다.

2학년인 저희 아이는 2가 들어가는 수는 '2, 12, 22'이고 총 네 번 나온다고 잘못 풀이했습니다.
"정말 그것밖에 없을까?" 두 번을 더 묻고는 십의 자리라고 힌트를 줬습니다. 힌트를 통해 십의 자리에도 2가 많이 있다는 것을 깨달았습니다. 그래서 1부터 30까지의 숫자를 다 써본 후에 정답을 맞추었습니다.
이 문제는 모두 써보며 정답을 맞추는 것도 중요하지만 주어진 숫자를 1에서 10, 11에서 20, 21에서 30으로 나눠서 규칙을 찾는 것도 중요합니다. 구간을 나누어 생각해보라고 알려주었더니 다음과 같이 구간을 나누어 정답을 풀이했습니다.

풀이 1~10 : 1
　　　11~20 : 2

21~30 : 10

비슷하게 응용된 초등학교 5, 6학년 대상 심화 문제는 다음과 같습니다.

> **문제1** 1부터 400까지의 자연수를 차례로 나열할 때, 숫자 3은 모두 몇 번 나오나요?

> **문제2** 다음과 같이 일정한 규칙에 따라 수를 나열할 때, 열 번째 수와 서른 번째 수의 차이를 구하세요.
> 1 3 5 7 9 11 13 15 ···

문제1 풀이 구간을 나누어서 풉니다. 먼저 1부터 100까지 숫자 3이 몇 번 나오는지 구해봅니다.

1~10 → 1번
11~20 → 1번
21~30 → 2번 (23, 30)
31~40 → 10번 (33에서 두 번 놓치지 않기)
41~50 → 1번   총 20번
51~60 → 1번
61~70 → 1번
71~80 → 1번
81~90 → 1번
91~100 → 1번

101~200 → 20번

201~300 → 21번 (마지막 300에 숫자 3 추가)

301~400 → 119 (백의 자리 숫자 3이 99번)

따라서 20+20+21+119=180 이므로 답은 180번입니다.

문제2 풀이 나열된 수는 2씩 커지는 규칙이 있습니다. 그러므로 열 번째 수와 서른 번째 수를 구하지 않더라도 간격이 스무번 차이가 난다면 2×20으로 40 차이가 난다는 것을 알 수 있습니다. 답은 40입니다.

위의 문제들은 사고력 문제이기도 하고, 경시대회 문제이기도 합니다. 이 문제들 역시 구간을 나누어 해결해야 합니다. 1부터 400까지의 숫자를 모두 쓰거나 30번째 수까지 모두 써서 해결할 수는 없습니다. 규칙을 찾은 후에 구간을 나누어 해결해야 합니다. 구간을 나누어 풀이를 하는 것은 체계적인 수학적 사고를 하는 데 좋은 연습이 됩니다. 다만 학교 평가에서는 위와 같은 문제는 다루지 않습니다. Chapter 3 '극심화 수학'에서 경시대회를 준비하는 학생들의 공부 방법을 소개했으니 참고해주세요.

괄호 문제

다음 문제를 풀어볼까요. 초등 3학년 대상입니다.

문제 서로 다른 두 개의 괄호가 있습니다.
괄호가 나타내는 규칙은 다음과 같습니다.

[어떤 수] = 어떤 수 + 25
{ 어떤 수 } = 어떤 수 - 25

단, 괄호 안에 들어가는 수는 25보다 큰 자연수입니다.

다음 식을 만족시키는 ? 를 구해봅시다.

[75] + { 75 } = [?] + 25

풀이 대부분 아이들이 정답을 맞추기 어렵습니다. 부모들도 해설지를 찾게 됩니다. 이 정도 난이도의 심화 문제는 교과서에 절대 나오지 않고, 학교 단원 평가에도 나오지 않습니다. 하지만 현실에서는 이런 문제를 술술 풀어내는 아이도 분명히 존재하고, 학원에서 심화반에 들어가려면 공부해야 하는 것이 맞습니다.
저희 집 4학년, 6학년 아이들은 금세 풀었는데 2학년 아이는 정답을 맞추지 못

했습니다. 심화 문제를 많이 풀어본 6학년은 연필로 쓰는 것 없이 눈으로만 보고 풀었습니다. 4학년은 [75]=100, { 75 }=50 과정을 쓴 후 정답을 구했습니다. **정답은 100입니다.**

2학년은 여기까지는 생각했는데, 아쉽게도 답을 125라고 썼습니다.

?=125 가 아니라 [?]=125 입니다. [?] 대신 ?+25를 넣어서 ?+25=125라고 물음표를 구하는 것은 방정식을 사용한 풀이입니다. 하지만 방정식까지 선행을 하지 않더라도 깊게 생각하는 연습을 하면 정답을 구할 수 있습니다.

제가 만든 이 문제는 사고력 문제라 할 수 있고 경시대회 문제이기도 합니다. 이런 유형의 연습을 해볼 수 있는 문제집은 시매쓰에서 나온 《초등사고력 수학 1031》 시리즈와 디딤돌교육에서 펴낸 《최상위 사고력》 시리즈입니다. 위의 문제를 연습해보고 싶은 2학년은 《사고력 수학 1031》 입문 A를 추천하고 1학년은 《영재사고력 수학 1031 Pre》 수, 연산을 추천합니다.

만약 아이가 이런 문제를 보고 당황하며 손도 대지 않으려 한다면 어떻게 할까요?

두 가지가 필요합니다.
- 엄마와 하루 20분, 사고력 문제 풀이 시간
- 칭찬

틀리는 것에 대한 두려움을 깨려면 많이 틀려보는 수밖에 없습니다. 학교나 학원의 친구들 앞에서 틀리지 말고, 엄마와 문제를 풀면서 틀려봅시다. 많이 풀 필요 없습니다. 하루에 두 문제만 해도 연습이 됩니다.

지금 아이가 3학년이라면 2학년 때 푼 문제집을 가져와서 별표가 되어 있는 긴 문제를 같이 풀어도 되고, 본인 학년 아래의 《문제 해결의 길잡이》를 풀어봐도 됩니다.

작년 문제집의 별표 문제를 아이가 쉽게 푼다면 작년에는 몰랐던 문제를 이제 알게 되었으니 폭풍 칭찬이 필요합니다. 아이가 모른다면 힌트를 주고 이끌어가야 합니다.

칼럼

일하는 부모에게 추천하는 수학 가정 학습 방법

이쯤에서 일하는 엄마, 워킹맘을 언급하지 않을 수 없지요. 존경해 마지 않는 당신, '엄마표 수학'이라는 단어를 들으면 소외감을 느낄 것입니다. 회사 다니랴, 육아하랴, 퇴근하고 오면 아이 숙제 봐주랴. 시간에 쫓기며 어디에서든 버거운 기분으로 살고 있을 것이라 짐작해봅니다.

그런 워킹맘의 마음에 가장 비수를 꽂는 말은 "학원만 돌린다", "관리가 안 된다"라는 말일 텐데요. 아이 혼자 있는 시간을 채워주기 위해 학원을 촘촘히 보내면 어느 순간 아이도 엄마도 톱니바퀴에 말썽이 생깁니다. 기계가 아닌 사람인 이상 느슨해질 수밖에 없기 때문입니다. 집에 있는 엄마도 어떤 날은 숙제 한 번 봐주지 못하고 대충 가방만 싸서 학교며 학원에 보냈다가 큰코다치기도 합니다. 워킹맘도 아무 탈 없이 학원과 일상이 맞물려 돌아갈 때 방심하기 쉽습니다. 너무도 이해합니다.

저학년 때 가장 추천하는 워킹맘의 솔루션은 바로 학습지입니다.

앞서 엄마표 공부를 하는 방법을 설명하며 시중에 많은 교재가 나와 있다고 소개했습니다. 대형 서점에 가서 문제집을 놓고 비교해 보며 준비하자고 말이에요. 그렇지만 아이가 어릴수록 문제집 한 권이 끝나는 시점은 금세 다가오고, 또다시 문제집을 비교하며 정보를 검색해야 합니다. 엄마표 학습에서는 그 과정이 아이와 엄마에게 성장이 될 수 있기에 그런 방법을 권했습니다.

하지만 워킹맘은 현실적으로 불가능하지요. 다행히 여러 브랜드의 학습지가 다양한 과목, 다양한 단계, 다양한 접근으로 준비되어 있습니다. 수십년간 쌓인 노하우는 그저 만들어지는 것이 아닙니다. 저는 모의고사 출제실에서 근무했지만 인터넷 강의 교재와 모의고사 예상 문제지도 함께 제작했어요. 고등학생 대상이었지만 초등학생 대상의 문제집도 그리 다르지 않을 것입니다. 그 과정이 얼마나 철저하게 분석되는지, 어떤 검토 과정을 겪는지 말이에요. 경쟁이 심할수록 투자가 많이 들어갑니다. 학습지의 세계가 그렇다고 믿고 있고요.

학습지의 가장 큰 장점은 공부는 스스로 하되 선생님의 관리가 가능하다는 것입니다. 매일의 분량이 정해져 있고, 일주일에 한 번 선생님의 검사가 있습니다. 하루의 분량을 마치면 놀 수 있다는 것은 아이들에겐 확실한 보상의 의미가 됩니다.

예를 들어, 〈눈높이〉만 봐도 그 안에 연산 수학, 사고력 수학이 따로 있습니다. 〈구몬학습〉에도 수학과 스마트 이야기 수학이 따로 있고요. 〈웅진씽크빅〉도 바로셈 연산과 서술형 수학이 따로 있습니다. 연산은 현행보다 조금 앞선 진도로 나가고, 사고력 수학이나 서술형 수학은 심화 교재로 현 진도를 짚어준다면 좋은 커리큘럼이 될 거라 생각합니다. 필요하다면 예체능 위주의 학원만 다니고 영어, 수학, 논술 등은 학원 없이 학습지로 공부하는 것을 추천합니다.

저학년까지는 돌봄 이모님의 도움을 몇 시간 받으며 놀이터에서 실컷 놀고, 집에서는 학습지를 체계적이고 꾸준하게 하면 좋은 결실이 있을 거라 확신합니다.

저희 아이는 초등학교에 입학하면서 2년 동안 〈윤선생〉 영어를 했습니다. 영어유치원을 나오지 않았지만 지금까지도 발화와 발음에는 자신 있는 이유라 생각합니다. 5학년 이상은 학습지만 하는 것이 부족할 수 있습니다. 하지만 7세~2학년 혹은 3학년까지는 학원 대신 여러 과목의 학습지를 꾸준하게 하면 집에서 엄마표 학습을 하는 것 못지않게 도움이 됩니다. 초등학교 1, 2학년 시기에는 그 시기를 충실하게 보내는 것 자체에 의미가 있기 때문이에요.

아이를 키워보니 만으로 열 살이 넘어갈 즈음, 아이들의 뇌가 급격히 발달하는 것을 알 수 있었습니다. 배경지식이 그만큼 쌓였기 때문에 이해의 폭이 넓어져서 그렇기도 합니다. 학습지로 혹시 부족한 부분이 있다면 고학년 때 사교육으로 충분히 채워지리라 생각합니다. 기초를 탄탄하게 만들고 학원에 치이지 않는 일상을 만들어주세요.

공부는 집에서 혼자 할 때에야 비로소 완성이 됩니다. 학원을 다니면 학원에서 수업을 듣는 시간의 두 배만큼 집에서 과제를 해야 자기 공부가 됩니다. Chapter 3에서 다시 이야기하겠지만 스스로 문제를 푸는 시간, 그 시간은 확실히 내 것이 됩니다.

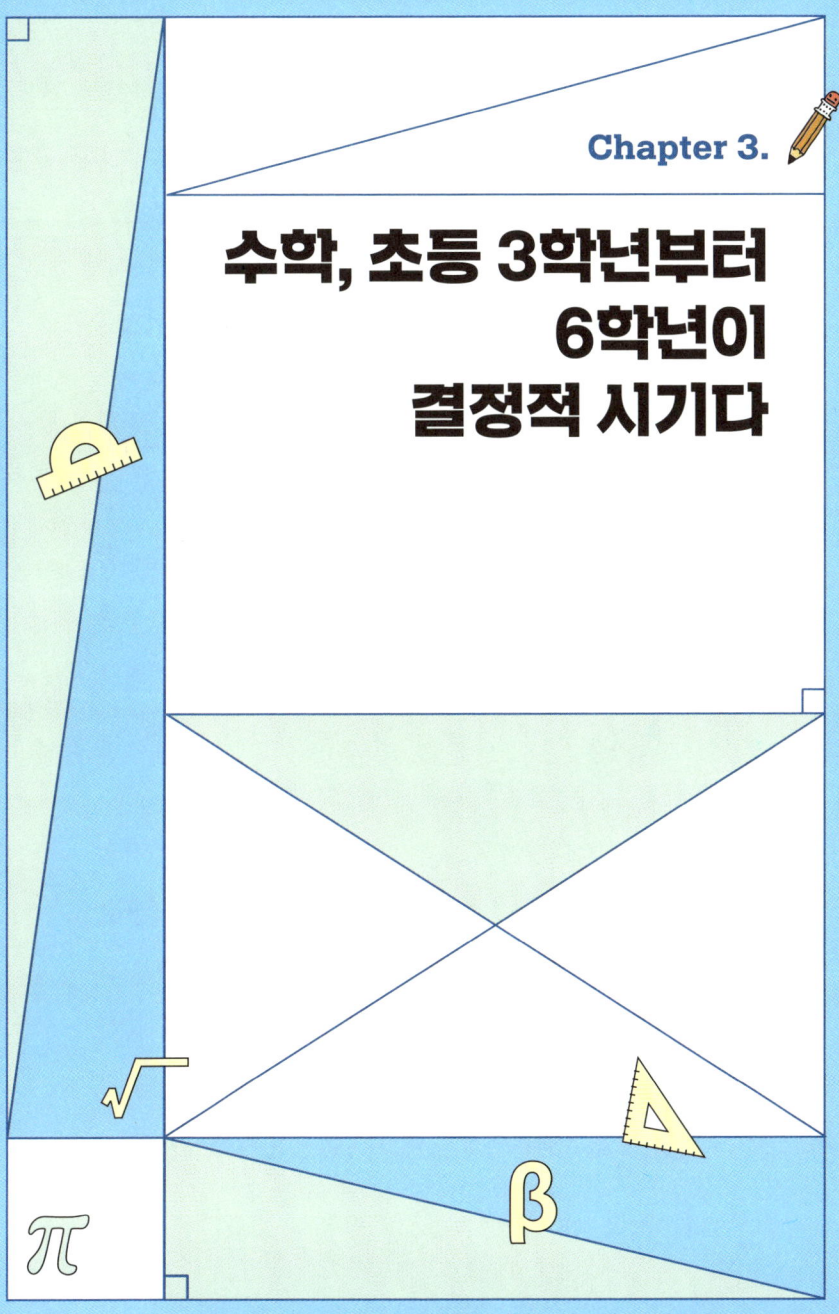

Chapter 3.

수학, 초등 3학년부터 6학년이 결정적 시기다

3학년부터는
진짜 수학이 시작된다

수학은 초등학교 1학년부터 고등학교 3학년 때까지 차곡차곡 쌓아서 올라가는 학문입니다. 그런데 수학을 7세와 18세가 같은 방식으로 배우지는 않습니다. 학년이 올라갈수록 수학 학습의 방법에는 차이점이 있습니다.

미취학~초등 1, 2학년의 수학은 눈에 보이는 수학입니다. 조작으로서의 수학인 것이죠. 직접 보고 직접 대입하여 사칙연산을 활용하는 수학입니다. 아이가 뺄셈을 잘 이해하지 못하면 구슬을 펼쳐놓고 눈으로 보고 만지며 개수를 더하고 뺄 수 있습니다. 곱셈도 가능하고 시계도 직접 분침과 시침을 돌려볼 수 있습니다. 이 시기에 할 수 있는 사교육도 교구를 조작하면서 수학을 접목시킨 놀이 수학이 많은 이유입니다.

초등 3~6학년의 수학은 눈과 머리를 동시에 사용합니다. 나눗셈을 배울 때 피자 조각을 활용하는 것처럼 분수의 덧셈과 뺄셈까지는 눈에 확연히 보입니다. 하지만 분수의 나눗셈은 실생활에 있는 교구로 설명하기 어렵습니다. 백만이 넘어가는 큰 수, 어림하는 것, 비례식을 구하는 것은 눈과 머리를 동시에 사용하는 대표적인 단원입니다. 손으로 그리고 눈으로 직접 보면서 하려면 할 수는 있지만, 가장 좋은 것은 머릿속에서 이해하고 개념을 정립하는 것입니다.

초등학교 6학년쯤 되면 뇌가 자라고 집중력이 높아집니다. 교과 내용도 직접 만지거나 보지 않더라도 머릿속에서 상상하여 개념을 정립하는 수학이 많아집니다. 이 시기의 아이들은 타고난 능력 차이가 큽니다. 어떤 아이는 쉽게 되고, 어떤 아이는 어렵습니다. 키가 크고 작은 것처럼 부모가 인정하고 받아들여야 하는 문제입니다. 이것을 타고난 수학의 감이라고도 합니다. 타고난 차이를 좁히는 해결책은 '독서와 수학 문제 풀이'입니다. 초등학교 고학년 때는 내 아이를 알아가는 시기입니다.

중등 이상의 수학은 머릿속에서 이루어집니다. 관념으로서의 수학입니다. $ax+by$ 혹은 무리수를 실생활에서 도구로 설명할 방법은 없습니다. 이제부터는 개념 싸움입니다. 개념이 중요하다는 것은 중등 수학에서 나온 말일 것입니다. 미지수를 이해하고, 함수를 이해하고, 좌표평면을 이해하는 것, 삼각형의 닮음과 외심과 내심을 이해하는 것, 이 모든 것은 중등 수학의 핵심 개념입니다. 개념이 잡혀 있어야 확장이 가능하고 활용 문제도 풀 수 있고, 심화도 가능합니다.

이번 Chapter 3에서는 초등 고학년, 직접 보고 대입하는 조작에서 눈과 머리를 동시에 사용하는 개념으로 넘어가는 시기의 아이들을 위한 수학 학습 방법을 안내해드리겠습니다.

학년별 수학 공부 : 3학년

다음 표(164쪽)는 3학년 수학에서 알아야 할 주요 개념을 정리한 것입니다. 3학년이 되면서 처음 등장하는 개념들이 있습니다. 분수와 소수, 들이와 무게 같은 것들이죠. 그래서 3학년은 교과 공부를 시작하는 학년이라고도 합니다. 3학년 수학에서 배울 개념들을 살펴본 다음, 이 시기 수학 공부 방법을 말씀드리겠습니다.

초등학교 3학년 1학기	• **연산** : 받아올림 받아내림이 두 번 있는 (세 자리 수) ± (세 자리 수), 나눗셈 개념, 올림이 한 번 있는 곱셈 (두 자리 수)×(한 자리 수), 분수와 소수 소개 • **평면도형** : 선분, 직선, 반직선, 각, 직각, 직각삼각형, 직사각형, 정사각형 • **길이와 시간** : 1밀리미터(mm), 1킬로미터(km)=1000미터(m), 1초 단위까지 시곗바늘 그리기, 60초=1분, 걸리는 시간 계산 예 8km 400m-3km 600m 혹은 4시간 15분 30초-1시간 40분 50초
초등학교 3학년 2학기	• **사칙연산** : 다양한 자리에서 올림이 있는 곱셈 (두 자리 수)×(두 자리 수), (세 자리 수)×(한 자리 수), 다양한 나눗셈 (두 자리 수)÷(한 자리 수), (세 자리 수)÷(한 자리 수), 내림이 있는 나눗셈, 나눗셈의 몫과 나머지, 나머지가 있는 나눗셈 • **원** : 원의 중심, 반지름, 지름, 컴퍼스 활용법 • **분수** : 분수 개념, 진분수, 가분수, 대분수, 가분수를 대분수로 바꾸기, 대분수를 가분수로 바꾸기, 분모가 같은 분수 크기 비교 • **들이와 무게** : 1리터(L)=1000밀리리터(mL), 1킬로그램(kg)=1000그램(g), 1톤(t)=1000킬로그램(kg), 무게 어림하기, 무게의 합과 차 예 3L 600mL-1L 900mL, 3kg 300g+5kg 800g

3학년에 배우는 새로운 분수, 소수, 단위 개념

분수와 소수

1, 2학년 수학에서 자연수의 덧셈 뺄셈 곱셈을 배웠다면 3학년부터는 자연수의 나눗셈과 분수를 배웁니다. 나눗셈은 사칙연산에 포함되지만 분수와 더 밀접한 연관이 있습니다. 분수는 초등 수학 교육

과정 중 큰 맥을 차지합니다. 분수의 과정은 다음과 같습니다.

3학년 1학기	분수 개념 도입
3학년 2학기	분수의 크기 비교, 가분수를 대분수로, 대분수를 가분수로
4학년 2학기	분모가 같은 분수의 덧셈과 뺄셈
5학년 1학기	분모가 다른 분수 통분하기, 분수를 통분한 뒤 분수의 덧셈과 뺄셈
5학년 2학기	분수의 곱셈 (분수×분수)
6학년 1학기	분수의 나눗셈 (분수÷자연수)
6학년 2학기	분수의 나눗셈 (분수÷분수)

3학년 1학기 마지막 단원인 6단원 '분수와 소수'에서 분수를 처음 소개합니다. 1학기에서는 분수가 무엇인지, 소수가 무엇인지 개념을 알아봅니다. 2학기에 본격적으로 4단원 '분수'가 나옵니다.

3학년 때는 아직 통분(=둘 이상의 분모를 같은 수로 만드는 작업)을 하지 않기 때문에 난이도가 어렵지 않습니다. 분수의 개념을 실생활에서 미리 접하면 가장 좋습니다. 분수의 개념을 설명할 때 가장 흔하고 쉬운 방법은 피자 조각 나누기입니다.

피자 여덟 조각은 분모인 8이 되고 그중 한 조각은 분자인 1이 됩니다.

이 개념을 실생활에서 다루면 좋습니다. 문제집을 풀다가 일곱 문제 중 두 문제가 남았다고 하면 "7분의 2가 남았구나"라고 부모님이

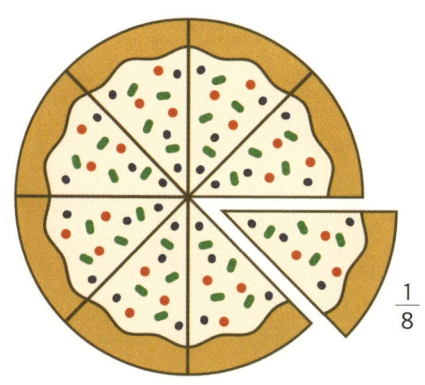

한 번 언급해주면 됩니다.

일상에서 지나치게 구체적으로 분수의 덧셈까지 갈 필요 없습니다. 수학이 생활에서 자연스레 쓰인다는 것만 알려주면 됩니다.

들이와 무게

아이들의 오답이 많이 나오는 의외의 복병은 3학년 2학기 5단원 '들이와 무게'입니다.

센티미터, 킬로미터 같은 길이에 대한 단위는 실생활에서 자주 쓰입니다. 하지만 들이(=부피)나 무게에 대한 단위는 초등학교 저학년에는 노출되기 어렵습니다. 엄마조차 부피와 무게의 차이가 잘 실감나지 않습니다. 생수병 2L의 리터는 들이의 단위입니다. 실생활에서 1L(=리터)가 어느 정도인지 아는 것이 가정에서 채워줄 수 있는 부피 단위에 대한 감입니다.

  3학년 2학기 수학익힘책에 작은 우유곽과 욕조 그림을 비교하며 둘 중 들이가 1L보다 큰 것을 고르라는 문제가 나옵니다. '2L-300ml=1L 700mL'라는 식을 실수 없이 계산하는 것도 중요하지만 실생활에서 들이의 감을 익히는 것도 학교 수학에서 중요하게 생각합니다. 가정에서 500mL 생수와 2L 생수의 무게를 직접 들어보고 어느 정도 부피는 어떤 단위를 사용한다는 것을 알아봅니다.

  부모가 아이의 모든 교과 진도를 꿰고 있을 수는 없습니다. 하지만 '3학년 때는 분수나 부피 단위에 대해서 배운다' 정도는 기억해 두었다가 실생활에서 자주 그 개념을 일깨워주세요. 집에서는 마냥 어린 아이지만 교실에서는 똘망똘망한 표정으로 수업 내용을 잘 따라갈 수 있도록요. 어리둥절한 표정으로 교실에 앉아 있는 아이를 떠올리는 건 너무 힘드니까요. 우리 아이를 조금 다듬어 세상에 보내는 역할, 바로 부모만 할 수 있습니다.

  연산 문제집을 꾸준하게 풀었다면 2학년까지는 무리 없이 학교 공부를 따라갈 수 있습니다. 하지만 3학년부터는 '들이와 무게' 같은 연산 외의 단원 때문에 교과 문제집을 풀어야 합니다. 제가 책 앞에 제시한 수학 공부 로드맵에 따르면 3학년부터 교과 문제집을 풀기 시작해도 1년이 지나면 다음 학기 예습이 가능합니다.

연산의 활용

2학년 2학기에서 '곱셈구구' 단원을 배웠기 때문에 3학년 아이들은 구구단을 술술 외웁니다. 이제는 구구단의 활용을 다룰 단계입니다. 3학년부터는 제대로 된 곱셈이 나옵니다. 실생활에서도, 교과 수학에도 중요한 부분입니다.

어떤 부모님들은 실생활에서 곱셈을 알려주기 위해 과자를 먹을 때도 개수를 세어가며 곱셈을 가르치기도 합니다. 곱셈을 부모가 다루기는 쉽지만, 매번 수학을 접목시키면 아이가 스트레스를 받을 수 있습니다. 곱셈은 여러 번 반복해야 하는 덧셈을 쉽게 해주는 마법의 도구라는 것만 알고 있으면 됩니다.

구구단을 잘 외우는 것과 곱셈의 활용 문제를 잘 푸는 것은 다릅니다. 활용 문제는 실생활에 접목해서 수학적으로 계산하는 문제입니다. 대표적인 예는 다음과 같습니다.

학년	연산 문제	활용 문제
3학년	$28 \times 6 =$ 5cm 4mm = ☐ mm $\frac{1}{5}, \frac{1}{7}$ 중에 큰 분수는?	• 하루 동안 책을 15페이지씩 읽는다면 일주일 동안 몇 페이지를 읽을까요? • 민희네 반 친구들이 1시간 30분 동안 체육 대회 연습을 하고 나니 오전 11시 20분이 되었습니다. 체육 대회 연습을 시작한 시간은 몇 시 몇 분일까요?

5학년	$2\frac{3}{5} \times \frac{1}{4} =$ $32 \times 0.17 =$ 다음 표의 평균을 구하세요.	• 유주네 냉장고에 1리터짜리 우유가 있었습니다. 유주가 우유를 $\frac{1}{6}$리터 마시고 동생이 $\frac{1}{5}$리터 마셨다면 남은 우유는 몇 리터일까요? • 정육면체 모양의 큐브가 있습니다. 큐브의 모든 모서리의 길이의 합이 144입니다. 한 모서리의 길이를 구하세요.
중등 수학	$(2a+5) - (3a-1) =$ $x^2 + 7x + 10$을 인수분해 하세요.	• 소금물 문제 • 거리-속력 문제 • 은행 이자 문제

 2학년까지는 연산 문제집만 풀어도 되지만 3학년부터는 위와 같은 활용 문제를 연습하기 위해, 더 나아가 응용, 심화 문제를 연습하기 위해 교과 문제집을 풀기 시작해야 합니다.

3학년 단계별 문제집 정하기

3학년 첫 문제집 정하는 기준

1, 2학년에 연산을 포함한 수학 교재를 풀어본 경험이 있는 아이는 3학년 첫 교과 문제집으로 응용서를 선택합니다. 3학년 1학기 1단원은 중요한 활용 단원이므로 우리 아이가 응용서를 바로 풀 수 있는지를 가늠할 수 있습니다. 문제집을 정하는 기준은 정답률 70퍼

센트입니다.

응용서의 정답률이 70퍼센트가 넘는다면, 응용서를 석 달 안에 끝내고 심화서로 반복하는 것이 좋습니다. 심화서도 정답률이 70퍼센트가 넘는다면, 다음 학기에는 바로 심화서로 시작하면 됩니다.

응용서의 정답률이 50~70퍼센트라면 연산서와 응용서를 천천히 병행합니다. 응용서의 정답률이 50퍼센트가 되지 않는다면 기본서(=개념서)를 꼼꼼하게 풉니다. 물론 아이의 의견을 듣고 같이 결정하는 것이 좋습니다. 지금의 문제집 수준이 계속 가지는 않습니다. 아이가 성장할수록 이해할 수 있는 폭이 넓어집니다. 지금 문제집 난이도보다 학년이 올라가면서 한 단계씩 난이도를 높이는 것이 더 중요합니다.

저는 초등 3학년부터 교과 문제집을 추천합니다. 학생의 이전 학습량에 따라 추천 문제집이 다릅니다. 만약 이전 학습량이 없던 학생이라도 3학년부터 기본서를 시작하여 꾸준하게 풀면 5학년에는 선행을 하면서도 제 학년의 심화서를 충분히 풀 수 있습니다.

다음은 교과 응용 수준인 학생을 대상으로 하는 구체적인 문제집 추천 진도입니다.

2학년 겨울 방학	《팩토》 사고력 문제집 마무리하고 3학년 1학기 응용서 시작 2학년 연산 문제집 마무리하고 3학년 연산 문제집 이어서 시작
3학년 1학기	3학년 연산 마무리 (교과에 비해 연산 진도가 늦으면 한 권짜리 연산 문제집을 빠르게 진행하고 교과 문제집에 집중) 3학년 1학기 응용서 마무리
3학년 여름방학	3학년 2학기 응용서 시작 3학년 1학기 《문제 해결의 길잡이》 원리
3학년 2학기	3학년 2학기 응용서 마무리 3학년 1학기 《문제 해결의 길잡이》 원리 완성 3학년 2학기 《문제 해결의 길잡이》 원리 시작
3학년 겨울방학	4학년 1학기 응용서 시작 3학년 2학기 《문제 해결의 길잡이》 원리 완성

교과 문제집의 종류는 Chapter 1에서 출판사별로 소개했습니다. 초등 수학에서는 디딤돌교육, 천재교육, 신사고 출판사 교재를 많이 씁니다. 3학년 때는《디딤돌 기본＋응용》이나《쎈》으로 시작하고 학기마다 문제집 종류를 바꾸어봐도 좋습니다. 문제 수는《쎈》이 가장 많고, 책도 두껍습니다. 응용서 중에 문제수가 적고 난이도가 낮은 교재는《응용 해결의 법칙》입니다.

3학년 1학기 응용서《쎈》초등수학 3 - 1을 예로 들어보겠습니다. 문제집 단원 제일 앞장에 학습 실천 계획표가 있습니다. 마지막 단원까지 56일 완성입니다. 우리는 하루에 두 장을 계획했는데, 출판사에서는 친절하게도 B유형은 한 장 반, 단원 마무리는 한 장으로 잡았습니다. 주말에 쉬면서도 3월, 4월, 5월에 충분히 풀 수 있는 문제집입니다. 연산서와 병행해서 공부합니다. 연산서는 교과 문제집보다 한 학기 앞선 진도로 풀면 좋습니다. 3학년 1학기 교과 문제집 《쎈》이 6월 전에 끝난다면, 바로 사고력 기반 교과 문제집 3학년 1학기 《문제 해결의 길잡이》 원리를 풀면 됩니다.

==3학년부터 하루 공부량은 교과 문제집 두 장을 풀고 오답을 합니다. 추가로 연산서도 두 장씩 풉니다.== 주말에 쉬면서 수학 학원을 다니지 않는 학생들의 알맞은 공부량입니다. 앞에서 추천한 순서대로 문제집을 공부하면 1년 동안 교과 문제집 두 권, 연산 문제집 두 권, 사고력 문장제 문제집 두 권까지 완성할 수 있습니다. 주말에 쉬면서 매일매일 하루에 두 권을 각각 두 장씩 풀면서 공부한 양입니다.

많은 학부모님들이 수학을 가정에서 공부하면 시행착오를 겪을까 봐 두려워합니다. 하루 분량을 매일 푸는 과정만 지킨다면 문제집 종류나 문제집 난이도는 시행착오를 해도 괜찮습니다. 그 과정이 어떤 모습으로든 남습니다. 본인 수준보다 쉬운 교재를 풀 때 실수하는 우리 아이의 모습을 발견할 수도 있고, 본인 수준보다 어려운 교재를 풀 때 힘들어하는 모습, 혹은 끈기 있는 모습을 발견할 수도 있습니다. 시행착오는 겪기 마련입니다. 다만 지켜야 할 것은 매일 수학 문제집 푸는 루틴은 잡고 가야 한다는 것입니다. 꾸준한 시간이 쌓인 것은 어느 누구도 쉽게 따라 올 수 없습니다. 채점하는 방법은 Chapter 1에서 다루었고, 오답하는 방법은 Chapter 3 뒷부분에서 다루겠습니다.

수준별 문제집(20쪽)을 따라 꾸준하게 풀다 보면 학교 진도보다 교과 문제집이 한 달, 두 달 앞서가는 시점이 옵니다. 그때가 문제집 수준을 한 계단 건너 뛸 기회입니다. 그 남는 두 달을 통해, 기본서를 푸는 친구는 응용서로, 응용서를 푸는 친구는 심화서로 넘어가면 됩니다. 지금 나의 문제집 수준을 걱정할 필요 없습니다. 수학 공부는 장기전입니다. 학년이 올라갈수록 문제집 수준을 한 계단씩 높이겠다는 목표를 가지면 됩니다. 문제집 푸는 과정만 열심히 했다면 나보다 수학 공부를 먼저 시작한 친구와 6학년 때는 심화서로 만날 수 있습니다.

선행 말고 예습

Chapter 3 뒷부분에서 선행을 자세히 다루려고 하는데, 이 장에서 미리 언급하려는 이유가 있습니다. 이 시기부터 선행이 아닌 예습이 몸에 배어 있어야 하기 때문입니다.

예습은 내일 배울 것을 공부하는 것부터 다음 학기 내용을 미리 공부하는 것을 말합니다. 다음 단원도 예습이고 다음 학기도 예습인 것이죠. 선행은 1년 이상 진도를 미리 공부하는 것입니다.

예습이 아닌 선행이 필요한 시기가 분명히 있습니다. 초등학교 6학년 겨울방학 때는 중등 선행의 진도가 1년 이상이면 좋습니다. 그리고 중학교 3학년 때는 수(상), 수(하)를 다 공부한 상태면 좋고요. 그렇지만 초등학교 3, 4학년은 예습이면 충분합니다.

초등학교 6학년에 1년 선행을 하려면 3학년 때부터 1년은 앞서가야 하는 거 아니냐는 질문을 받습니다. 그렇지 않습니다. 3, 4학년은 심화서를 처음 만나는 시기입니다. 이 시기에 심화서를 꼼꼼하게 풀며 심화 문제 푸는 힘을 기르고 나면, 5학년 심화서를 풀 때는 속도를 낼 수 있습니다.

가정에서 문제집으로 수학 학습을 할 때의 최종 목표는 예습을 심화서로 하는 것입니다. 심화서를 시작하는 첫해는 힘들지만 그 이후는 맷집과 끈기가 생깁니다. 그리고 심화 문제는 반복되는 유형이 있기 때문에 3학년 심화서이든, 4학년 심화서이든, 오답까지 꼼꼼하게 한 권을 푼 경험은 아주 높게 삽니다.

예습은 기본서 혹은 응용서, 현행은 심화서로 꾸준하게 풀다 보면 몇 달 앞서게 되고 결국 예습을 심화서로 하게 됩니다. 상위권 학생이라면 초등학교 4학년 2학기 때 초등학교 5학년 1학기 혹은 5학년 2학기 심화서를 푸는 것을 목표로 합니다. 저희 아이들 셋도 모두 이 진도를 기준으로 공부하고 있습니다. 이 진도를 기준으로 3학년에 심화서를 시작했고 4학년 1학기부터 5학년 응용서를 갈고 닦았습니다.

각 가정마다 가치관도 다르고 학업 성취에 대한 기준도 다르기에 '겨우 선행을 한 학기? 4학년이면 대치동에서는 중등 수학에 들어갈 학년인데'라고 생각할 수도 있습니다. 혹은 반대로 '현행 심화서도 어려운데 어떻게 예습을 심화서로?'라고 생각할 수도 있고요.

5학년이 되면 수학 과정을 어려워하는 학생이 많습니다. 이때는 부족하면 문제집을 한 권 더 추가해 복습할 시간을 갖는 것도 필요합니다. 늦으면 늦는 대로 빠르면 빠른 대로 아이의 수준에 맞추면 됩니다. 1, 2학년에 교과 문제집을 풀기에는 이르고, 3학년부터 교과 문제집을 풀면서 준비하는 목표라 보면 됩니다.

그리고 본인의 문제집 난이도를 업그레이드하는 준비가 필요합니다. 기본서로 선행을 3년 하는 것이 무슨 소용이 있을까요. 현행을 잘 다져야 선행이 가능합니다. 아이가 문제집 진도가 빨라서 1년 이상 나갔다면 심화서에 도전해볼 수 있습니다. 심화서도 종류가 여러 가지입니다. 저도 큰 아이와 문제집으로 엄마표 수학을 하면서 4학년 때 5학년 2학기 이상으로 선행 진도가 쭉쭉 나갔습니다. 그러다가 학원 레벨 테스트를 쳐보고 올 스톱 한 경험이 있습니다. 그래서 다시 제 학년의 심화서 《최강 TOT》과 《3% 초등 수학 올림피아드》를 매일 한 쪽씩 풀었습니다. 심화서를 풀다 보면 진도를 빼는 느낌이 덜해서 고생스럽기도 하지만, 아이의 진짜 실력이 완성되는 것을 느낄 수 있습니다. 그리고 응용서가 쉬워지는 경험을 할 수 있습니다.

선행 말고 예습!
심화가 진짜 실력!

많은 전문가들이 이구동성으로 하는 말입니다.

학원, 어떻게 활용할까

초등학교 3학년에 교과 수학 학원을 간다?

전국의 학군지에 있는 H 수학 학원은 매년 11월에 입학 시험을 치르는데, 입학 시험 범위가 초등학교 3학년 전 과정 극심화입니다. 초등학교 3학년 교과 내용을 심화서로 풀어본 아이들이 대상인 것이죠. 그리고 입학 시험의 대상 연령은 2학년부터입니다. 이 학원의 높은 레벨에 입학하는 친구들은 초등학교 1학년부터 열심히 교과 선행을 했을 것이고, 극심화 문제집을 계속 풀었을 것입니다.

만약 초등학교 2학년인데 H 학원 입학을 준비한다면 이 책의 수학 진도가 성에 차지 않을 겁니다. 이해합니다. 그 시기에 똘망똘망 눈빛이 빛나는 아이들이 있습니다. 그 눈빛이 쭉 이어져서 대입까지 성공하는 아이들이 물론 있습니다. 하지만 저는 3학년 전에 교과 심화 문제집을 푸는 아이들이 안쓰럽습니다. 어차피 1, 2학년에 극심화 교재를 풀 수 있는 아이는 4, 5학년에 해도 충분히 합니다. 저학년에 마음껏 놀이시간을 즐겼던 힘으로 4, 5학년에 선행과 심화를 동시에 할 수 있습니다. 미리 아이를 괴롭게 하지 말아주세요.

다음은 제 주변의 평범한 다수의 육아 동지들과 3학년의 교과 학원에 대해 나눈 대화입니다.

"혹시나 지금 수준을 놓쳐서 5, 6학년 때 학원에서 받아주지 않으면 어쩌지."

"내가 수학 전공이 아닌데 제대로 가르쳐주고 있는 건지 불안해."

모두 고민 중입니다. 부모와 문제집을 풀고 있긴 한데, 이 방법이 맞는지, 학원을 보내야 하는지 갈등합니다. 하지만 제가 느끼기에 그 속에 많은 부분은 부모의 앞선 걱정이 있습니다. 아직 평가도 제대로 보지 않은 3학년인데 제 자식의 수학 머리가 뒤떨어진다고 속단할 이유가 없습니다.

이렇게 생각해보세요.

대형 수학 학원에서 5, 6학년을 안 받으면 학원 장사 망합니다. 우리가 한글을 배울 때 언어학자에게 배우나요? 부모님들에게 고등 수학을 가르치라고 권하지 않습니다. 초등 3학년은 충분히 문제집으로 가정에서 할 수 있습니다.

학원은 언제 가는 것이 가장 좋을까요.

1단계) 가정에서 문제집 공부 시작 → 다툼과 좌절의 경험
2단계) 이겨내고 우리집만의 루틴이 생겨서 매일 공부
3단계) 꾸준히 하다 보니 진도가 나가서 문제집 수준이 올라감
4단계) 수학 공부 양이 하루 두 시간 이상으로 자리 잡았을 때

이 정도 공부 루틴이 자리 잡혔을 때 학원에 가는 게 좋습니다. 그 이후에도 학원의 도움이 절실히 필요하면 가면 됩니다.

저학년 때 학원을 가면 두 번째 단계(부모와 다툼과 좌절의 경험)까지 하다가 엄마표를 포기하게 됩니다. 그때 학원에 가면 저절로 하루에 두 시간씩 수학 공부를 하는 힘이 생길까요?

학원의 가장 큰 힘은 학원 숙제입니다. 학원에서 판서 수업을 듣는 시간은 최소한이어야 합니다. 머리 끙끙대며 스스로 문제를 푸는

시간이 진짜 수학 공부입니다. 학원도 문제풀이가 정답인 것을 알기에 학원 숙제를 많이 내줍니다. 그 양을 다 해내는 친구는 실력을 얻는 것이고, 숙제를 제대로 해가지 못하면 그 학원 전기세를 내주는 것과 다름없지요.

부모와 집에서 문제집으로 제대로 공부해보지 않고서는 학원 숙제를 할 힘이 없습니다. 학원에 등록한다고 해서 하루에 두 시간씩 수학 공부하는 힘이 갑자기 생기는 것이 아니니까요. 오히려 학원에 대한 반감만 생깁니다. '학원 숙제가 괴롭다', '학원은 나를 힘들게 한다'는 생각이 들면 이미 학원은 졌습니다. '엄마랑 두 시간씩 공부하는 것보다 학원 숙제가 훨씬 낫네!'라는 생각이 들면 학원이 이긴 것이지요.

우리의 최종 목표는 무엇인가요? 학원이 이기는 것입니다.

저도 집에서 잘 가르치고 준비시켜서 고등 수학쯤 되면 좋은 학원을 골라서 보내는 것이 목표입니다. 그전까지 수학 공부에 대한 밑바탕을 깔고, 수학 맷집을 키울 것입니다. 초등 고학년이든 중등이든, 아이가 준비가 되었을 때 그때 학원에 보내면 됩니다. 아이가 "학원 오길 정말 잘했다!" 하는 마음이 생기도록 집에서 준비해 보아요, 우리.

> **진단 문제**
> **3학년 수학 능력 점검**

3학년 1학기 첫 단원, 덧셈과 뺄셈에서 활용 문제가 등장합니다. 이 시기에 가장 대표적인 문제를 한번 다루어볼까요? 바로 어떤 수 문제입니다.

> **문제1** 어떤 수에 12를 더해야 할 것을 잘못 계산해서 12를 뺐습니다. 그랬더니 답이 36이 나왔습니다. 어떤 수와 바르게 계산한 답의 합을 구하세요.

이 문제의 마지막을 살짝 변형 시켜보겠습니다.

> **문제2** 어떤 수에 12를 더해야 할 것을 잘못 계산해서 12를 뺐습니다. 그랬더니 답이 36이 나왔습니다. 어떤 수와 바르게 계산한 답의 곱을 구하세요.

문제1 풀이 식을 세우는 연습부터 해야 합니다.

어떤 수 - 12 = 36입니다. 어떤 수는 48이죠.
바르게 계산한 답은 48 + 12이므로 60입니다.
이 문제가 물은 것은 **어떤 수 48과 바르게 계산한 답 60의 합입니다.**

많은 아이들이 답을 48 혹은 60이라고 씁니다. 문제를 끝까지 읽지 않은 것이죠. 저는 문제집을 풀면서 많이 틀려봐야 한다고 생각합니다. 우리 아이의 수준이 어느 정도인지 알 수 있습니다. 아이도 스스로 어떤 부분이 부족한지 알 수 있습니다. 어떤 수와 바르게 계산한 답의 합은 48 + 60 = 108입니다.

문제2 풀이 마지막의 합을 곱으로 바꾸었습니다.
48 × 60 = 2880이므로 답은 2880입니다.
덧셈과 곱셈 두 단원을 융합해서 나오는 문제입니다.

요즘 학교 교육에서는 학기별 평가는 없고 단원 평가만 칩니다. 한 단원을 배우고 바로 이어 치는 단원평가는 기억력, 응용력, 사고력을 판단하기에는 적합하지 않습니다. 적어도 세 단원은 모아서 시험을 쳐야 완전히 내 것이 되었는지 알 수 있습니다. 그런 면에서 단원평가보다는 예전의 중간고사, 혹은 학기말 고사가 난이도도 높고 아이들의 진짜 실력을 파악할 수 있다고 생각합니다. 단원평가에만 길들여지면 중학교에 진학해서 중간고사를 치룰 때 큰 어려움을 겪게 됩니다. 그런 이유에서라도 가정에서 수학 문제집을 꼭 풀어봐야 합니다.

선행보다는 나이에 맞는 단계를 따라가는 것이 중요합니다

아이가 어릴 때 우리 아이는 머리가 좋은 것 같다는 막연한 기대감이 있었습니다. 엄마는 24시간 아이를 키우면서 붙어 있으니 관찰하게 되지요. 아이가 기어다닐 때 높은 곳에서도 겁 없이 아래를 향해 손부터 뻗었지요. 이런 아이가 걱정되어 높은 곳에서 내려올 땐 뒤로 내려오는 거라며 요령을 알려줬어요. 아이가 처음으로 매트리스에서 엉덩이를 쭉 빼고 뒤로 기어서 내려올 때, 박수를 치며 생각했죠. '너는 머리가 좋구나!'

공갈젖꼭지를 떼고 한동안 울면서 쓰레기통을 뒤질 때, 남편과 대화 중 놀이터라는 단어가 나오니 말도 못하던 아이가 현관에서 신발을 들고 올 때, 동화책을 읽다가 사과가 나오니 칠판에 붙이는 사과 모양 자석을 들고 뒤뚱뒤뚱 걸어올 때, 아이가 반짝반짝 빛나고 예쁘던 시간이었어요.

부모라면 누구나 이런 생각을 할 때가 있을 거예요. '우리 아이는 머리가 좋구나!'라고요.

키우다 보면 그 믿음에 금이 가는 순간들이 찾아옵니다. 저도 그랬습니다. 특히 수학을 가르치면서 아이가 빛났던 순간도 있지만 한숨을 내쉬는 순간이 더 많았습니다. 지난번에 풀었던 비슷한 문제를 똑같은 실수를 하면서 틀릴 때 가장 그랬어요.

가만히 떠올려보니 저희 아이는 항상 개월 수에 맞는 행동을 했더라고요. 수학 교과서와 수학익힘책을 이해하지 못하는 경우는 없었습니다. 학교 수학 수업이 힘들거나 어렵다고 말한 적은 한 번도 없었습니다. 대한민국 초등학교 4학년 수학 성취도는 싱가포르와 대만에 이어 전 세계 3위 수준입니다. 학교 수학에 어려움이 없다면 아이는 잘 자라고 있는 거예요. 전문가가 연구해서 만들어놓은 기준에 알맞게, 정확히 이해해야 할 것들을 이해하고 있었습니다.

그런데 왜 수학익힘책을 다 맞았을 때 '우리 아이는 머리가 좋구나!'라는 생각을 못하게 되었을까요. 아기 때는 작은 행동 하나에도 기뻐했는데도 말이에요. 아마도 엄마의 기대와 요구가 높아졌기 때문이겠지요.

요즘은 중학교 들어가기 전에 중등 수학을 몇 바퀴씩 돌린다는 소문을 듣고 마음이 조급해집니다. 많은 전문가들이 방학 때 다음 학기를 준비하는 정도, 많아야 1년 정도 선행하면 충분하다라고 말하는 것은 귀에 들어오지 않습니다. 엄마 마음은 이미 저 멀리 나가 있고 아이와는 점점 멀어집니다.

선행 학습이란 현행 학습이 완벽해야 의미가 있습니다. 그리고 현행 학습이 완벽하려면 학교 수업 외에 다양한 문제를 풀어보고 깊이 고민해보아야 해요. 결국에는 문제집을 풀라는 말이지요. 일반적으로 문제집 한 권을 푸는 데 얼마나 걸리나요? 저희 집은 아무리 빨라도 두 달은 걸렸습니다. 연산 교재를 포함해서 1년에 수학 문제집을 여섯 권 푸는 것은 아무나 할 수 있는 건 아니에요. 탄탄하게 다져서 초등 수학을 마무리 지으면 수학 개념도 남지만, 공부하는 습관도 남습니다.

우리 아이가 수학익힘책을 막힘 없이 풀고 한 학기에 문제집 두 권을 풀었다는 것은 머리가 좋은 것이 맞아요. 진심을 담은 눈으로 칭찬해주어야 합니다. 이웃집 아이의 선행에 의미를 두지 마세요.

세상에는 4, 5학년 때 중등 수학 진도를 심화까지 선행으로 나간 친구들이 있어요. 그것은 저절로 얻어지는 것이 아니라 그 아이들이 치열하게 수학 문제를 풀며 초등 시절을 보냈기 때문이에요. 아이가 원한다면 그렇게 공부하는 것이 맞아요. 하지만 과연 우리 아이가 원하는지 생각해보아야 합니다.

오늘의 분량을 마친 아이에게 칭찬하는 것, 수학익힘책을 다 맞았을 때에도 칭찬하는 마음을 갖는 것, 엄마표 공부의 시작입니다.

학년별 수학 공부 : 4학년

초등학교 4학년 1학기	• **큰 수** : 큰 수를 소리내서 읽기, 10000(만) 100000(십만) 1000000(백만) 10000000(천만) 100000000(억) 1000000000000(조), 10000(만)을 기준으로 십만은 만의 몇 배인지, 천만은 만의 몇 배인지 • **각도** : 직각, 각의 어림, 삼각형의 세 각의 합 180°, 사각형의 네 각의 합 360° • **사칙연산** : 복잡한 곱셈과 나눗셈의 완성 • **평면도형** : 모눈종이에서 평면도형을 밀기, 뒤집기, 돌리기 • **막대그래프** : 막대그래프의 특징과 막대그래프 그리는 방법 • **규칙찾기** : 수배열표

> **초등학교 4학년 2학기**
> - **분수** : 분모가 같은 분수의 덧셈과 뺄셈 예 $1\frac{2}{4} + 2\frac{1}{4}$
> - **삼각형** : 예각삼각형 둔각삼각형 직각삼각형 이등변삼각형 정삼각형
> - **소수** : 소수의 개념과 소수점 위치, 크기 비교, 계산
>   받아올림 받아내림 있는 소수 (두 자리 수) ± (두 자리 수)
>   예 0.43 - 0.37
> - **사각형** : 평행사변형 마름모 직사각형 정사각형 사다리꼴 마름모
> - **꺾은선 그래프** : 꺾은선 그래프의 특징과 그리기, 예측하기

3학년부터 교과 문제집을 풀어왔다면 우리 아이가 교과 문제집 한 권을 푸는 데 몇 달이 걸리는지, 응용서의 정답률은 어느 정도인지 가늠이 되실 겁니다. 이제까지 학습한 결과를 바탕으로 조금만 더 나아가 봅니다. 4학년부터는 수학 문제 풀이를 할 때 식을 꼭 쓰도록 연습하고, 오답 노트도 만들어보세요.

자릿수 개념

4학년 1학기 첫 단원이 '큰 수' 단원입니다. 저희 아이들이 가장 어려워했던 단원입니다. 사실 저도 1억이 넘어가는 숫자는 바로 눈에 들어오지 않습니다. 혹시나 백만 원 단위의 돈을 송금할 일이 있으면 일의 자리부터 꼼꼼하게 세어서 확인합니다.

'큰 수' 단원은 자릿 수를 배우는 실생활 관련 단원입니다. 교과서

첫 페이지에서 천 원짜리 그림과 함께 1000이라는 단위를 소개하고, 다섯 자리 숫자, 십만, 백만, 천만, 억, 조를 순서대로 소개합니다. 이 단원에서 여섯 자리, 일곱 자리 숫자를 서로 더하거나 곱하지는 않습니다. 대신 개념을 배웁니다.

> 1000의 100배는 100000
> 1억의 10000배는 1조

여기서 가장 큰 힌트는 0의 개수입니다.
1000의 100배는 1000×100입니다.
두 수의 곱은 0의 개수를 합쳐서 1뒤에 0이 다섯 개가 와야 합니다. 즉, 십만, 100000입니다.
같은 방법으로 100000000(1억)의 10000배는 100000000×10000입니다. 즉, 100000000 × 10000 = 1000000000000이고, 1억의 10000배는 1조입니다.

이 방법은 두 수를 곱할 때 두 수의 0의 개수를 더해서 쓰는 것입니다.
이때 실수하기 쉬운 것은 예외가 있다는 것입니다. 20×50에서 2와 5를 곱했을 때 생기는 10의 0은 따로 생각하여 10 뒤에 0을 두 개 붙여야 합니다. 그래서 답은 1000이 됩니다. 다행히 '큰 수' 단원에서는 두 수의 곱을 물어보지는 않지만 큰 수의 10배, 100배, 1000배는 알아두어야 합니다.

다음은 4학년 1학기 수학교과서의 빈 칸 채워넣기입니다. 그림으로 된 이 문제를 보면 원리가 쉽게 이해될 거예요.

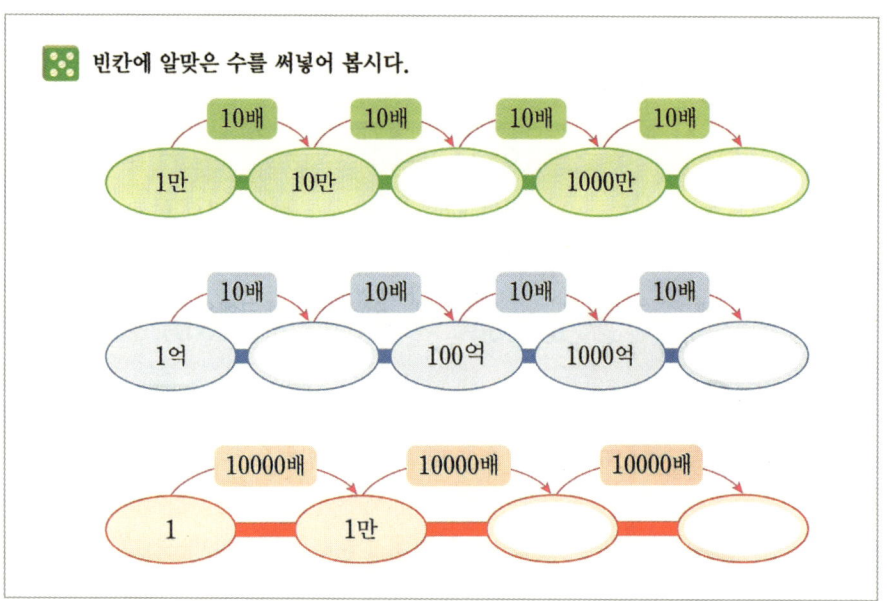

큰 아이를 키울 때는 어리다고만 생각해서 왠지 돈에 관해 언급하는 것이 꺼려졌습니다. 그래서 과자나 젤리 같이 몇 백 원 단위에

대해서는 말해준 적이 있어도 실생활에서 쓰이는 만 원, 오만 원, 백만 원의 어림을 알려준 적이 없었습니다. 그러나 '큰 수' 단원의 내용을 보고 난 후, 동생들 앞에서는 적극적으로 단위를 사용했습니다. 그래서일까요? 막내가 가장 숫자에 밝고 관심이 많습니다.

도형

4학년 2학기에는 삼각형, 사각형, 다각형이 각각 한 단원으로 구성되어 있습니다. 도형을 제대로 배우는 것은 처음입니다. 저는 이때 도형을 깊게 알아도 된다고 생각합니다. 학년을 넘어선 개념까지 말이지요. 어쩌면 아이들이 예상보다 많이 알고 있을 수도 있습니다. 수학 학습 만화를 보면서 혹은 사고력 교재나 학원에서 배운 것들, 텔레비전 교양프로그램 등에서 배웠을 수도 있습니다.

4학년쯤 되면 정확하지는 않아도 엇각이라든지 피타고라스 정리 같은 선행 개념을 들어봤을 거예요. 연산은 재미있게 접근하기 어려운데 도형은 '자신 있다!'라는 마음이 생기는 경우가 있습니다. 일단 도형은 오답이 나오건 안 나오건 아이들이 학습할 때 부담을 덜 가집니다. 이때를 틈타서 아이에게 도형박사라는 별명을 붙여주는 건 어떨까요.

과정 주제	4-2 과정	5-1 과정	중등 1-2 과정
삼각형	각을 기준으로 분류 (예각△ 둔각△ 직각△) 변을 기준으로 분류 (이등변△ 정△) 삼각형 내각의 합 180도	삼각형의 넓이 (밑변×높이÷2)	삼각형의 작도 삼각형의 합동조건 (SSS, SAS, ASA)
사각형	수선, 평행선의 의미 사다리꼴, 평행사변형, 마름모, 직사각형, 정사각형의 뜻과 성질 사각형 내각의 합 360도	정사각형, 직사각형, 평행사변형, 마름모, 사다리꼴의 둘레와 넓이	평면과 직선의 위치관계, 공간에서 두 직선의 위치관계, 공간에서 직선과 평면의 위치관계, 동위각과 엇각, 평행선의 성질
다각형	대각선의 뜻과 성질 정다각형(정오각형, 정육각형 등)	다각형의 둘레와 넓이	다각형의 변, 꼭짓점, 내각, 외각 다각형의 대각선 개수는 $\frac{n(n-3)}{2}$ n각형의 내각의 크기의 합 $180 \times (n-2)$

상단 표와 같이 정리하는 것을 계통수학이라고 합니다. 학년과 관계없이 한 가지 주제를 이해할 수 있는 범위까지 한꺼번에 정리하고 배우는 것이죠. 도형에는 가능한 방법이지만 수학 교과 전체로 봤을 때는 계통수학은 적합하지 않습니다.

도형도 정의, 활용의 두 가지 단계가 있습니다. 도형의 정의에 대해 배우고 나서 도형의 활용 문제를 다루어야 합니다. 활용 문제는 응용, 심화 문제집에 나옵니다. 4학년 때 도형을 계통수학에 따라 아이가 얼마나 알고 있는지 알아보는 것은 좋습니다. 아이가 도형에 특별히 관심 있거나, 예습이 6개월 이상 진행되었다면 방학을 통해《기탄영역별수학 - 도형·측정편》 8, 10, 12, 13, 14 과정을 풀어보는 것도 좋습니다. 수학의 자신감을 가질 수 있는 팁이라고 생각합니다.

다음은 도형 단원의 활용 문제 중 대표적인 종이접기 문제입니다. 직사각형 모양의 종이를 접은 것입니다. 이 문제를 풀 때 기억해야 할 것은 접힌 부분은 각도가 동일하다는 것입니다. 주어진 조건은 다 다르겠지만, 종이접기 문제가 나오면 접힌 부분부터 찾아서 같다고 표시해야 합니다. 문제집을 풀면서 배울 수 있는 스킬이라고 할 수 있습니다.

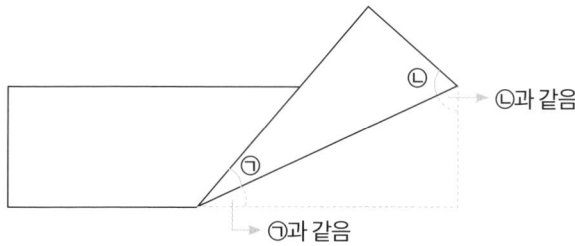

중학교 1학년 2학기 기본도형 단원, 중학교 2학년 2학기 삼각형의 성질 단원에도 종이접기 문제는 반복되어 나옵니다. 초등 때 심화 문제를 풀어본 경험은 중등까지 그대로 이어집니다.

저학년 때 사고력 수학 교재 → 고학년 때 응용, 심화 교재 → 중등 때 다양한 문제의 유형서

아이가 클수록 끈기도 자라고, 생각하는 힘도 자랍니다. 중등 수학에는 생소하고 새로운 개념이 나옵니다. 개념은 새롭지만 유형은 반복됩니다. 중등 유형서, 응용서를 풀 때 초등 때 이미 다루어보아서 알고 있는 유형이 나오면 체감 난이도는 확 낮아집니다. 그래서 중등에 비해 시간이 많은 초등 고학년 때 제 학년에 맞는 심화 문제를 풀어보는 연습을 해야 합니다.

4학년 단계별 문제집 정하기

책 앞부분에서 제시한 수준별 수학 문제집(20쪽)은 예시일 뿐이고, 각각의 학생들이 문제집을 시작하는 난이도는 다를 것입니다. 공부의 핵심은 시작하는 문제집의 난이도가 아니라 얼마나 끈기 있게 1년을 공부하는가 입니다.

3학년에서는 교과 응용 중심인 학생의 추천 진도를 다루었다면 4학년에서는 교과 기본 중심으로 공부할 학생의 추천 진도를 설명해보겠습니다.

3학년 겨울방학	두자리 수 곱셈 나눗셈 연산 꼼꼼하게 풀고 있는 연산 문제집 또는 《기탄수학(G3은 곱셈, G5는 나눗셈)》 《디딤돌 기본》 4-1 시작
4학년 1학기	《쎈 연산》 4-1 시작 《디딤돌 기본》 4-1 완성
4학년 여름방학	《개념 쎈》 혹은 《만점왕》 4-2 《기탄수학 H4 나눗셈과 분수》
4학년 2학기	《개념 쎈》 혹은 《만점왕》 마무리 《문제 해결의 길잡이》 원리 4-2 시작
4학년 겨울방학	《문제 해결의 길잡이》 원리 4-2 마무리 《디딤돌 기본+응용》이나 《쎈》 5-1 도전

 《개념 쎈》이나 《만점왕》은 기본서로 수학익힘책 수준입니다. 기본서를 풀 때는 빠르고 실수 없이 푸는 연습을 해야 합니다. 물론 가정에서 수학 공부를 처음 시작하는 친구들에게 쉽지 않겠지만 다음 학년부터는 난도를 높이겠다는 마음을 먹을 수 있도록 엄마가 이끌어야 합니다.

 3학년 겨울방학 혹은 4학년 1학기에 기본 문제집을 풀기 시작해서 4학년 2학기에는 처음으로 《문제 해결의 길잡이》도 도전해봅니다. 겨울방학에는 5학년 응용서도 시작해보고요. 3학년 겨울방학에는 기본서를 풀던 학생이, 1년 동안 기본서를 충실하게 풀면 4학년 2학기에는 분명히 달라져 있습니다. 다음 학년에는 시작 문제집을 응용서로 도전해볼 수 있습니다. 응용서를 풀다가 어려우면 다시 기본서를 풀어도 됩니다. 대신 다음 학기에는 다시 응용서를 풀겠다는 목표가 있어야 됩니다. 목표도 진도도 모두 수정 가능합니다. 지켜야 할 것은 꾸준하게 매일 풀기입니다.

목표에 변화를 주며 동기부여 해주기

이맘때 아이들의 성향이 보입니다. 엄마 눈에도 잘 보입니다. 잘 하고자 하는 욕심이 있는 아이, 공부에 끈기가 없는 아이, 수학이 두려운 아이, 수학에 자신감이 있는 아이, 어떤 모습이든 엄마가 내 아이의 성향을 알게 됩니다.

하지만 여기서 단정지으면 안됩니다. 제 경험상 아이들은 5, 6학년 때 많이 성장합니다. 오히려 중학교 때 사춘기가 오면 잠이 많아지고 게을러지면서 퇴보하기도 합니다. 4학년은 상황을 뒤집거나 역전하거나 장점을 끌어올릴 여력이 많이 남아 있는 학년입니다.

4학년은 말 그대로 중학년이라서 저학년과 고학년의 모습을 둘 다 가지고 있습니다.

4학년 때는 공부를 하긴 해야 하는데 얼마만큼의 노력이 어떤 결과를 가져오는지 알지 못하는 시기입니다. 제가 아이와 이맘때 하는 대화는 단순합니다. 단기 목표를 어렴풋이 설정해주는 것이지요. 아이가 스스로 목표를 세운 것처럼 느끼게, 하지만 부모가 그 목표 설정과 실행을 옆에서 도와주는 것입니다. 이때 중요한 것은 자율성을 부여해야 합니다.

"지금 4학년 1학기인데 어때, 문제집 풀기 힘들지?"

"그런데 4학년 2학기 문제집은 언제 풀어보고 싶어? 여름방학에 풀면 되겠어?"

"4학년 2학기 문제집에서 어떤 단원이 가장 어려울까? 목차를 볼까?"

"4학년 2학기에는 분수의 덧셈과 뺄셈이 나온다는데 연산을 미리 해볼래, 아니면 심화 문제집을 천천히 풀어볼까?"

엄마 아빠는 너의 수학 진도에 관심이 많다는 것을 알려줍니다. 엄마는 네가 똑똑한 머리와 끈기를 갖고 있다는 것을 알고 있고, 이러이러한 장점이 있다는 것을 가장 잘 아는 사람이라고 말해줍니다. 너는 장차 크면 좋은 사람이 될 거라는 믿음, 주어진 과업을 잘 이루는 올바른 성인이 될 거라는 믿음, 결국에는 공부를 잘할 것이라는 믿음이 있다는 것을 심어줍니다.

아이가 세 살 무렵이면 신발을 신지 않겠다고 현관에서 막무가내로 떼를 씁니다. 이유 없는 고집을 많이 부릴 때죠. 끝까지 기다려주는 부모도 있고, 우는 아이를 번쩍 들어 유아차나 자전거에 태우고 밀고 나가는 부모도 있습니다. 저는 한두 번은 기다려주다가 결국에는 아이에게 화를 내는 엄마였습니다. 그런데 육아서에서 아이의 고집을 꺾기보다 한 발 앞서 시선을 다른 데로 돌려야 한다는 것을 배웠습니다. 아이에게 선택권, 자율권을 주기 위해서겠죠.

현관에서 한창 떼를 쓰는 시기에는, 아이가 떼 쓰기 전에 아이에게 하얀 운동화와 노란 샌들 중에 고르라고 선택할 수 있게 해야 한다는 것을 배웠습니다. 우유를 마시지 않겠다고 하면 아이에게 플라스틱 컵과 빨대 컵을 보여주며 선택하게 했습니다. 아이들은 신기하게도 본인이 짜증을 내던 것도 잊고 무엇을 고를까 고민했습니다. ==어른의 통제 속에 있는 아이들에게 선택과 자율은 가장 큰 보상입니다.==

공부도 마찬가지입니다. 하라고 등 떠밀면 더 하기 싫은 법입니다. 저학년 때는 공부라 해도 양이 많지 않고, 연산 교재 위주라서 부모의 격려와 이끌림에 분량을 끝냅니다. 하지만 4학년이 되면 교과 문제집만 해도 만만찮은 내용입니다. 스스로의 동기가 없으면 꾸준히 하기 힘듭니다. 당장에 확실한 동기가 생기지는 않습니다. 부모는 전략을 짜고, 아이는 목표를 세웁니다. 부모의 강압이 아니라 아이가 자율적으로 세운 목표가 되도록 분위기를 만들어줍니다. 목표를 눈에 띄도록 스티커판을 만들거나 체크리스트를 만들어보는 것이죠. 매일 똑같은 것보다 조금씩 변화를 줍니다. 체크리스트의 항목을 하나씩 지워나가는 것의 기쁨을 알아갑니다.

아이	부모	
4학년 1학기 《디딤돌 기본》 2장	소설책 남은 반 권 읽기	
4학년 2학기 《쎈 연산》 2장	작은 방 서랍 정리하기	
영어 듣기	반찬 두 가지 만들기	
학교 숙제	만보 걷기	
줄넘기 하기	화내지 않기	

아이	부모	
4학년 1학기 《디딤돌 기본》 2장	세계사 책 읽기	
영어 단어 외우기	청소하기	
글쓰기장	국 끓이기	
학교 숙제	만보 걷기	
자전거 타기	화내지 않기	

학원 레벨 테스트

집에서 문제집만으로 엄마표 교과 공부를 하고 있는 주변의 친구들은 종종 대형 학원에 가서 레벨 테스트를 봅니다. 1, 2만 원의 테스트 비용이 들지만 그만큼 아이의 위치를 알 수 있어서 아깝다는 생각이 들지 않습니다. 아이들도 대형 학원 분위기를 느끼는 기회가 되기도 하고요. 개학 전 본격적인 학원 레벨 테스트 기간에 시험을 보러 가면, 많은 아이들이 한 공간에서 같은 시험지로 시험을 봅니다. 학교 교실 분위기와는 확실히 다릅니다. '다른 친구들도 이렇게 열심히 공부하고 있구나'를 느낄 수 있는 좋은 자극이 됩니다.

최근에 저희 아이들이 시험을 치러 가서 느낀 가장 큰 교훈은 시간 분배입니다. 4학년, 6학년 두 아이 모두 집에서는 한 문제를 오랫동안 생각하는 스타일입니다. 대형 학원 레벨 테스트는 25문제를 1시간 30분 안에 해결해야 합니다.

1시간 30분

기본 연산 5문제
교과 기본 5문제
교과 응용 10문제
교과 심화 5문제

엄마 욕심에 기본 연산 문제는 10분 안에 다 풀고, 교과 기본 문제까지 오답 없이 20분 안에 풀고, 응용과 심화 문제에 한 시간 이상을 투자하길 원했습니다. 하지만 저희 아이들은 시험이라는 생각에 꼼꼼하게 풀다가 심화 문제까지는 도착도 못하고, 응용 문제를 반쯤 풀고 시험이 끝나버렸습니다. 전화 상담을 받으면서 어찌나 속이 상했는지 모릅니다. 속으로 '다 아는 문제인데, 시간만 많으면 잘 풀 수 있었을 텐데' 그런 변명을 하게 되더라고요. 그런데 생각해보니 시간 분배도 실력이었습니다. 아이들에게도 상황을 알려주었더니 속상해했습니다. 집에서만 공부하다 보면 정해진 시간에 많은 문제를 집중해서 풀기 힘듭니다.

깊이 고민하는 것과 빨리 푸는 속도 둘 다 가지면 좋지만, 둘 중에 하나만 선택하라고 하면 무엇을 선택할까요? 당연히 깊이 고민하는 연습입니다. 저희 아이들은 여전히 집에서 문제집으로 공부를 하고 있고 오답 체크를 꼼꼼히 합니다. 언젠가는 갈 학원을 위해서 문제를 좀 더 타이트하게 푸는 연습도 하고 있습니다. 연습의 기준은 진도입니다. 심화 문제나 예습, 선행 중이라면 깊이 고민합니다. 하지만 **현행 진도**를 나가고 있거나 **현행 복습**을 하는 중이라면 속도도 신경 써야 합니다.

시간 배분이 아니더라도 대형 학원 레벨 테스트를 보고 상담을 받으면 우리 아이의 새로운 부분을 알게 됩니다. 부모가 놓치고 있는 부분도 확인하게 됩니다. 한 학기에 꼭 한 번, 학기 중에도 여력이 된다면 서로 다른 학원의 레벨 테스트를 받아보는 것을 추천합니다. 학원에 미안해할 필요는 없습니다. 정당한 비용을 지불하고 상담을 받는 것이고, 학원 입장에서도 비교, 대조할 수 있는 대상을 많이 갖게 되는 거니까요. 당장은 이 학생이 등록하지 않더라도 좋은 이미지를 주면 미래의 잠재된 고객을 확보하는 것입니다.

진단 문제
4학년 수학 능력 점검

문제1 다음 나눗셈 식에서 □ 안에 들어갈 숫자는 무엇입니까?
5 □ 25 ÷ 209 = 25

문제2 다음 나눗셈 식에서 몫이 25이고 나머지를 알 수 없을 때 □ 안에 들어갈 수 있는 숫자를 모두 구하세요.
5 □ 25 ÷ 209

풀이 1번의 답은 2이고,

2번의 답은 2, 3, 4입니다.

5225 ÷ 209 = 25라는 식을 활용한 문제입니다.

1번은 직관적으로 방정식을 푸는 것인데 25×209를 하여 쉽게 구할 수 있습니다. 응용 문제라 할 수 있습니다.

2번은 비슷해 보이지만 심화 문제입니다. 나눗셈의 몫과 나머지에 대해 완벽한 이해를 해야 풀 수 있는 문제입니다. 나머지는 나누는 수보다 클 수 없다는 것이 힌트입니다. 1번을 풀 수 있어야 2번을 해결할 수 있습니다.

먼저 **나머지가 0일 때는** 209×25=5225입니다. 나머지는 나누는 수보다 클 수 없으므로 209보다 작습니다. 즉, 몫이 25가 될 수 있는 조건은 5□25가 5225+209=5434보다 작아야 합니다.

기본서를 풀 때도 몫과 나머지, 나뉘는 수와 나누는 수에 대한 설명이 나옵니다. 하지만 개념을 이해한 것만으로는 심화 문제를 풀 수 없습니다. 응용서의 문제를 오답까지 해결했다면 심화 문제를 어느 정도 풀 수 있다고 생각하면 됩니다. 수학 성적은 문제를 푸는 양으로 결정된다고 해도 과언이 아닙니다. 다만 내게 맞는 수준의 문제집을 찾아서, 적당한 양을 지치지 않고 꾸준하게 풀어야 합니다.

학년별 수학 공부 : 5학년

초등학교 5학년 1학기

- **자연수의 혼합계산** : 예 42 + (23 - 19) × 5
- **약수와 배수** : 약수와 배수 이해, 공약수, 최대공약수, 공배수, 최소공배수
- **규칙과 대응** : 주어진 숫자를 보고 규칙 찾기
- **약분과 통분** : 분수의 약분과 통분, 기약분수, 두 분수를 분모를 같게 통분하여 크기 비교, 분수의 분모를 10이나 100으로 만들어 소수로 고치기 예 $2\frac{1}{4} = 2.25$
- **분수의 덧셈과 뺄셈** : 받아올림이 있는 분모가 다른 (대분수) + (대분수) 받아내림이 있는 분모가 다른 (대분수) - (대분수) 예 $5\frac{1}{3} - 3\frac{1}{4}$
- **다각형의 둘레와 넓이** : 1제곱센티미터 ($1cm^2$) 1제곱미터 ($1m^2$)는 넓이의 단위 평행사변형, 삼각형, 마름모, 사다리꼴의 넓이 구하기

| 초등학교 5학년 2학기 | • **수의 범위와 어림** : 이상, 이하, 초과, 미만, 올림, 버림, 반올림
• **분수** : 분수의 곱셈, 세 분수의 곱셈,
　대분수를 가분수로 바꾼 후 분자는 분자끼리,
　분모는 분모끼리 곱셈 **예** $2\frac{1}{5} \times 4\frac{3}{4}$
• **합동과 대칭** : 합동, 대응점, 대응변, 대응각, 선대칭도형, 점대칭도형
• **소수의 곱셈** : 소수를 분수로 바꾸기, 소수와 분수의 크기 비교,
　소수점 위치 **예** 1.143×0.37
• **직육면체** : 공간도형 개념, 직육면체와 정육면체의 겨냥도와 전개도
• **평균과 가능성** : 평균의 개념, 일이 일어날 가능성 |

우리가 쓰는 더하기, 빼기 등의 모든 기호는 근대 사회에 접어들면서 수학자들이 만든 약속입니다. 5학년 수학에서는 새로운 수학적 약속이 여럿 등장합니다. 약속의 개념을 익히려면 교과서 설명을 충분히 숙지하면 됩니다.

약수와 배수, 통분

5학년 수학은 매우 중요하고 어렵습니다. 그런데 미리 겁먹을 필요 없습니다. 5학년 1학기 '약수와 배수' 단원이 다른 단원과 비교했을 때, 오답 양에 별 차이가 없다면 잘하고 있는 겁니다. 오답의 기준은 앞에서 설명했듯이 정답률 70퍼센트입니다. 기본서, 응용서, 심화서 다 70퍼센트가 기준이 됩니다. '약수와 배수' 단원은 난도가 높기 때문에 '약수와 배수' 단원의 정답률이 70퍼센트가 넘는다면 지금 풀고 있는 문제집의 수준에 자신감을 가져도 됩니다.

정답률이 50~70퍼센트라면 고민을 해보아야 합니다. 주도권은 반드시 아이가 잡게 해주세요. 다시 집중해서 정답률을 70퍼센트까지 만들어서 꼭 이 문제집을 완북하고 싶은지, 아니면 오답을 하기가 너무 힘들어서 낮은 난이도의 문제집을 풀 건지 아이가 결정하면 됩니다.

5학년 기본서의 정답률이 50퍼센트 이하라면 잠시 멈추고 《쎈 연산》 혹은 《빅터 연산》과 같은 한 학기에 한 권인 연산서 중 5학년 1학기를 먼저 풀어봅니다. 이제까지 꾸준하게 연산을 해왔다면 자연수의 혼합계산은 뛰어넘고 바로 약수와 배수가 나오는 단원부터 풉니다. 연산을 다지고 다시 시작하면 5학년 내용은 훨씬 수월해집니다. 약수와 배수는 개념이 중요하고, 분수는 계산이 중요합니다.

5학년 응용서의 정답률이 50퍼센트 이하라면 기본서를 다시 풀어야 합니다. 하지만 여기서 관건은 연산을 얼마나 해두었는지로 결정됩니다. 분수가 나오는 부분까지 학습지를 꾸준하게 했거나 5학년 연산 교재를 미리 풀었다면 기본서로 바로 내려가지 말고 문제수가 많은 유형서를 풀어봅니다. 《개념 플러스 유형 기본 라이트》, 《유형 해결의 법칙》과 《쎈》 A, B단계가 대표적인 유형서입니다. 《쎈》은 문제집이 두껍고 문제수가 많아서 A, B 단계까지만 풀고 준비가 되었을 때 C 단계를 풀기도 합니다. 《쎈》 C 단계는 준심화로 봐도 됩니다.

5학년 심화서의 정답률이 50퍼센트 이하라면 《디딤돌 기본＋응용》, 《응용 해결의 법칙》, 《쎈》 B, C 단계 중에 하나를 풉니다. 5학년 수학은 중요하므로 다른 학년보다 교재를 한 권 더 풀어도 됩니다. 이 시기를 잘 다지면 6학년 수학은 쉽게 지나갈 수 있습니다. 응용서의 정답률이 70퍼센트 이상이면 다음 방학에는 다시 5학년 2학기 심화서를 도전해봅니다.

모든 과정에서 문제집을 푼 날 오답체크를 하고, 단원 끝에 오답을 한 번 더 풀어봅니다.

오답이 많다고 해서 '약수와 배수' 단원만 계속 반복하면 안됩니다. 최대공약수와 최소공배수는 중요한 내용이지만 앞으로 나올 분수의 통분에서 반복됩니다. 중등 1학년 1학기 자연수의 성질에서 또 반복됩니다. 분수의 통분을 배우고 나면 '최대공약수와 최소공배수가 실제로 이렇게 쓰이는구나' 하고 깨닫게 됩니다.

다음은 최대공약수 개념 자체를 다루는 응용 문제입니다.

> 36과 어떤 수의 최대공약수는 18입니다. 36과 어떤 수의 공약수는 모두 몇 개일까요? (단, 어떤 수는 36보다 작은 수입니다.)

풀이 먼저 36의 약수를 구합니다. **36의 약수는** 1, 2, 3, 4, 6, 9, 12, 18, 36입니다. 36과 어떤 수의 최대공약수가 18이라고 했는데, 36의 약수 중 18이 있고, 18은 36보다 작은 수이므로 **어떤 수는 18입니다.**

18의 약수는 1, 2, 3, 6, 9, 18이고 36과 18의 공약수는 1, 2, 3, 6, 9, 18입니다. 즉, **답은 여섯 개입니다.**

이처럼 최대공약수와 최소공배수 개념 자체로 문제를 만들면 난이도는 높지 않으면서 괜히 어렵게 느껴집니다. 하지만 정작 최대공약수와 최소공배수가 분수를 통분할 때처럼 도구로 쓰일 때는 어렵지 않습니다. 원래 약수와 배수는 도구입니다. 이 도구는 계속 반복해서 쓰입니다. 지금 어려워해도 어느 순간 '유레카!' 하며 이해할 수도 있습니다. 어렵더라도 일단은 5학년 1학기를 끝냅시다. 다시 돌아와서 복습할 때는 한결 쉽습니다.

'약수와 배수', '약분과 통분', '분수의 덧셈 뺄셈 곱셈'은 단원을 발췌해 다른 문제집으로 한 번 더 반복해도 좋습니다. **반복학습이 가장 빛나는 학기가 5학년 1학기입니다.**

분수

저희 둘째가 4학년 초에 5학년 선행을 했습니다. 코로나 사태로 학교를 장기간 가지 못해서 3, 4학년 내내 집에서 수학 문제집을 열심히 푼 덕분입니다. 그런데 어느 순간 구멍이 발견되었습니다. 부모들은 진도가 이미 나간 부분인데 아이가 잘 모르는 것 같으면 '구멍이 생겼다'고 표현합니다.

5학년 2학기 심화서까지 오답을 해결하며 열심히 풀었는데, 아직도 분수의 덧셈에서 실수가 나오면 어쩌나 싶었습니다. 결국 선행 나가던 것을 멈추고 분수의 덧셈, 뺄셈, 곱셈 그리고 자연수의 혼합계산까지 연산 문제집을 사서 다시 복습했습니다. 그때 깨달았습니다. 1년 이상 선행하면 머릿속이 뒤죽박죽 된다는 것을요. 약수와 배수 같은 개념 단원뿐만 아니라 연산 단원도 반복이 필요하다는 것도 알게 됐지요. '분명히 선행이 필요한 학년이 있지만, 짧은 시간에 5학년 심화서까지 서두르면 안되는구나!'라는 걸 깨달았습니다. 다시 돌아가서 똑같이 시간이 넉넉히 주어진다면, 연산부터 철저하게 5학년 선행을 하겠습니다.

분수의 덧셈과 곱셈은 완전히 다른 개념입니다. 5학년 2학기 때 분수의 곱셈을 배우고 나면 5학년 1학기 내용인 분수의 덧셈, 뺄셈은 아주 귀찮게 느껴집니다. 분모를 일일이 통분해야 하기 때문입니다. 5학년 수학이 어렵다고 하는 것은 연산을 제대로 하면 대부분 해결됩니다. 사칙연산 이후에 분수에 대한 연산 교재도 시중에 잘 준비되어 있습니다.

5학년 단계별 문제집 정하기

5학년 수학은 분수의 연산이 가장 중요합니다. 4학년 겨울방학부터 분수의 연산을 예습하면 좋습니다. 다음은 교과 응용 중심으로 문제집을 푸는 학생의 일정입니다.

4학년 겨울방학	5학년 1학기 연산 교재 한 권 풀기 : 《쎈 연산》, 《빅터 연산》, 《최상위 연산》 등 5학년 1학기 응용서 시작
5학년 1학기	응용서 5-1 꼼꼼히 다 풀면 오답까지 마무리 : 《디딤돌 기본+응용》, 《응용 해결의 법칙》, 《쎈》 등 5-2 응용서 시작하기 연산 교재 5-2 시작
5학년 여름방학	응용서 5-2 꼼꼼히 다 풀고 오답까지 마무리 (몰입공부) 연산 교재 5-2 마무리
5학년 2학기	《최상위 수학S》 5-2 시작
5학년 겨울방학	《최상위 수학S》 5-2 마무리 《최상위 수학S》 6-1 시작하기

　5학년 응용 중심 친구들은 욕심을 좀 내봤습니다. 5학년 여름방학부터 5-2 응용서와 5-2 심화서 두 권을 풀도록 계획을 세웠습니다. 5학년 2학기는 중요하기도 하고, 응용 단계에서 심화 단계로 뛰어넘는 시기로 잡았습니다. 그래서 사고력 기반 서술형 교재《문

제 해결의 길잡이》를 제외했습니다. 교과를 깊게 해본 경험은 내 수준을 한 계단 올리는 작업입니다. 여름방학부터 겨울방학까지 5학년 2학기 응용서와 심화서를 두 권 푸는 것은 힘들지만 할 수 있는 분량입니다. 5학년은 몰입 공부를 할 수 있는 나이이기도 하고요.

5학년 2학기 교과 응용, 교과 심화 두 권의 문제집을 끝내고 6학년은 바로 심화서로 시작해보는 게 어떨까요. 다양한 교재에 익숙해져야 하고 두 달에 한 권씩 완북하는 경험을 쌓아야 합니다. 이제 아이들이 좀 컸습니다. 수학 공부 시간도 매일 한 시간에서 두 시간 이상으로 넘어서는 기점입니다. 오답을 해결하다 보면 두 시간이 넘는 날도 있습니다. 수학 학원을 다니는 친구들과 비교해보면 비슷한 수준의 공부량입니다.

정답률이 좋지 않은데 심화를 하고 싶다면

초등 수학은 교재의 난이도에 따라 기본, 응용, 심화로 나뉩니다. 우리 아이가 심화 교재를 풀고 있다고 무조건 우리 아이의 실력이 심화 단계인 것이 아니라, 심화 교재를 풀었을 때 정답률이 70퍼센트 이상이고 오답 노트를 성실하게 하고 있어야 '심화 수준으로 공부하고 있다'라고 말할 수 있습니다. 디딤돌의 《최상위 수학》의 정답률이 70퍼센트 이상이면 천재교육의 《최고수준》이나 《문제 해결의 길잡이》 심화를 풀더라도 얼추 70퍼센트 이상의 정답률이 나올 거예요. 이때를 심화 수준으로 공부하고 있다고 말합니다.

이 책에서 계속 강조하는 것이 모든 학생이 심화를 할 필요도 없고, 초등학교 3학년부터 심화를 해야 할 이유도 없다는 것입니다. 응용 수준의 문제집을 정해서 꾸준히 풀다 보면, 두세 달 앞당겨서 공부하게 되고 그럴 때 선행도 가능하고, 심화 교재도 풀 수 있다고 했습니다. 그런데 중등 수학에 가면 초등 수학에서 치열하게 심화 수준 교재를 풀어왔던 학생들이 문제 해결력이 높습니다. 그러므로 5, 6학년에는 심화 교재를 접해보는 것이 좋습니다.

심화 교재는 어른이 봐도 "이런 문제까지 풀어야 해?" 혹은 "이거 방정식으로 풀면 쉬운데 왜 이렇게 고생스럽게 해야 하지?"라는 문제도 분명히 있습니다. 하지만 그 문제를 해결하기 위해 아이가 골머리 썩어가며 연구한 그 시간이 결과를 보장하는 것입니다.

아이가 심화 교재를 슥슥 풀면서 정답률이 70퍼센트 넘는다면 고민할 것 없이 밀고 나가면 됩니다. 하지만 너무 어려워하고 괴로워하면 멈춰야 합니다. 하지만 정답률이 70퍼센트가 안 되는데, 심화를 꼭 하고 싶을 때는 **후행 심화**를 하세요. 이 과정도 분명히 도움이 됩니다.

심화 교재에 정답률이 50퍼센트가 안 되는데 선행 혹은 현행 심화를 하면 부모도 아이도 지쳐 결국 포기하는 순간이 옵니다. 차라리 응용서의 정답률을 70퍼센트 이상으로 유지하는 것이 좋습니다. 그와 동시에 한 학년 낮은 진도의 심화서나 지난 학기 심화서를 풀어보면 정답률이 올라간 것을 볼 수 있습니다. 문제집을 푼 시간은 어떤 식으로든 남기 때문입니다. 심화 교재 한 권을 꼼꼼하게 풀고 오답 노트까지 한 경험은 높게 삽니다. 다음 번의 심화서를 풀 때는 시간과 노력이 단축됩니다. <mark>현행과 예습 진도는 응용서로 나가되 후행 심화를 하는 방법</mark>도 있으니, 5학년 이상이라면 심화 교재를 완북하는 경험을 꼭 해보길 바랍니다.

공부를 해야 하는 이유 찾기

5학년은 '내가 공부를 왜 해야 하는가'를 스스로 깨닫는 시점입니다. 미취학과 저학년 때의 공부는 엄마와 약속한 것이었습니다. 오늘의 공부로 미래에 어떤 영향을 주겠다는 동기는 아직 없습니다. 하지만 5학년이 되면 내가 잘 하는 것을 알게 되고 장래희망도 구체적으로 생각할 수 있습니다. 교실 안에서 공부를 잘하는 친구, 못하는 친구의 차이를 알 수도 있습니다. 친구들이 다니는 학원을 궁금해하기도 하고 "누구는 중학교 수학을 한대"라는 말을 하기도 합니다. 주위를 인식하는 것과 동시에 본인과 비교를 하게 됩니다. 자연스러운 현상입니다.

5학년이 되면 현실을 직시하는 능력이 생기기 시작합니다. 조금 더 먼 미래인 중학생 때는 직시능력이 부정적으로 옵니다. 중학생 때는 본인이 가진 외모, 가정 형편, 성적 등을 현실적으로 바라볼 수 있는 눈이 생기는데, 내가 가진 것보다 갖지 못한 것에 대한 갈망이 더 크게 다가옵니다. 사춘기에 드는 이 감정을 견디고 극복하면 도전정신을 가진 올바른 성인으로 자랄 수 있습니다.

아직 5학년 때는 사춘기 전 단계이므로 현실을 직시했을 때, 좌절하거나 원망하지 않습니다.

5학년 학생은 겉으로는 "에이, 난 이런 문제집 못 풀어"라고 말하지만 속으로는 '나는 훌륭한 사람이 될 수 있어'라는 마음이 있습니다. 그래서 부모가 구체적인 방법을 제시하는 것이 매우 중요합니다. 그냥 공부를 열심히 하라는 말은 소용이 없습니다. 부모가 할 수 있는 방법은 아이와 함께 목표 세우기입니다.

최종 목표 (직업이 아닌 실천적 목표)

중간 목표 (한 달, 한 학기 단위)

단기 목표 (하루, 일주일 단위)

🟢 **예**

- **단기 목표**
  - 매일 《쎈》 수학 두 장씩, 연산 교재 두 장씩 풀겠다.
  - 이번 주에 《쎈》 수학은 3단원을 다 끝내겠다.
  - 이번 주에 연산 교재 00쪽까지 하겠다.
  - 다음주는 《쎈》 수학의 4단원을 다 풀겠다.

- **중간 목표**
  - 연산 교재 5-2를 9월까지 끝내겠다.
  - 5학년 겨울 방학에는 6학년 《최상위 수학S》를 풀겠다.
  - 6학년 1학기에는 초등 수학을 다 끝내고 여름방학부터 중등 연산을 풀겠다.
  - 1, 2학기 수학 단원 평가를 다 맞겠다.

- **최종 목표**
  - 나는 자동차를 연구하는 사람이 되겠다.
  - 나는 가르치는 사람이 되겠다.
  - 나는 자유롭게 여행하는 사람이 되겠다.

저는 계획하고 도식화하여 문제를 해결하는 것을 즐깁니다. 그리고 그 모습은 은연중에 가정 생활에도 나타납니다. 경제적인 부분이나 아이들 공부 문제와 가족 구성원의 장래 계획까지 영향을 미칩니다. 단순하게 주말을 보내는 일상조차 계획성 있게 준비합니다. 계획을 위한 계획을 짜면서 스트레스를 받기도 하지만, 단기 목표를 수행해나가는 것에 희열을 느끼는 순간 저절로 중간 목표에 도달해 있습니다. 아이들에게도 작은 계획을 실천하는 삶을 앞서 보여주려 노력합니다.

부모는 단기 목표를 도와주는 사람입니다. 부모가 다그칠 수 있는 목표는 단기 목표입니다. 아이가 책상에 앉기 싫어할 때, 이끌어주는 사람이 엄마입니다. 오늘의 목표를 상기시켜주세요.

중간 목표는 수정 가능합니다. 한 학기가 지났을 때 중간 목표에 도달하지 못했다면 아이가 실망하지 않도록 부모가 나서서 핑계를 찾아줍니다. "6월에 가족 여행도 가고, 7월에는 배탈도 났잖아. 그래서 목표를 못 채웠구나. 열심히 안 한 날도 있긴 있었지. 그래도 열심히 한 날이 더 많았어. 앞으로는 지킬 수 있도록 같이 정해보자."

그렇게 하루를 채우다 보면 일주일이 가고 한 달이 갑니다.

우리는 아이의 최종 목표를 위해서 함께 긴 레이스를 달리는 중입니다.

진단 문제
5학년 수학 능력 점검

문제1 어떤 분수 $\frac{\square}{\triangle}$가 있습니다. 분수 $\frac{\square}{\triangle}$의 분자, 분모를 각각 6으로 약분하였더니 $\frac{3}{7}$이 되었습니다. 이때, △와 □의 합은 무엇입니까. (단, △와 □는 자연수)

문제2 다음 도형 중 점대칭 도형을 모두 찾아 기호를 쓰세요.

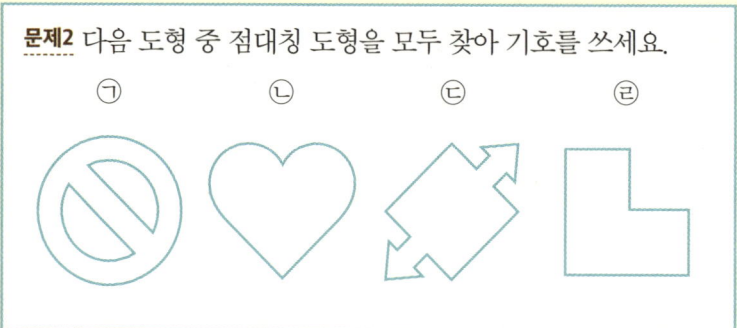

문제1 풀이 이미 약분된 분수를 통해 원분수를 구하는 문제입니다. 약분이란 분자와 분모를 공약수로 나누어 간단한 분수로 만드는 것입니다. 약분의 개념을 알고 있다면 풀 수 있는 문제입니다.
$\frac{\square}{\triangle} = \frac{3 \times 6}{7 \times 6} = \frac{18}{42}$ 이므로 △와 □의 합은 18+42=60입니다.
검산할 때는 $\frac{18}{42}$을 6으로 약분해봅니다.

$\frac{18}{42} = \frac{18 \div 6}{42 \div 6} = \frac{3}{7}$ 도 같은 의미입니다.

문제2 풀이 점대칭도형이란 한 도형을 어떤 점을 중심으로 180도 돌렸을 때 처음 도형과 완전히 겹치는 도형입니다. 180도 돌리는 방향은 시계방향이나 시계반대방향이나 관계없이 완전히 겹쳐져야 합니다. **답은 ㉠과 ㉢입니다.**

이 문제에서 확장하여 선대칭도형을 알아볼 수 있습니다. 선대칭도형이란 한 직선을 따라 접었을 때 완전히 겹치는 도형을 말합니다. 주어진 도형 ㉠ ㉡ ㉢ ㉣ 모두 선대칭도형이 될 수 있습니다. 한 직선을 따라 반으로 접었을 때 완전히 겹칠 수 있도록 대칭축을 찾아보는 것도 중요합니다.

5학년 수학은 분수의 약분과 통분, 분수의 덧셈, 뺄셈, 곱셈이 가장 중요합니다. 그리고 최대공약수 최소공배수를 배우기 때문에 어렵고요. 대수 영역, 즉 숫자와 식으로 문제를 푸는 단원도 어렵지만 수의 범위나 평균 구하기, 합동과 대칭 등 새로운 수학적 개념을 많이 배우는 학년입니다. 전문가가 판단하기에 5학년이라면 이 정도의 수학적인 사고를 할 수 있다고 생각한 것입니다. 가정에서 본인에게 맞는 수준의 교재를 풀면서 다양한 문제를 경험해보세요.

 **칼럼**

계산 실수,
노력 없이 나아질 수는 없습니다

부모님들은 이런 말을 자주 합니다.

"우리 아이는 계산 실수가 심해도 너무 심해요."

저도 그렇습니다.

학년과 관계없이 본인 수준에 맞는 수학 문제를 20문제 푼다고 해봅시다. 채점을 했을 때 몰라서 손도 못 대고 별표로 틀린 것이 두 개 정도 된다면 부모 입장에서 납득이 됩니다. "이미 공부했던 단원인데 이런 부분이 부족했구나, 우리 아이는 이런 부분에서 약하구나" 알 수 있습니다.

거기서 계산 실수로 쉬운 문제를 추가로 세 개 더 틀렸다. 이러면 엄마는 울화통이 터집니다. 90점 맞을 수 있는 실력인데 70점대로 뚝 떨어져서 손해 본 느낌이 듭니다. 정말 저라도 속이 상합니다.

그런데 계산 실수로 일곱 개를 더 틀리는 아이도 분명히 있습니다. 그럴 때도 실제 내 아이의 실력은 90점이라고 말할 수 있을까요. 아니겠지요. 그 정도 틀리면 실수도 실력입니다. 연산 공부를 다시 해야 합니다. 어쩌면 공부하는 방법, 집중하는 방법, 문제 푸는 스킬까지 처음부터 연습해야 하는 상황일 수도 있습니다.

몰라서 틀리는 것과 계산 실수로 틀리는 것의 비율이 비슷하다면 학년이 올라갈수록 나아집니다. 하지만 계산 실수가 너무 많으면 현재 고학년이라도 학습지를 시작하거나 연산 문제집을 꼭 풀길 권합니다. 계산 실수에 발목 잡힐 수 있습니다. 계산 실수 일곱 개를 세 개로, 세 개를 한 개로 줄이는 것도 노력이 필요합니다.

아이의 계산 실수 빈도가 평균적이든 심각하게 많든 어느 쪽이라도 스스로 '나는 계산 실수를 많이 해'라고 깨닫고 이해하는 과정이 중요합니다. 부모 앞에서야 집중력 흐트러진 채로 풀 때도 많지만 밖에 나가면 눈빛이 달라집니다. 잔소리를 들을 때는 괴로웠지만 귀에 딱지가 앉고 나면 한 번 더 생각하게 됩니다. 실수를 할 때마다 괜찮다고 위로하기보다는 계산 실수로 큰코다칠 수 있다는 이야기를 해주어야 합니다. '나는 계산 실수를 자주 하니까 정신 똑바로 차리고 풀어야지' 하는 마음이 분명히 듭니다. 물론 아이마다 시기의 차이가 있겠지요.

계산 실수가 심각하게 많은 아이는 계산 실수 없이 연산 문제를 푸는 경험을 하도록 도와주어야 합니다. 마음을 단단히 먹고 연산 문제집 두 장을 하나도 틀리지 않을 때까지 풀어보는 미션을 해봅시다. 처음부터 오늘 분량 두 장을 다 맞았다면 패스입니다. 하지만 두 개를 틀리면 두 장, 세 개를 틀리면 세 장을 더 푸는 것입니다. 아이가 울고 불고 하더라도 그날의 다른 공부는 미뤄두고 끝까지 해봅니다. 이번에도 계산 실수가 나오면 틀린 만큼 더 풉니다. 쉽지 않습니다. (열 장이든 두 시간이든 부모 마음에 마지노선은 있어야겠지요.) 열 장이 될 때까지, 아니면 두 시간이 넘도록 미션을 완수하지 못한 날은 다음 날도 합니다.

최종 목표는 오늘의 분량 두 장 중 계산 실수가 하나도 없는 것입니다. 두 장을 계산 실수 없이 다 맞으면 아이에게 "나도 할 수 있다"는 마음이 생깁니다. 이 마음은 부모가 아무리 말로 해도, 선생님이 말해줘도, 책으로 읽어도 얻을 수 없습니다. 직접 해봐야 느낄 수 있습니다. 할 수 있다는 자신감을 얻고 나면 비로소 아이 마음속에 연산에 대한 긍정감이 생깁니다.

가장 좋은 것은 꾸준하게 연산 문제집을 푸는 것입니다. 연산에 발목 잡히지 않도록, 애교로 한두 개 계산 실수하는 정도가 될 수 있도록 매일 연산 교재를 푸세요. 특히 연산은 이제 끝났다고 생각하는 5학년과 중학교 1학년 때가 아주 중요합니다. 부모가 옆에서 챙겨줄 수 있는 것이 다행이라 생각하며 우리 아이를 한 번 더 들여다보고 다독여보아요.

학년별 수학 공부 : 6학년

초등학교 6학년 1학기	• **분수의 나눗셈** : (진분수)÷(자연수), (대분수)÷(자연수) • **각기둥과 각뿔** : 각기둥과 각뿔 개념, 전개도 • **소수의 나눗셈** : (소수)÷(자연수), (소수)÷(소수), 자리수가 다른 소수의 나눗셈 • **비와 비율** : 비, 기준량, 비율, 백분율, 퍼센트, 다양한 활용 문제 • **여러가지 그래프** : 원그래프, 띠그래프 • **직육면체의 부피와 겉넓이** : 직육면체의 전개도, 부피 구하기, 부피 단위 $1000000 cm^3 = 1m^3$
초등학교 6학년 2학기	• **분수의 나눗셈** : (가분수)÷(자연수), (대분수)÷(자연수), (진분수)÷(진분수) • **소수의 나눗셈** : (소수)÷(소수), (자연수)÷(자연수) 의 몫을 소수로 나타내기 • **공간과 입체** : 1세제곱센티미터($1cm^3$) 부피의 단위, 입체공간, 쌓기나무 • **비례식과 비례배분** : 전항, 후항, 내항, 외항, 비례배분, 소금물, 톱니바퀴 문제 • **원의 넓이** : 원주, 원주율, π, 원의 넓이 • **원기둥, 원뿔, 구** : 전개도와 개념이해까지만 (겉넓이와 부피는 중등에서)

비와 비율

다음은 수학교과서 6학년 1학기 4단원 '비와 비율'에 나오는 비율에 대한 정의입니다.

> (비율) = (비교하는 양) ÷ (기준량) = $\frac{(비교하는 양)}{(기준량)}$
> 비 10:20을 비율로 나타내면 $\frac{1}{2}$ 또는 0.5입니다.

다음은 6학년 1학기 수학교과서 4단원 '비와 비율'에 나오는 백분율에 대한 정의입니다.

> 기준량을 100으로 할 때의 비율을 백분율이라고 합니다. 백분율은 기호 %를 사용하여 나타냅니다. 비율 $\frac{85}{100}$를 85%라고 쓰고 85퍼센트라고 읽습니다.

부모가 보기에도 이제 진짜 수학 같다는 느낌이 듭니다.
이 두 가지 정의는 아이가 직접 말할 수 있어야 합니다. 문장을 똑같이 외워서 말하는 것이 아니라, 구어체로 부모에게 설명할 수 있어야 합니다. 응용 문제를 풀기 전에 꼭 짚고 넘어가야 하고요. 부모는 이렇게 도와줄 수 있습니다.

> 우리 가족은 네 명인데 엄마만 김씨야. 우리 가족 중에 김씨인 사람의 비율은 어떻게 되니?
> (답은 1 : 4 이므로 0.25입니다.)
> 기준량은 뭐가 되는 거야? (답은 4입니다)
> 백분율로 나타내면? (답은 25%입니다)

백분율은 우리가 평소에 자주 쓰는 말이므로 00퍼센트라는 것은 이해하기 쉽지만, 기준량을 100으로 바꾸는 것은 나눗셈의 활용이라 조금 어려울 수 있습니다.

'비례식과 비례배분' 단원에서 두자리수 ÷ 세자리수를 하다 보면 연산에 구멍이 있는 것을 알게 됩니다. 엄마표 수학의 장점은 아이가 문제집을 풀다가 오답이 많이 나왔을 때, 그 구멍을 찾을 수 있다는 것입니다. 6학년 2학기 4단원에 들어가기에 앞서 1 ÷ 4 혹은 16 ÷ 256과 같은 계산을 세로셈으로 잘 할 수 있는지 확인해주세요.

① 1 ÷ 4 = ?

$$\begin{array}{r} 0.25 \\ 4\overline{)1.00} \\ \underline{8} \\ 20 \\ \underline{20} \\ 0 \end{array}$$

답) 1 ÷ 4 = 0.25

② 16 ÷ 256 = ?

$$256 \overline{)16} \quad \rightarrow \quad 256 \overline{)160000}^{0.0625}$$

```
              0.0625
       ┌─────────────
   256 )1 6 0 0 0 0
         1 5 3 6
         ─────────
             6 4 0
             5 1 2
             ─────
             1 2 8 0
             1 2 8 0
             ───────
                   0
```

답) 16 ÷ 256 = 0.0625

    6학년 1학기 4단원 '비와 비율' 단원이 확장되어 6학년 2학기 4단원 '비례식과 비례 배분'을 배웁니다. 그리고 심화서에서 이 두 단원은 활용 문제가 심도 있게 들어갑니다. 부모님들이 학창 시절 고생스러웠다고 기억하는 은행의 원금과 이자 문제, 소금물의 농도 문제가 나오는 단원입니다. 중등 수학에서 '연립일차방정'과 '부등식의 활용' 단원에서도 미지수를 사용하여 비슷한 활용 문제가 나옵니다. 초등 시절 심화 문제를 잘 다져놓으면, 중등 수학에서 빠르게 진도를 나갈 때 분명히 도움을 받을 수 있습니다. 연립일차방정식과 부등식의 활용은 중학교 2학년 1학기 수학 중 가장 중요한 단원입니다.

분수의 나눗셈

6학년 1학기 첫 단원과 6학년 2학기 첫 단원은 '분수의 나눗셈'입니다.

6학년 1학기에는 분수 ÷ 자연수를 배우고, 6학년 2학기에는 분수 ÷ 분수를 배웁니다.

자연수 ÷ 자연수는 초등학교 3학년 때 배웁니다. 예를 들어, 8 ÷ 2 = 4라는 것은 여덟 개의 구슬을 두 사람이 나눠가지면 네 개씩이라고 설명할 수 있습니다. 실생활을 접목해서 접근할 수도 있고 그림으로도 직관적으로 알 수 있습니다.

그런데 분수의 나눗셈은 교구로 설명하기 곤란합니다. 하려면 할 수는 있지만 수가 커지기 때문에 구슬의 숫자가 많아야 하고 구슬을 쪼개야 한다거나 사람 한 명을 $\frac{1}{2}$, $\frac{1}{3}$명으로 나눠야 하는 모순적인 상황이 발생하기도 합니다.

분수의 나눗셈을 계산할 때는 나누는 수를 역수로 만들고 기호를 곱셈으로 바꿉니다. 약분하여 계산하는 것은 쉬우나 왜 그런지 개념을 설명하는 것은 어른도 쉽지 않습니다.

'분수의 나눗셈' 단원에 처음 들어갈 때는 교과서에 있는 그림으로 된 설명을 잘 이해해야 합니다. 다음은 6학년 2학기 수학 교과서 '분수의 나눗셈' 단원의 일부분입니다.

(분수)÷(분수)를 (분수)×(분수)로 나타내어 볼까요

1 준기가 바닷물 $\frac{4}{5}$ L를 빈 통에 담아 보니 통의 $\frac{2}{3}$ 가 찼습니다. 한 통을 가득 채울 수 있는 바닷물의 양은 몇 L인지 알아봅시다.

● 문제의 조건을 바꾸어 생각해 보세요.

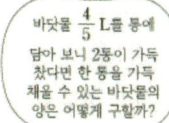

● 위의 대화를 보고 한 통을 가득 채울 수 있는 바닷물의 양을 구하는 식을 써 보세요.

● 한 통을 가득 채울 수 있는 바닷물의 양을 어떻게 구할 수 있는지 이야기해 보세요.

2 $\dfrac{4}{5} \div \dfrac{2}{3}$를 계산하는 방법을 알아봅시다.

• 통의 $\dfrac{1}{3}$을 채울 수 있는 바닷물의 양은 어떻게 구할 수 있나요?

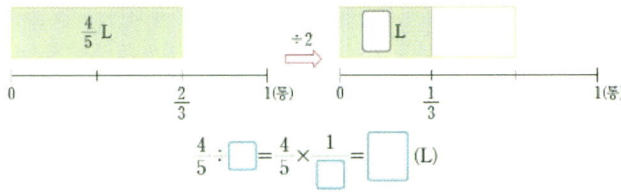

$$\dfrac{4}{5} \div \boxed{} = \dfrac{4}{5} \times \dfrac{1}{\boxed{}} = \boxed{} \text{ (L)}$$

• 한 통을 가득 채울 수 있는 바닷물의 양은 어떻게 구할 수 있나요?

$$\dfrac{4}{5} \times \dfrac{1}{\boxed{}} \times \boxed{} = \boxed{} \text{ (L)}$$

• $\dfrac{4}{5} \div \dfrac{2}{3}$를 $\dfrac{4}{5} \times \dfrac{3}{2}$으로 나타낼 수 있는지 이야기해 보세요.

• (분수)÷(분수)를 (분수)×(분수)로 나타내는 방법을 이야기해 보세요.

3 나눗셈식을 곱셈식으로 나타내어 계산해 봅시다.

$\dfrac{2}{7} \div \dfrac{1}{3}$ $\qquad\qquad$ $\dfrac{8}{9} \div \dfrac{4}{7}$

$\dfrac{5}{6} \div \dfrac{3}{8}$ $\qquad\qquad$ $\dfrac{2}{3} \div \dfrac{5}{9}$

이 두 페이지에 자연수와 분수를 포함한 나눗셈의 모든 개념이 들어가 있습니다. 교과서 18쪽에서 바닷물 $\frac{4}{5}$L를 빈 통에 가득 담아 보니 통의 $\frac{2}{3}$가 찼다고 합니다. 이어지는 학생들의 대화를 통해 자연수로 조건을 바꾸어 쉽게 설명합니다. 만약 바닷물 $\frac{4}{5}$L가 두 통에 가득 찼다면 한 통에 담긴 양은 $\frac{4}{5}$L÷2라고 말이지요. 여기까지는 6학년 1학기 분수의 나눗셈 내용입니다.

문제에서 주어진 대로 2 대신 $\frac{2}{3}$를 대입하여 한 통을 가득 채울 수 있는 바닷물의 양은 $\frac{4}{5}$L÷$\frac{2}{3}$라는 식을 세우도록 유도합니다. 일단 한 통을 가득 채울 수 있는 바닷물의 양을 식으로 세워놓고 다음 페이지로 넘어갑니다.

교과서 19쪽에서는 주어진 바닷물의 양인 $\frac{4}{5}$L를 둘로 나눈 후 세 번 곱한 것이 한 통을 가득 채우는 양이라는 것을 시각적으로 보여줍니다. 결국 우리가 구하는 것인 한 통을 가득 채울 수 있는 바닷물의 양은 $\frac{4}{5}$L×$\frac{3}{2}$이라는 것을 수직선으로 보여주지요.

그리하여 18쪽에서 구한 $\frac{4}{5}$L÷$\frac{2}{3}$와 19쪽에서 구한 $\frac{4}{5}$L×$\frac{3}{2}$이 같다는 것을 보여줍니다.

교과서의 빈 칸을 차근차근 채우며 이해해야 합니다. 교과서는 이 분야의 전문가가 여러 번의 감수를 거쳐 만든 최고의 개념서입니다. 이 한 장을 이해하고 분수의 나눗셈을 역수로 바꾸어 곱셈으로 계산하는 문제 풀이에 들어갑니다.

도형

6학년 1학기 마지막 단원에서 부피 단위가 처음 나옵니다. 직육면체의 부피와 겉넓이 단원은 사칙연산이 관건입니다. 부피 개념도 쉽고, 겉넓이를 구하는 방법도 쉽지만 계산 실수로 오답이 많이 나오는 단원입니다.

6학년 2학기에는 공간과 입체, 원의 넓이, 원기둥, 원뿔, 구 이렇게 도형 단원이 세 파트나 됩니다. 도형은 한 번 배울 때, 폭넓게 알아도 됩니다. 저학년 때 사고력 수학 문제집을 풀면 사칙연산은 교과 수준과 비슷하게 나가더라도, 도형은 고학년 개념까지도 다룹니다. 도형은 알면 알수록 이해가 쉬워집니다.

앞서 한 영상이 끝난 후 다음 영상이 자동 재생되는 유튜브는 저학년에게 좋지 않다고 말씀드렸습니다. 그 시기를 잘 보낸 6학년 학생이라면 도형에 관한 영상을 봐도 좋습니다. 책으로 보면 더 좋고요. 입체도형에 관한 응용 문제를 문제집에서 풀 때 3차원 공간에서의 입체도형 영상을 보여주는 것은 지적 호기심을 자극하게 됩니다. 몇 가지 도움되는 영상을 소개해드립니다.

예

Math Antics - Volume
채널 : mathantics

St Patrick's Day 2D or 3D Shapes: Math Btain Break
채널 : Move and Groove Math

재밌는 4차원 이야기 1편
채널 : 틀깨기수학tv

EBS 클립뱅크 피카소와 입체도형
채널 : EBSDocumentary(EBS 다큐)

* 건축물 수학, 입체도형 등의 키워드로 검색하면 더 다양한 영상을 만날 수 있습니다. 단, 검색 전 환경설정을 통해 유해 콘텐츠에 노출되지 않을 수 있도록 해주세요.

중등 선행은 연산부터 시작하기

6학년이 되면 주변에 많은 친구들이 중등 수학 선행을 시작합니다. 덩달아 마음이 급해집니다. 중등 수학 진도를 나가는 것을 서두를 필요는 없으나 그렇다고 미룰 필요도 없습니다. 초등 수학을 다지고 다져서 완벽하게 해놓지 않아도 중등 수학을 시작할 수 있습니다. 초등학교 5학년 1학기 2단원 '약수와 배수'가 중학교 1학년 1학기 수학과 직접적으로 연결됩니다. 시작하는 시기에 따라 중등 수학 선행 방법을 자세하게 다루어보겠습니다.

초등학교 5학년 때 중등 수학 시작

5학년 친구들 중 아직 6학년 2학기까지 진도가 안 나갔더라도 5학년 심화 문제집을 오답까지 공부했다면, 중등 선행을 시작해도 됩니다. 이는 응용 수준이나 심화 수준으로 진도를 나가는 학생들에게 해당됩니다. 기본 수준으로 5학년 교과를 마무리했다면 중등 선행보다는 5학년 응용 문제집을 더 푸는 것을 권합니다.

    5학년 응용 혹은 심화 문제집을 공부했고 중등 선행을 하고 싶은 친구들은 천천히 중등 연산서부터 풀어봅니다. 6학년 교과 내용은 마음만 먹으면 석 달 안에 응용서로 정리할 수 있습니다. 6학년 《유형 해결의 법칙》 혹은 《개념 플러스 유형 - 파워》로 초등 교과 내용을 정리하면서 중등 연산 문제집을 같이 풀면 됩니다. 물론 비중은 6학년 응용 문제집에 더 두어야 합니다. 6학년 수학은 5학년 수학보다 난이도가 낮기 때문에 6학년 응용서를 집중해서 짧고 굵게 푼다는 마음으로 임해야 합니다.

    거의 모든 출판사에서 중등 연산 문제집이 나옵니다. 《기탄수학》,

《빅터 연산》,《연산으로 강해지는 수학》,《쎈 연산》,《수력충전 연산》,《더블클릭》 등이 있습니다. 중등 연산 문제집은 5학년 '약수와 배수' 단원의 복습부터 시작합니다. 5학년 교과 내용의 확장이더라도 일단 중등 연산 문제집을 시작하면 '나도 이제 중학생 준비를 한다'는 마음가짐이 생깁니다.

연산 교재 중 《기탄수학》은 중학교 1학년 1학기의 내용이 다섯 권에 걸쳐 K1부터 K5까지 나옵니다. K2부터 K4를 풀고 나서 중등 수학 1학년 1학기 개념서를 들어가면 좋습니다. 개념서 중 가장 자세하게 개념 설명이 되어 있는 것은 《개념원리》와 《투탑 수학》입니다.

초등학교 6학년 여름방학 때 중등 수학 시작

대형 학원을 다니는 6학년 학생들은 2학기의 시작, 9월부터 영어도 수학도 중학생 시간대로 옮겨갑니다. 사교육 시장에서는 6학년 2학기는 초등학생이 아닌 예비중으로 불립니다. 이러한 분위기 때문에 대부분의 학생들이 6학년 여름방학 때 중등 수학을 시작합니다. 이때는 6학년 교과 내용을 다 마무리짓고 중등 연산부터 시작합니다. 6학년 내용은 도형과 연산이 많기 때문에 빠르게 집중해서 공부할 수 있습니다.

6학년 여름방학 때 중등 선행을 시작하는 학생이라면 한 학기가 한 권으로 된 연산서인 《쎈 연산》 중등 수학과 《빅터연산》 중학 수학을 추천합니다. 《체크체크 베이직》 중등 수학도 개념과 연산이 같이 나옵니다. 6학년 심화 문제집을 풀면서 중등 연산서를 풀어도 되지만 심화 없이 응용서로 6학년을 마무리하고 바로 본격적인 중등 수학에 들어가도 됩니다.

중등 연산서는 3주에 한 권 기준으로, 아주 빠른 속도로 1학년 1학기를 한 권 풀고 다시 1학년 1학기 중등 개념서를 풉니다. 중등 수학은 새로운 개념이 많아서 몇 번씩 반복해야 한다는 말도 있지만, 처음부터 꼼꼼하게 하면 예습과 복습으로 충분합니다. 중등 수학은 개념서 한 권에 유형서 두 권, 혹은 개념서 두 권에 유형서 심화서 각 한 권씩이면 충분합니다.

초등학교 6학년 겨울방학 때 중등 수학 시작

초등학교 6학년 겨울방학은 중학생이나 다름없습니다. 이제 몇 달 뒤면 중학교 1학년 1학기 중간고사를 치릅니다. 대부분의 학교는 4월 말부터 중간고사 기간이 시작됩니다. 자유학기제라서 1학년 때는 시험을 치지 않는 학교도 있고 1학년에는 기말고사만 치는 학교도 있지만, 단원평가나 수행평가처럼 어떤 방식으로든 4월 말부터는 평가를 치르게 됩니다.

6학년 겨울방학 12월에 중등 수학을 시작하면 4월 초까지 3단원 '문자와 식'까지 유형서로 공부를 완성할 수 있습니다. 철처한 내신 대비는 개념서 1회독과 유형서 1회독, 그리고 오답 노트와 교과서, 학교 프린트물 풀기입니다. 막상 중간고사 기간이 닥치면 영어 수학 외에 암기 과목에 비중을 많이 두어야 하므로 수학은 미리 공부해 놓는 것이 좋습니다.

 3개월 동안 개념서와 유형서를 풀 수 있도록 스스로 계획을 세워 봅니다. 초등학교 때 고등학교 수학을 배운다고 으스대는 친구들이 있더라도 내신시험에서는 모두가 겸손해야 합니다. 교과 수업을 가르치는 학교 수학 선생님이 강조하는 내용이 내신시험과 수행평가에 그대로 출제됩니다. 여러 번 반복한 말이지만 진짜 실력은 현행 실력입니다.

6학년 단계별 문제집 정하기

이제까지 3, 4, 5학년은 문제집을 교과 기본 중심 혹은 교과 응용 중심으로 공부하는 친구들 대상으로 소개했습니다. 6학년에는 교과 심화 중심으로 공부하는 친구들 대상으로 소개해보겠습니다. 아이마다 진도도 다르고 수준도 다르기 때문에 기본, 응용, 심화 중 본인에게 맞는 수준의 문제집을 선택해야 합니다.

5학년 겨울방학	응용서 6-2 (방학 동안 한 권 완성, 몰입 공부)
6학년 1학기	《쎈 연산》 중등 수학 1-1 완성 후 《개념원리》 중학수학 1-1 시작 5학년 때 심화서 풀었다면 《최강 TOT》 6단계 시작
6학년 여름방학	《개념원리》 중학 수학 1-1 완성 《최강 TOT》 6단계 계속
6학년 2학기	《개념 해결의 법칙》 중학 수학 1-2 완성 《최강 TOT》 6단계 완성(패스하고 중등 수학을 해도 되지만 심화 수준 학생들은 《최강 TOT》나 경시대회 기출 문제집 풀면서 극심화 공부하는 것을 추천)
6학년 겨울방학	중등 유형서 《쎈》 중등 수학 1-2 시작

중등 수학 교재도 다양합니다. 여러 가지 출판사 중 신사고, 개념원리, 비상교육, 천재교육 교재를 많이 씁니다. 같은 출판사 안에서도 유형별 여러 교재가 나오고 촘촘하게 나누어져 있습니다. 중학교 대비를 하면서 기본서, 응용서를 출판사마다 돌아가며 풀어봐야 나에게 맞는 스타일을 찾을 수 있습니다. 그래서 위의 표에서도 중등 1학년 기본서를 1학기는 《개념원리》로, 2학기는 《개념 해결의 법칙》으로 추천해보았습니다.

5학년 이후부터는 수학 공부 시간이 하루에 두 시간 이상이 됩니다. 이 기준은 학원을 다니지 않는 친구들일 경우입니다. 만약 학원을 다닌다면 일단 주 3회 두 시간씩, 혹은 주 2회 세 시간씩 총 일주일에 여섯 시간을 기본적으로 수학 학원에 투자합니다. 그리고 집에서 하루에 한 시간 이상 학원 숙제를 해야 합니다. 학원을 다니는 친구들과 비교해봤을 때, 집에서 문제집으로만 공부할 때는 하루에 두 시간 이상 하는 수학 공부가 결코 많은 것이 아닙니다.

수학은 괴로운 학문이 맞습니다. 상위권, 중위권, 하위권 학생 모두 학창 시절 내내 수학에 투자하는 시간이 가장 깁니다. 잘하면 잘하는 대로 못하면 못하는 대로 수학 공부에 시간과 노력을 투자합니다.

수학은 괴롭지만 그 열매는 달콤합니다. 수학을 잘한다, 수학이 발목 잡지 않는다, 수학 2등급 이상은 항상 유지한다, 수학 1등급이 목표다 이런 말을 하면서 고3을 보낼 수만 있다면, 비록 지금 힘들어도 공부해야 할 가치가 충분히 있습니다.

6학년, 자기효능감이 중요하다!

초등학교 4학년 체육시간에 앞구르기, 뒷구르기, 옆돌기를 합니다. 저희 아이 말로는 앞구르기는 반 친구들이 거의 다 성공하는데 뒷구르기는 열 명 남짓, 옆돌기는 세 명 남짓 성공한다고 합니다. 체육관 매트 위에서 친구가 뒷구르기하는 것을 보면서 차례를 기다리는 마음속이 제각각 다를 것입니다. 그중 '어렵겠다. 나는 아마 못할 거야'라고 마음을 먹은 친구가 성공할 수 있을까요? 아마 성공하기 어려울 거예요. 할 수 있다고 다짐해도 어려운데 미리 겁부터 먹으면 더 하기 어렵습니다.

자기효능감은 캐나다의 사회학습이론의 창시자인 앨버트 반두라 Albert Bandura가 제시한 개념입니다. ==자기효능감이란 개인이 결과를 얻는 데 필요한 행동을 성공적으로 수행할 수 있는 기술에 대한 신념입니다.== 즉, 문제 해결이나 목표달성을 위해 내가 하고 있는 이 작업이 분명히 효과가 좋을 것이라는 믿음입니다. 목표달성에 대한 어렴풋하고 긍정적인 상상이 아니라 구체적이고 실제적인 기술을 포함하는 것입니다.

앞서 말한 뒷구르기를 예로 들면, 실제로 학생들이 매트 위에서 뒷구르기를 하기 전에 선생님께서 영상으로 자세를 보여주고 시범도 보여주며 턱을 당겨서 목을 숙여야 한다는 것도 강조합니다. 자기효능감은 뒷구르기의 방법을 숙지하고, 이 방법으로 하면 성공할 수 있겠다는 믿음입니다. 설령 학교에서 실패했다 하더라도 집에서 이불을 깔아놓고 연습한다면 자기효능감을 높일 수 있습니다. "성공할 거야, 할 수 있어", "이 방법으로 하니까 되는구나!"라는 마음입니다. 자기효능감이 높은 사람과 자기효능감이 낮은 사람의 결과는 차이가 날 수밖에 없습니다. 근거 없는 자신감이 아니라 이러이러한 방법으로 하면 나도 충분히 해낼 수 있다는 합리적인 자신감입니다.

자기효능감은 타고날 수도 있지만 발전시킬 수도 있습니다. 앨버트 반두라가 제시하는 가장 효율적인 방법은 쉬운 과제로부터 성공 경험을 점진적으로 쌓는 것입니다. 그리고 과제 난도를 높여나가면 내가 수행하는 방법이 맞다는 것을 믿게 되는 것입니다.

　엄마표 수학을 하면서 기본서를 풀고, 응용서를 풀고, 심화 문제에 도전하는 일련의 과정들이 자기효능감을 증진시키는 방법입니다. 애를 써서 완북한 수학 문제집은 "나도 하면 된다"라는 자기효능감의 출발입니다. 아이들은 현재의 과정을 객관적으로 바라보는 시선이 부족하기 때문에 엄마가 옆에서 도와줘야 합니다. 오늘의 공부량, 일주일의 공부량처럼 작은 목표를 해낸 경험은 어떤 잔소리보다 강력한 힘을 발휘합니다.

　5학년에서 제시한 목표 정하기가 몸에 배었다면 6학년에서는 단기 목표를 성공적으로 수행하는 것에 중점을 둡니다. 6학년은 초등학생 중 최고 학년이면서 중학교 입학을 앞두었기 때문에 마음가짐을 달리할 수 있는 좋은 기회입니다. 성공 경험은 자기효능감을 증진시키는 가장 좋은 방법입니다. 단기 목표를 하나씩 채워나가서 "나는 할 수 있다"라는 긍정적인 경험을 할 수 있게 도와주세요.

진단 문제
6학년 수학 능력 점검

문제 다음의 빈 칸에 알맞은 단어를 쓰세요

각뿔은 □□의 모양에 따라 삼각뿔, 사각뿔, 오각뿔 … 이라고 합니다. 각뿔에서 면과 면이 만나는 선분을 □□□라 합니다. 각뿔의 꼭짓점에서 밑면에 수직인 선분의 길이를 □□라고 합니다.
원그래프에서 백분율의 합계는 □□□입니다.
비례식에서 □항의 곱과 □항의 곱은 같습니다.
원주율 = □□ ÷ 지름

풀이 개념을 바르게 아는 것은 문제 풀이의 기초가 됩니다. 위의 문제는 교과서에 나오는 문장을 발췌한 것이기 때문에 하나도 빠짐없이 알고 있어야 합니다.

각뿔은 **밑면**의 모양에 따라 삼각뿔, 사각뿔, 오각뿔 … 이라고 합니다. 각뿔에서 면과 면이 만나는 선분을 **모서리**라 합니다. 각뿔의 꼭짓점에서 밑면에 수직인 선분의 길이를 **높이**라고 합니다.

원그래프에서 백분율의 합계는 **100**입니다.

비례식에서 **내**항의 곱과 **외**항의 곱은 같습니다.

원주율 = **원주** ÷ 지름

 **칼럼**

전문가 성향을 가진 아이, 성적이 아니라 아이를 믿고 응원해주세요

어릴 때부터 봐오던 지인의 아들이 있습니다. 어린이집을 다니던 시절부터 알고 지냈고, 우리 큰 아이와 나이가 같아서 자라는 모습을 계속 보았습니다. 이 아이는 제가 특별히 앞으로 성인이 되어 자립할 때의 모습을 기대하는 아이입니다.

그 유명한 엄친아일까요?

아닙니다.

지인은 저를 만날 때마다 아들을 걱정합니다.

"영어 학원은 동네 작은 보습 학원 겨우 다녀. 수학 학원은 다니기 싫대. 공부는 언제 하려나."

그런데 저는 정말 이 아이가 전혀 걱정이 안 됩니다. 중학생을 지나 고등학생이 되면 제 몫을 할 것이 분명하기 때문이지요. 이유가 있습니다. 아이는 어릴 때부터 하나에 꽂히면 깊게 파고들었습니다.

아이가 여섯 살 무렵 지인의 집에 놀러 갔을 때였습니다. 거실 전체를 휘감은 기찻길을 보고 깜짝 놀랐습니다. 어린 아이가 만들기에 정교하고 복잡한 철로였습니다. 거기에 처음 놀라고 두 번째로는 거실을 치우지 않고 마음껏 놀게 만든 엄마에게 놀랐습니다. 아이가 기차에 흠뻑 빠지는 시기에 거실을 내어주는 넓은 마음을 배웠습니다. 이 아이는 이후 초등학교 시절 몇 년간은 레고에 빠졌습니다. 수준 높은 레고 테크닉까지 섭렵한 지인의 아들은 유튜브로 혼자 조작법을 깨우쳐서 작동시켰습니다. 이제 중학생이 된 그 아들은 아버지와 자전거로 국토 종주를 합니다. 주말마다 구간별 종주 포인트로 이동해서 50킬로미터를 다섯 시간씩 자전거 도로로 달립니다. 아버지와 지도를 보고 다음 포인트에 가서 사진 기록을 남깁니다. 지난 방학에는 4박5일에 걸쳐 4대강 국토 종주까지 했습니다. 엉덩이가 아프고 발가락에 물집이 잡혀도 결국 자전거 종주를 해냈더라고요. 집에 있는 동안은 자전거를 연구하고, 피아노를 치면서 스트레스를 풀고, 심심할 땐 컴퓨터 앞에 앉아 네이버 지도로 전국 지리를 구경하는 게 취미입니다.

이런 아이를 걱정해야 할까요?

하고 싶은 것이 명확하게 있는 아이는 축복입니다. 본인이 즐기면서 하면 깊이가 남달라집니다. 무엇이든 흠뻑 빠지는 성향은 타고나는 것입니다. 부모는 기다려주기만 하면 됩니다. 어떤 일에 전문가가 되는 것은 학교 성적과 관계없습니다. 이런 전문가 성향의 아이들은 자라면서 점점 더 진가를 발휘할 것입니다. 부모가 보기에 친구들과 비교하면 학교 생활이 못 미더울 수 있습니다. 하지만 자부심을 가지고 지켜봐주세요.

  또 다른 말로 하면 대부분의 아이들, 90퍼센트 이상의 아이들은 전문가 성향이 아닙니다. 이것도 꽤 하고 저것도 꽤 하지만 깊게 몰입하는 단계까지는 가지 못합니다. 저희 아이들도 마찬가지고요. 이런 대부분의 아이들을 위해 학교가 존재하고 커리큘럼이 있는 것입니다. 몇 학년에는 무엇을 배우고, 몇 학년에는 또 무엇을 배워서 성인까지 내가 잘 할 수 있는 일을 잘 탐색해보자는 뜻입니다. 그 평범한 길에 가장 제일은 성실입니다. 우리가 오늘 할 일을 하고 내일을 준비하는 이유입니다.

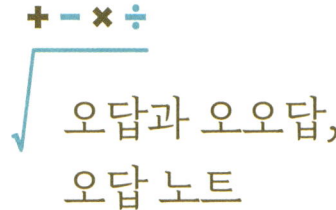

오답과 오오답, 오답 노트

사람들은 의외로 아는 것을 열심히 공부합니다. 어른들도 그렇습니다. 예를 들어 부모인 우리가 인문학이나 역사서 같은 교양서를 읽는다고 생각해봅시다.

'소크라테스, 잘 알지. 네 자신을 알라. 그렇지.'

'공자 맹자 순자라… 다 들어봤지. 중학교 도덕시간에 배웠나? 이거 외운다고 꽤나 고생했었지.'

'제2차 세계대전은 독일에서? 그렇지, 일본이 제2차 세계대전에서 패해서 우리나라가 해방됐지, 그렇지 그렇지.'

부모님은 교양서를 읽으면서 고개를 끄덕끄덕합니다. 스스로 알고 있던 지식을 매끄럽게 다듬는 경험을 하게 됩니다. 지식이 차근

차근 쌓이는 기분이 듭니다.

그런데 책장을 넘길수록 내용이 난해해집니다.

'질 들뢰즈? 포스트 구조주의? 파라노이아형 인간, 이게 무슨 말인가. 철학을 가볍게 소개하는 책인 줄 알았는데… 생전 처음 보는 이런 부분까지 읽어야 할까?'

'로마 제국의 말기에 등장한 황제, 디오클레티아누스는 니코메디아를 수도로 삼고 소아시아에서 이집트까지 다스렸다…. 콘스탄티누스, 막시미아누스, 아… 더 이상은 못 읽겠어. 아무것도 머리에 남지 않아.'

철학서나 역사서를 읽는 저의 솔직한 머릿속이랍니다.

사실 이미 알고 있는 소크라테스나 공자, 제2차 세계대전은 책장을 훌훌 넘기고, 듣도 보도 못한 들뢰즈나 디오클레티아누스를 열심히 읽는 것이 맞습니다. 하지만 대부분은 아는 것을 만나면 눈이 반짝반짝하여 뇌에 신호가 오고 반가운 마음이 듭니다. 그러다가 이해가 안되고 어려워지면 한숨이 나오면서 눈앞이 흐려집니다. 아이들이 푸는 수학도 마찬가지입니다.

오답 노트를 해야 하는 이유

수학 문제집을 풀 때, 문제가 술술 풀리면 기운이 납니다. 오늘은 오래 걸리지 않고 다 풀겠다는 희망도 생깁니다. 그러다가 어려운 문제를 맞닥뜨리면 가슴이 답답하고 한숨이 나옵니다. 어려운 문제, 이해가 잘 안되는 문제, 별표 문제를 연달아 풀고 나면 포기하고 싶겠죠. 그래도 부모와 한 약속을 끝까지 지키는 아이들이 참 대견합니다.

'오답을 한다'는 것은 틀린 문제만 모아서 따로 풀어보는 것입니다. 오늘 공부가 끝나고 한 번, 문제집 한 권이 끝났을 때 다시 한 번, 오답 정리를 합니다. 계산 실수로 틀린 것은 제외하고 처음 풀 때 별표 친 문제와 몰라서 틀린 문제, 그리고 생각 실수로 틀린 문제가 오답 정리 대상입니다. 그러므로 오답 정리를 하기 위해서, 평소 문제집을 채점할 때는 별표 문제와 계산 실수 문제, 몰라서 틀린 문제, 생각 실수로 틀린 문제를 잘 표시해두어야 합니다.

평소에 문제집을 풀고 바로 채점을 한 뒤, 틀린 문제를 다시 풀면 순간적으로 알게 되었다는 착각이 듭니다. 부모님의 힌트나 해설지의 도움을 받았기 때문이지요. 하지만 며칠 지나서 풀어보면 그 문제는 여전히 어렵습니다. 오늘 틀린 문제를 해결하는 것은 오답 정리가 아니라 오늘 공부에 포함입니다.

문제집을 완북하고 오답만 모아서 푸는 것이 오답 정리를 하는 것이고, 그 공책은 오답 공책, 오답 노트라고 부릅니다. 오답 노트를 풀다 보면 다 똑같이 어려운 것이 아닙니다. 다시 풀어도 어려운 문제도 있지만 그중에는 아는 문제나 쉬운 문제가 나옵니다. 본인의 수학적 능력이 향상되었기 때문입니다.

이 방식을 '오답을 체에 거른다'고 표현해볼까요?

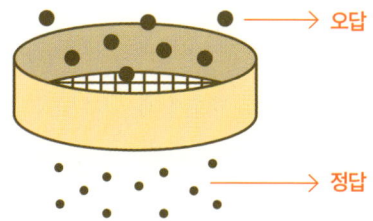

문제집을 처음 풀면 체에 걸리는 오답이 많습니다.

그렇지만 문제집 한 권이 끝나고 오답만 모아서 다시 풀어보면 그중 몇 문제는 쉽게 느껴집니다. 앞에서 말한 '아는 것에는 눈이 반짝반짝하고 모르는 것은 힘들다' 기억하시지요?

지난번에는 분명히 몰랐는데, 오답만 모아서 풀다 보면 몇 문제는 아는 문제가 되어 있습니다. 그런 문제는 체에 걸리지 않고 정답으로 내려갑니다. 체에 걸려 있던 오답의 양이 줄었습니다. 제가 많은 공감을 하면서 읽었던 고대원 선생님의 《대치동 수학 공부의 비밀》에도 중등 상위권 학생들의 오답 체크에 관해 다룬 부분이 있습니다. 중학생 대상 학원에서 틀린 문제만 모아서 치는 오답 시험도 4회는 해야 아는 문제가 된다고 했습니다.

문제집을 푸는 이유는 내가 아는 것만 확인하고 아는 것으로 끝나는 것이 아니라 모르는 것을 확인하고 알아가는 것이기 때문입니다. 결국 오답을 하는 이유는 문제집을 푸는 이유와 같습니다.

앞서 문제집을 정하는 기준을 설명했습니다. 정답률 70퍼센트라는 기준은 완북 후에 오답을 할 때 알맞은 양이기 때문입니다.

오답 정리를 할 때 다시 풀어도 여전히 모르는 문제가 있습니다. 그런 문제는 다시 공부하면 됩니다. 오답 노트를 한 번 더 하는 것이 오오답입니다. 이젠 오답을 거르는 체에 얼마나 남아 있을까요? 한 문제도 남지 않을 때까지 하면 좋겠지만, 초등학생에게는 이릅니다. 반복할 기회가 있으니까요.

만약 지금 고등학생이고 교재가 본인의 수준에 맞는 문제집이라면 오답 체에 걸리는 문제가 하나도 없도록 계속 반복하는 것이 좋습니다. 하지만 초등학생은 문제집 완북 후에 오답, 오오답까지 하면 대체로 만족할 만합니다. 그 이후에 부족한 부분은 응용서, 심화서, 다음 학기, 다음 학년에서 채워집니다.

저는 오답에 오오답까지 한 문제집은 속된 말로 '뿌시기'라고 표현합니다.

"둘째야, 우리 오늘 4학년 2학기 최상위 뿌시기 성공했다!"

오답 노트를 하는 구체적인 방법

오답 노트는 4학년 이상 응용, 심화 수준으로 공부하는 학생부터 시작합니다. 오답을 하는 방법은 문제집 한 권이 끝날 때마다 하고, 오오답은 오답 노트를 다 풀어본 후에 합니다. 1차 오답을 할 때 해결된 문제는 이제 정답으로 넘어갑니다. 2차 오오답에서는 1차 오답을 할 때도 잘 몰랐던 문제만 합니다. 오답 노트를 쓰는 방법을 표로 정리하면 다음과 같습니다.

오늘 공부	오늘 분량 완성 후 채점	→ 틀린 문제 다시 풀기
	다시 채점	→ 틀린 문제 엄마와 공부 충분히 생각할 시간을 줄 것 엄마가 설명하기 어려우면 정답지 세 줄 읽어주기
오답	문제집 한 권을 다 풀고 나서 오답하는 날 일주일 정하기	→ 단순 계산 실수는 패스 지금부터 진짜 공부라는 것을 명심 엄마가 오답 노트를 만들어준다
오오답	오답 노트 다 풀고 다시 돌아가서 오오답	→ 정말 어려운 문제만 남아 있기 때문에 힘든 과정이다. 고학년부터 할 것

초등 오답 노트 예

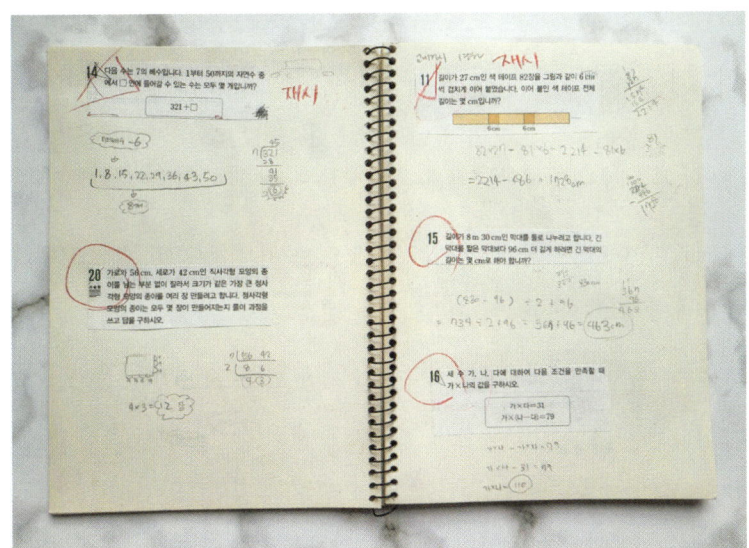

초등학교 2학년까지는 교과 문제집을 추천하지 않습니다. 사고력 문제집과 연산 문제집만 풀 때는 오답을 하지 않습니다. 그날 익힌 것으로 조금씩 쌓입니다. 이때는 반복보다는 다양한 문제를 푸는 것이 중요합니다.

교과 문제집을 처음 푸는 3학년 때는 문제집 완북을 목표로 하고 4학년부터 오답 노트를 만드는 것을 추천합니다. 오답 노트는 오려 붙이기가 가장 좋습니다.(249쪽 참고)

스프링 노트에 틀린 것을 오려 붙였는데, 앞뒤로 틀린 부분도 많아서 엄마인 제 손이 더 많이 갔습니다. 앞뒤로 동시에 틀린 부분은 글밥이 적은 쪽을 볼펜으로 옮겨 적기도 하고, 단순 계산 실수면 뛰어넘기도 했습니다. 만들고 나면 문제집은 너덜너덜해져서 버려야 하는데, 답지는 절대 버리면 안되겠죠. 오답 노트의 각 장마다 몇 페이지 몇 번 문제인지 볼펜으로 써야 합니다. 그렇지 않으면 채점할 수가 없습니다. 이렇게 만든 오답 노트는 하루에 열두 문제씩 풀다 보면 1, 2주일 정도 걸립니다.

물론 교재를 새로 한 권을 더 사서 오답만 풀어보는 것도 좋습니다. 저는 그러기엔 교재비가 부담이 되어서 이렇게 고생스러워도 노트에 붙였습니다. 지나고 보니 추억이 되네요. 디딤돌교육 교재라면 홈페이지에 들어가 보세요. 'T클래스' 카테고리에서 문제를 다운받을 수 있습니다.

중등 오답 노트 예

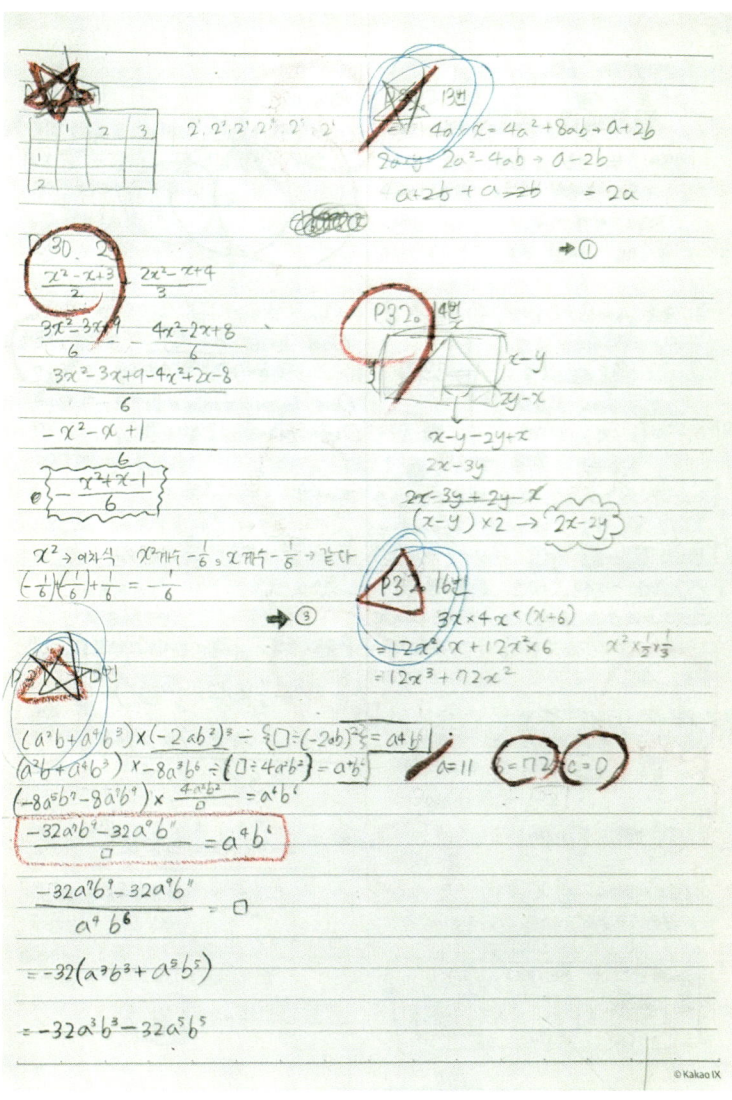

6학년에는 보통 중등 수학을 들어가기 때문에 오답 노트를 공책에 풉니다. 스스로 오답 노트를 해야 하는 이유를 알고 있으므로 문제집에 처음 푼 풀이를 연습장으로 가리고 다시 풀어봅니다. 이 문제를 몰라서 다시 풀고 있다는 것, 이 문제를 새롭게 풀어서 이번에는 맞춰야 넘어갈 수 있다는 것을 이해할 수 있는 나이입니다. 특히 중등 문제집은 한 페이지에 문제 수가 많고 촘촘하기 때문에 오려 붙이는 오답 노트는 만들기 어렵습니다.

그리고 이 시기에는 문제집에 있는 개념을 다시 찾아봐야 하기 때문에, 문제집을 가위로 잘라 너덜너덜하게 만들면 안 됩니다. 오답 노트 예(251쪽)를 보면 어떻게 정리해야 할지 감을 잡을 수 있을 거예요.

현행 오오답은 훌륭한 시험 대비

앞서 제시한 '수학 공부 로드맵'(18쪽)에 따라 교재 공부를 하다 보면 다음 학기 예습을 위주로 진행하기 때문에, 현재는 1학기인데 가정에서 문제집은 2학기를 풀고 있는 경우가 많습니다. 학교에서 단원평가를 친다거나, 학원 레벨 테스트를 보러 가야 할 때 지금 푸는 문제집과 진도가 맞지 않습니다. 그럴 때 정리해둔 오답 노트를 꺼

냅니다.

초등학교 단원평가라면 아주 어려웠던 별표 세 개 경시대비 문제는 뛰어넘어도 되겠죠. 부모님이 쭉 훑어보고 적당한 문제를 다섯 개에서 열 개 정도 골라주세요. 이미 지난 학기에 공부한 내용이기 때문에 기본부터 준비하는 것이 아니라 오답만 풀어보는 것입니다. 그중에 모르는 것이 있으면 다시 공부하면 됩니다. 오답 노트를 보면서 작년 혹은 지난 학기에 공부한 것을 떠올리는 것은 아주 좋은 복습입니다. 또한 시간이 절약되는 효과적인 단원평가 대비입니다.

학원 레벨 테스트를 대비할 때도, 오답 노트는 훌륭한 교재가 됩니다. 내가 틀렸던 문제, 어느 정도 난이도가 있는 문제들로만 모여 있기 때문이죠. "이런 문제 시험에 나올 것 같아!"라고 말하며 아이에게 직접 골라서 다시 풀어보라고 해보세요. **미래에 중학생, 고등학생이 되면 자기주도로 이렇게 공부해야 하지만 초등학생 때는 부모가 공부 방법을 알려줄 필요가 있습니다.**

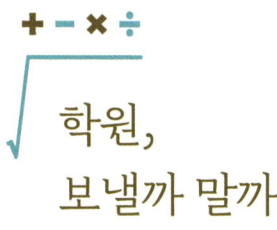

학원, 보낼까 말까

수학 학원이 참 다양하게 있습니다. 대형 학원 중에는 스무 명이 넘는 스펙 좋은 강사진에, 레벨별, 학년별, 진도별로 촘촘하게 수업이 개설되어 있고 건물의 네 개 층을 동시에 사용하는 학원이 있기도 합니다. 대단지 아파트에는 정문 후문 상가마다 작은 학원부터 중형 학원이 몇 개씩 있고, 아파트 단지 안에는 집에서 직접 가르치는 공부방도 있습니다. 학원은 많은데 막상 내 아이를 보내려고 하면 보낼 학원이 없다고들 합니다. 이것저것 다 만족하는 학원이 없기 때문이겠지요. 진도와 과제도 적당하면서 학부모 피드백도 잘해주고 부족한 부분 클리닉 수업도 해주면서 우리 아이 마음까지 보살펴주는 보석 같은 학원이 어디에 숨어 있을까요.

사고력 학원

사교육을 일찍부터 시작한 친구들은 이미 6세부터 사고력 수학, 놀이 수학, 팩토, 오르다, 씨매쓰, 소마, cms를 다닙니다. 하지만 7세부터 2학년까지는 학원에 가지 않고 시중에 나온 훌륭한 사고력 교재로 집에서도 공부할 수 있습니다.

미취학 혹은 1, 2학년에 다니는 사고력 학원은 중·고등학교 수학교과 성적과 전혀 관계가 없습니다. 언급하기 불편한 내용일 수도 있지만 제 생각은 변함이 없습니다. 덧셈, 뺄셈, 곱셈을 교구를 활용해 놀이로 배운다고 해서 수학적 사고력이 확장되지도 않으며 고학년이 되어 심화 문제를 푸는 데도 도움이 되지도 않습니다.

수학적 사고력이란 문제 풀이를 할 때 깊이 있는 심화 문제를 끝까지 파고드는 끈기가 전제되어야 합니다. 미취학 아동이나 1, 2학년에는 그럴 만한 끈기가 없습니다. 공부에 대한 끈기가 없는 것이 지극히 정상이에요. 다만 친구들과 선생님과 함께 즐겁게 사고력 수업을 한다면 재미있었던 그 시간 자체로 의미 있는 것입니다.

사고력 학원은 2학년에서 5학년 사이에 다니는 것을 추천합니다. 중급 이상의 난이도로 다양한 문제를 접해볼 수 있습니다. 그 이후에도 다니면 좋겠지만 교과와 병행하기가 힘듭니다. 아이가 즐기고 경제적 시간적 여유가 된다면 계속 다녀도 좋습니다. 하지만 주변에 학원이 없거나 물리적으로 여건이 힘들어서 사고력 학원을 다니지 않더라도 시중에 좋은 교재가 많습니다. 2학년 겨울방학까지 《팩토》 2를 끝까지 풀고 3학년부터는 《문제 해결의 길잡이》와 같은 교과 심화 수준의 사고력 기반 서술형 문제집을 풀면 됩니다.

앞에서 다루었듯이 사고력 수학의 목적은 수학에 대한 흥미 유발, 긴 풀이를 이기는 법, 다양한 문제 만나기에 있습니다. 수학을 좋아하고 즐기는 아이는 사고력 수학이 100배의 효과가 나지만, 수학이 어려운 아이는 사고력 수학으로는 즉각적인 성적 향상의 효과를 볼 수 없기에 교과 수학으로 정면돌파 해야 합니다.

교과 학원

Chapter 3의 '학년별 수학 공부 : 3학년'에서 학원에 대하여 언급했습니다. 그때 제가 말씀드린 건 "엄마와 매일 공부 루틴을 만들어 집에서 규칙적으로 공부를 해보고 난 후에 학원을 가야 한다"는 것이었습니다. 공부를 해보지도 않고 학원부터 가면 쏟아지는 학원 숙제에 질려서 수학을 싫어하게 될 수도 있습니다. 숙제가 없거나 숙제의 분량이 적다면 더더욱 학원이 소용이 없겠죠. 수학은 문제 풀이의 학문입니다.

수학 학원의 목적은 적절한 양의 숙제를 해내는 것, 그리고 늘어지지 않게 진도를 나가는 것입니다. 이 두 가지가 우리가 학원에 기꺼이 교육비를 지불하는 이유입니다.

학원에서 도움을 받으려면 학원에서 나가는 진도에 맞춰 숙제를 해야 합니다. 하루도 빠지지 않고 숙제를 하고 오답은 고치고, 모르는 것은 아는 것으로 해결하면 됩니다. 하지만 대형 학원의 현실은 진도도 빠르고 숙제도 많습니다. 혹여나 학원에 검사받기 위해 모르는 문제를 모르는 채로 두고 다음 숙제를 하고 다음 단원으로 넘어가는 것은 이미 주객이 전도된 것이지요.

수학 학원에서 칠판에 문제를 풀어주는 강의식 수업은 최소한으로 이루어져야 합니다. 영화관에서 팝콘을 먹으며 영화 보는 것과 다를 것이 없습니다. 수학은 듣는 공부가 아니라 푸는 공부입니다. 선생님들이 열심히 안 가르치는 것이 아닙니다. 목에 피를 토하면서 수학 문제 풀이를 설명해줘도 듣고만 있으면 아무것도 남지 않습니다. 차라리 그 시간에 다섯 문제 더 풀어보는 것이 낫습니다.

생각해보세요. 내 아이가 앉아 있는 학원 자리에 엄마가 대신 들어가서 수업을 듣는다고요. 지겹습니다. 집중하기 힘들죠. 하물며 겨우 열 살 남짓한 아이에게 그 자리에서 배운 것을 머릿속에 다 넣고 오라는 것은 과한 욕심입니다.

현행이라면 가장 좋은 개념 설명은 교과서이고, 선행이라면 개념서에 친절하게 설명이 되어 있습니다. 제 학년이나 다음 학기 개념서의 설명 부분은 혼자 읽고 이해할 수 있습니다. 아이가 제 학년의 개념서를 읽고 이해하지 못하겠다고 하는 말은 이해하기 싫고 귀찮다는 말로 생각하면 됩니다. 그 하기 싫고 귀찮은 것을 이해해야 뒤에 이어지는 문제를 풀 수 있습니다.

학원에 가면 개념을 쉬운 말로 설명해준다고 하지만 사실 남의 말을 15분 이상 집중해서 듣기는 힘이 듭니다. 예능도 아니고 이야기도 아니고 수학 개념이라면 더욱 더 그렇습니다. ==개념서의 설명을 눈으로 읽고 이해한 뒤, 이어지는 기본 문제를 푸는 것이 초등 수학 공부의 기본입니다.== 문제는 직접 풀고 스스로 깨달아야 합니다. 그래도 수학 학원에 대한 고민이 들면 장점과 단점을 한번 체크해보기 바랍니다.

여러 가지 이유로 부모가 문제집을 봐줄 수 없다거나 꼭 학원을 보내야 하는 상황도 있습니다. 그렇다면 최대한 공부방이나 소수 정예로 즉각적인 소통이 되는 학원에 보내길 권합니다. 초등 시기에는 부모의 마음으로 내 아이의 장점을 바라보는 선생님이 중요합니다. 현행을 하든 선행을 하든 심화를 하든 학원을 정하고 상담할 때는 "모르는 것을 알고 넘어가는 것을 가장 중요하게 생각합니다"라고 말해주세요. 레벨은 중요하지 않습니다.

수학 학원의 장점과 단점을 정리해봤습니다.

장점
전문적으로 개념 설명 듣기 가능
숙제로 인한 강제적 학습 가능
체계적인 진도 가능
불안한 마음 해소
문제 풀이의 스킬을 배울 수 있다

단점
정확한 레벨에 들어갈 수 있을까
학원 다녀오는 시간을 제외하고도 충분한 숙제 시간을 가질 수 있을까
교육비 부담
지금부터 시작해서 고3까지 쭉 다닐 수 있을까 아니라면 언제 쉬고 언제 다닐 것인지 장기 플랜 필요
좋은 학원, 좋은 선생님을 만날 수 있을까
오답 체크 꼼꼼하게 가능할까
아이가 느낄 스트레스는 적정한가
문제 풀이 스킬만 배울 수 있다

빈칸에는 떠오르는 고민들을 더 적어보세요.

내 아이는 부모가 가장 잘 압니다. 지금이 수학 학원에 가야 할 때라면 가야 합니다. 교육비와 시간이 아깝지 않도록 열심히 숙제를 하도록 가정에서 도와주세요.

테스트 경험하기

저희 아이는 한국수학인증시험을 접수하고 두 달 정도 기출문제 문제집을 풀었던 경험이 있습니다. 처음에는 많이 틀리기도 했지만 오답의 개수보다 문제였던 것은 시간이 턱없이 부족하다는 것이었습니다. 총 서른 문제의 시험에서 가장 큰 도전은 '실수 없이 15번까지 풀 수 있을까' 그리고 '뒷부분에서 많은 고민을 할 시간을 남겨둘 수 있을까'였습니다. 한 회 한 회 풀고 오답 정리를 하면서 아이는 조금씩 성장했습니다. 처음에는 40점대로 시작해서 한 달이 지나자 안정적으로 60점대의 점수를 받았습니다. 경시대회 메달이 중요한 것은 아니었습니다. 경시대회 대비반이라는 학원 도움 없이 집에서 기출문제를 풀 때마다 조금씩 오르는 점수 자체가 동기가 되었습니다.

테스트 종류

- **학원 레벨 테스트** : Chapter 3의 '학년별 수학 공부 : 4학년'에서 학원에 다니지 않더라도 대형 학원 레벨 테스트가 가능하다고 언급했습니다. 저희 아이들도 집에서 교과 공부를 하다 보니 1년에 두세 번씩 대형 학원에 가서 레벨 테스트를 봅니다. 잘하고 있는지 점검도 되고, 테스트를 보는 자체도 좋은 경험이 됩니다.

- **경시대회와 학력평가** : 학원 레벨 테스트 외에는 전국 초등학생을 대상으로 치뤄지는 경시대회가 있습니다. 초등학생 경시대회는 **전국 수학학력 경시대회(구. 성대 경시대회)**와 **KMC라는 한국수학인증시험**이 있습니다. 도전해보려면 심화서를 다음 학년까지 모두 풀고, 현행 경시대회 기출 문제집을 오답까지 꼼꼼히 풀어야 합니다. 고난이도 문제이고 메달권을 바라본다면 집에서 준비하기에 쉽지 않은 과정입니다.

경시대회를 준비하여 메달을 따는 친구들은 초·중·고등까지 선행을 빠른 속도로 합니다. 그리고 중학교 입학에 맞춰 고등학교 심화 문제를 공부하여 KMO라 불리는 **한국수학올림피아드**를 준비합니다. 영재고 과학고를 준비하는 친구들에게는 필수 코스입니다. 고교학점제, 대입 개편의 영향으로 영재고를 들어가기 위한 경쟁은 더 치열해질 것입니다. 하지만 이 코스는 상위 0.1퍼센트에게만 해당됩니다. 동네 학원 광고에 보면 'KMO 수상 실적'이라는 문구가 화려하게 걸려 있고, 수학 잘하면 초등학교 때 고등수학 한다더라는 소문은 많아도 막상 주변을 둘러보면 고학년에 경시대회를 준비하는 친구들은 거의 없습니다.

그래서 저는 **HME, 해법수학학력평가**를 추천합니다. HME는 시험 난이도가 중상입니다. 그래서 학교 교과 공부를 꼼꼼히 하면 80점 이상 충분히 받을 수 있습니다. 해법수학학력평가 사이트에서 20여 년의 기출문제를 제공합니다. 해설지도 함께 제공합니다. 집에서 출력해서 풀어보세요. 교과 응용 문제집까지 풀었다면 80점 이상은 충분합니다.

해법수학학력평가의 마지막 다섯 문제는 응용 심화 문제입니다. 1번부터 20번까지의 문제를 실수없이 풀고, 21번부터 25번 문제를 공부하다 보면 실력이 쌓입니다. 90점에 가까우면 메달을 받기도 합니다. 저희 아이도 저학년부터 참가해서 메달을 받았고 스스로 자랑스러워합니다.

테스트 준비하기

학원 레벨 테스트나 경시대회, 학력평가를 준비할 때 가장 큰 장점은 몰입 공부를 경험하는 것입니다. 몰입 공부에 가장 알맞은 조건은 범위와 기간이 정해져 있는 것입니다.

초등 5, 6학년 그리고 중등 대상 학원 레벨 테스트를 신청하면 학원측에서 먼저 물어봅니다. 어디까지 공부했는지, 어떤 문제집으로 공부했는지, 어떤 학원에서 어떤 레벨에서 공부했는지 말입니다. 가정에서 공부하는 학생이더라도 준비 없이 학원 레벨 테스트를 보러 가는 것이 아니라 시험에 임한다는 자세로 가야 합니다.

학원 레벨 테스트를 치기 전에는 《쎈》의 C단계 즉, 응용 수준 그리고 준심화 수준의 문제의 오답을 다 풀어보고 갑니다. 심화서 한 권을 다시 풀기에는 시간이 오래 걸립니다. 학원 테스트를 준비하기 전 몰입 공부는 열흘에서 2주가 적당합니다. 그 기간 동안은 집에서 풀던 문제집을 잠시 멈추고 주어진 범위를 내신시험 공부한다는 생각으로 몰입 공부를 합니다.

학원 테스트의 범위는 보통 한 학기입니다. 학년 전체를 보기도 합니다. 새로운 문제집을 사서 풀기에는 부족한 시간입니다. 그러므로 심화서보다는 응용서의 마지막 파트 오답을 빠짐없이 이해하는 것을 목표로 삼습니다. 학원 레벨 테스트는 시간 배분도 중요하기 때문에 개념 공부로 돌아가지 않고 문제풀이에 집중해야 합니다.

경시대회 대비는 현행 학년의 심화 교재의 오답까지 하고 선행도 1년 이상 진행한 후에 시작합니다. 경시대회는 본인 학년의 시험을 치므로 극심화 교재 《최강 TOT》, 《최상위 사고력 수학》, 《응용 왕수학》 중에 한 권을 정해 푼 다음 기출문제를 풉니다. 기출문제집은 경시대회 신청하는 사이트에서 구매할 수 있으며 시간을 정해서 한 회를 실전처럼 푸는 연습을 해야 합니다.

- 전국 수학학력 경시대회(구 성대경시대회) http://test.edusky.co.kr
- 한국수학올림피아드(KMO) http://www.kmo.or.kr
- 한국수학인증시험(KMC) https://www.kmath.co.kr
- MBC 아카데미 전국 수학학력평가 https://hakpyung.edusky.co.kr
- HME 해법수학학력평가 https://hme.chunjae.co.kr/hme/main.asp

아이에겐 긍정적인 결핍이 필요해요

저는 '풍요 속의 빈곤'이라는 말을 두려워합니다. 아이들을 키우면서 말이죠. 책도 교재도 학원도 너무 많으면 왠지 모르게 그 안에서 위안을 찾을 수 없을 것 같습니다. 이런 걱정 이해하시나요?

새 책으로 전집 60권이 책장에 꽂혀 있으면 손이 잘 가지 않았습니다. 주눅이 든다고 해야 할까요. 제목을 훑어보고 겉표지를 만져 보면서도 '이 많은 책을 언제 다 읽나, 누군가는 다 읽었겠지?' 하는 생각이 들었습니다. 낱권으로 꽂혀 있는 책장은 알록달록 울퉁불퉁 이것저것 다 꺼내보고 싶었습니다. 게다가 낡은 중고책이나 도서관 책을 만나면 다른 친구들의 손길이 느껴져서 더 궁금해졌습니다.

문제집도 진도를 나가는 딱 두 권만 있는 것이 좋았습니다. 풀지 못하는 문제집이 쌓여 있으면 부담스럽습니다. 하얀 빈 칸을 남긴 채 버려지는 문제집은 포기를 말하는 것 같았습니다. 아이들이 한 권을 끝내기 전에는 다음 차례의 문제집을 미리 주문하지 않았습니다. 마지막 날의 해방감을 느끼기 위해서지요. 택배가 오는 이틀 동안은 휴식을 즐겼습니다.

그중 학원이 제일이었습니다. 왜냐하면 교육비가 많이 들기 때문입니다. 학원에 다닌다면 그 학원에서 얻을 수 있는 것을 최대로 얻는 학생이 될 때 보내고 싶었습니다. 가성비를 따져서 마음에 덜 드는 학원을 보내지는 않았습니다. 최고의 학원을 선택해서 최고의 교육비를 내더라도 제대로 배워오면 아까울 것이 없습니다. 배움의 준비는 학원이 할 것이 아니라 우리 아이가 해야 합니다.

학원을 많이 다녀서 학원 과제를 제대로 못하거나, 시간 여유가 없어서 아이의 삶이 각박해지면 안됩니다. 학원에서 다른 친구들이 얻어가는 것의 반밖에 못 얻어가는 겁니다. 돈 쓰고 시간 쓰고 자존감까지 떨어집니다.

저는 학원만큼은 결핍을 느낄 때 보내도 늦지 않다고 생각합니다. 긍정적인 결핍입니다.

친구들보다 진도가 좀 느리다면 '학원에 안 다녀서 그렇지 다니기만 해봐라'라고 생각합니다.

하루 분량 숙제가 버거울 때마다 '학원 다니는 친구들은 더 많이 하겠지'라고 생각합니다.

수학을 꽤 한다면 '안 다녀도 이 정도인데 다니면 더 잘할 거야'라고 생각합니다.

참다 참다 학원에 갔을 때 반짝반짝 눈빛이 빛나는 그날을 기다립니다.

소문만 무성한 수학 선행에 대하여

아이를 키우면서 언제까지 어디까지 수학 진도를 나가야 한다더라 하는 이야기 많이 듣습니다.

"요즘엔 중등 수학은 세 바퀴 돌려야 한대."
"초등 5학년 아니 요즘엔 4학년 때 다 중등 들어간다던데?"
"그럼 중학생은 뭐해?"
"고등학교 수학 하지, 다 수능 준비 한대."

저는 부모들 사이에서 도는 '요즘엔 다~'라는 말을 믿지 않습니다. 아이들이 스마트폰을 갖고 싶을 때 하는 말입니다. "요즘엔 나 말고 다 스마트폰 있어."

아이가 게임을 하고 싶을 때 하는 말입니다. "우리 반 애들은 다~ 주말엔 게임만 한대."

일찍 잠자리에 눕기 싫은 아이가 하는 말입니다. "엄마 내 친구들은 다~ 11시 넘어서 잔대."

아이가 하는 말이 부러움과 질투와 걱정으로 뭉쳐진 과장이라는 것을 알고 있습니다. 남의 이야기는 입에 오르내리기 쉽고, 자극적인 대화는 발빠르게 소문납니다.

그런데 막상 5학년이 되었는데, 주변에 중등 수학 진도를 나가는 아이가 많지 않습니다. 6학년이 되어서야 이제 중등 진도를 시작한다는 아이들이 더러 있습니다.

중등 세 바퀴요? 제 주변엔 많지 않습니다. 오히려 선행을 하고 중학교에 진학시킨 학부모들은 막상 중학교에 가면 다 새롭다고 말합니다. 세 번을 돌린다는 게 무슨 의미가 있을까요. 우리 아이의 속도에 맞추면 됩니다.

아이가 차근차근 기본서, 응용서, 심화서의 단계를 밟고서도 선행에 들어섰다면 잘하고 있는 겁니다. 하지만 선행을 하기 위해서, 중등 수학에 빨리 들어가기 위해서 기본서만으로 진도를 나가는 것은 아무 의미가 없습니다.

현명하게 선행하는 방법

선행을 하려면 일단 빠르게 그리고 열심히 해야 합니다.

수학은 아랫단계를 모르면 윗단계를 이해할 수 없습니다. 분수를 모르면 소수를 배울 수가 없고, 원을 모르고는 구를 이해할 수 없습니다. 선행을 하고자 중간에 몇 군데를 뛰어넘을 수는 없다는 겁니다.

선행을 하는 방법은 일찍 시작하는 방법과 몰입의 1년을 가지는 방법이 있습니다.

아이마다 집집마다 공부를 시작하는 시기와 속도가 다를 것입니다. 다음 페이지의 표(270쪽)는 수학 공부의 시작 시점과 과정을 나타냅니다.

예를 들어 ①번은 7세에 쉬운 교재부터 시작해서 차근차근 교과 심화까지 공부하는 과정입니다. ②번은 3학년에 연산 교재를 시작으로 교과 준심화까지 공부하는 과정입니다. ③번은 6세부터 다양한 교재를 바탕으로 차근차근 극심화까지 공부하는 과정입니다. ④번은 미취학부터 6학년까지 기본 교재로만 공부하는 과정입니다. ⑤번은 5학년 때 수학 공부를 시작했지만 성취가 높아서 극심화까

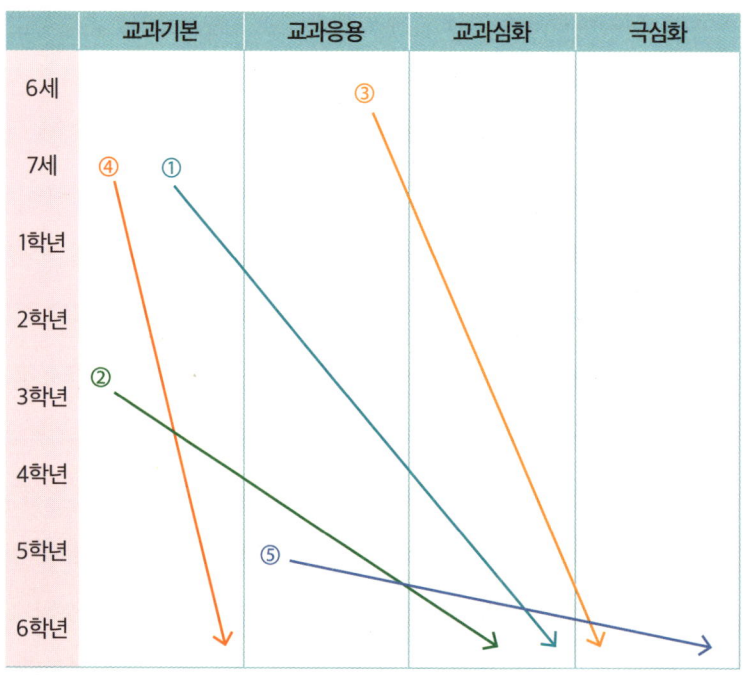

지 짧은 시간 내에 가능한 과정입니다.

 저희 아이들의 진도를 돌아보니 막내는 ①번, 첫째와 둘째는 ③번 화살표 과정을 진행하고 있었습니다. 6~7세에 《팩토》와 《소마셈》부터 시작해서 2학년 겨울방학부터 교과 수학 문제집을 풀기 시작합니다. 《쎈》 혹은 《최상위 수학》으로 응용, 심화 과정을 넘나듭니다. 하다 보니 심화 교재를 힘들어하는 아이는 응용 위주로 공부하고 심화 교재에 정답률이 좋은 아이는 극심화 교재를 추가하기도 합니다. 즉, 아이와 함께 대화하고 문제집 난이도를 조절하지만 전체적인 틀은 ①번 혹은 ③번으로 진행하려고 노력합니다.

가끔은 ②번처럼 3학년이 되어 교과 기본 문제집을 시작하면 어떨까 고민을 하기도 합니다. 할 수만 있다면 아이에게는 부담이 덜할 것 같습니다. 저학년까지는 학교 수업만 받고 따로 공부하지 않다가 고학년이 되어서 본인이 공부하고 싶을 때 시작하는 방법입니다. 그렇게 해서 6학년 때 응용 심화 단계까지 간다면 시간과 노력이 많이 절약됩니다. ⑤번 화살표처럼 초등 6학년부터 공부를 시작해서 극심화까지 갈 수도 있을까요? 우리 주변에 학창시절에 공부 꽤 잘했다는 사람이 "초등학교까지는 공부하지 않고 실컷 놀았다"라고 말한다면, 그분들이 산 증인입니다. 하지만 요즘엔 시대가 똑똑한 아이들을 그렇게 내버려두지 않는 것 같습니다. 사교육과 선행이 전쟁인 시대니까요.

④번 화살표처럼 기본만 공부하는 건 어떤가요? 공부 방법이 잘못 됐을 수도 있고, 엄마의 가치관이 오른쪽 칸으로 가려는 욕심이 없을 수도 있습니다. 저는 안타깝습니다. 왜냐하면 교과 기본서는 학교 숙제만 하다가 초등학교 고학년에 시작해도 충분히 할 수 있

기 때문입니다. 하루 공부 시간을 조금 더 투자해서라도 응용, 심화 문제집 풀기를 권합니다.

우리 아이의 화살표는 어느 정도인가요? 지금 아이의 화살표에 만족하시나요?

수학 공부 로드맵을 따라 다음 학기 예습만 해도 됩니다. 하지만 1년 이상 선행을 꼭 하고 싶다면 다음의 두 가지 방법이 있습니다.

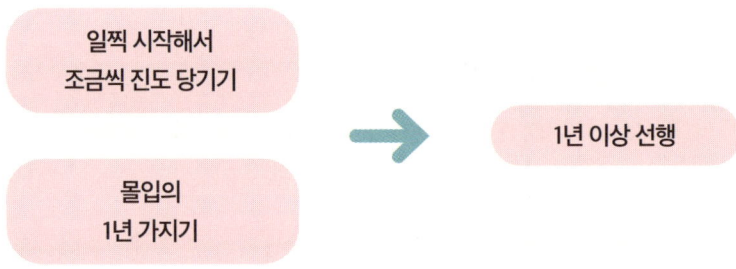

큰 아이가 5학년 때 코로나 사태로 학교, 학원을 가지 않고 거의 10개월을 집에만 있었습니다. 그 기간 동안 집중적으로 수학 학습을 해서 중등 선행에 들어갔습니다. 그전까지는 사고력 학원을 다니면서 집에서 6개월 예습만 했습니다. 하지만 5학년 때 대화를 통해 아이 스스로 선행을 하고 싶다는 마음을 먹도록 이끌어보았습니다. 스스로 마음을 먹으니 평소에 하던 분량보다 1.5배 정도 교재 풀이를 할 수 있었고, 공부 시간도 늘어났습니다. 집중도도 높아졌고요.

솔직히 말하면 그 시기에 매일 세 시간 이상을 수학 공부에 투자했습니다.

너무 많다고요? 하지만 또 어떤 부모님은 '학원도 안 다니는데 그 정도는 보통이지'라고 생각할 수도 있습니다. 아직 본격적으로 수학 공부를 시작하지 않은 저학년 학부모님들은 깜짝 놀랄 수도 있습니다. 하지만 특목고나 올림피아드를 준비하는 학군지에서는 더 어린 나이에 더 많은 시간을 공부합니다. 그리고 대형 수학 학원을 다니는 친구들이 투자하는 시간과 비교해보면 크게 차이 나지 않습니다. 어쨌든 1년의 시간을 수학 몰입 기간을 가지고 저희 아이는 2년 선행에 들어섰고 수학 실력이 많이 향상되었습니다.

이 몰입을 3~5년 동안 계속 할 수는 없을 것입니다.

저희 아이도 코로나 이후 등교 수업을 다시 시작하고 나서부터는 수학에 집중하던 몰입을 끝내고 일상으로 돌아왔습니다. 영어학원 숙제와 학교 숙제를 하며 중등 선행을 진도에 맞춰 응용서 한 권 심화서 한 권을 매일 두 장씩 풀고 있습니다.

선행을 하고 싶다면 초등학교 때 1년, 중학교 때 1년을 몰입의 해로 잡아봅시다. 차근차근 진도를 나가서 **심화를 다루는 선행이라면 실력입니다.**

선행의 부작용

선행의 부작용은 두 가지가 있습니다.

거품 낀 자만

첫 번째는 거품 낀 자만에 빠질 수 있다는 것입니다. 선행을 하기 위해 일찍부터 공부를 시작했거나 몰입의 시간을 가진 것 자체는 칭찬받을 만합니다. 하지만 가장 중요한 것은 현행입니다. 나의 수준은 현행으로 정해집니다.

현행을 잘하면 선행을 하든 안 하든 잘하는 것입니다.
현행을 못하면 선행을 하든 안 하든 못하는 것입니다.

단적인 예로 중등 수학을 선행하는 초등학생이 학교 단원평가를 실수로 여러 개 틀린다면 선행은 아무 소용 없습니다. 중등 수학을 선행하면서 스스로 자신의 수준이 높다고 착각하는 것입니다. 단원평가에서 실수로 몇 개 틀리는 것을 바로잡는 연습을 먼저 해야 합니다. 단원평가는 대부분 기본문제이고 응용 문제 몇 문제가 포함됩니다. 연산 실수가 많다면 연산 문제집을 추가로 풀어야 합니다. 응용 문제를 틀렸다면 선행을 잠시 멈추고 현행 심화서를 다시 공부하는 게 좋습니다. 심화 문제집을 풀다 보면 응용 문제는 저절로 해결됩니다. 선행은 미리 공부하는 것일 뿐, 내가 평가받는 곳은 학교 현장이라는 것을 잊지 않아야 합니다.

《최상위 수학》교재 마지막에 '교내 경시'가 각 단원별로 첨부되어 있습니다. 선행 학습을 할 때 풀지 않고 남겨두었다가 해당 단원을 학교에서 배우는 시기에 풀어보는 것도 좋은 복습 방법입니다. 아니면, 선행을 나가더라도 현행 진도로 학원 테스트를 보는 것도 좋습니다. 이때 점수가 높게 나오지 않는다면 현행 심화 문제집을 다시 풀어야 합니다. 무엇보다 학교 평가를 놓치지 않아야 합니다.

시간 대비 효율

두 번째는 시간 대비 효율입니다. 피아노《바이엘》을 초등학교 3학년 때 배우는 것과 다섯 살 때 배우는 것은 걸리는 시간이 세 배 이상 차이가 납니다. 수학도 똑같습니다. 나이를 먹으면서 또 학년이 올라가면서 많은 것이 달라집니다.

먼저 인지적인 부분이 성장합니다. 뇌가 자라면서 논리적인 사고가 발달합니다. 그리고 독서량이 많아지고 독해력이 올라가면서 문장의 이해도 쉬워집니다. 예를 들어 보겠습니다.

"계수를 정수로 바꾸고 미지수를 포함하는 항은 좌변으로 이항한다"라는 것은 중학교 1학년 방정식을 풀 때 가장 기본적인 순서입니다. 하지만 이 문자를 개념과 함께 이해하여 문제에 적용시키는 것은 초등학교 4학년 학생에게는 힘들 수밖에 없습니다. 수학을 선행하기 위해서는 국어 실력도 높아져야 합니다. 국어 실력이 같이 높아지지 않는다면 한글 단어 하나하나를 해석하며 문제를 풀어야 하기 때문에 효율성이 떨어집니다.

그리고 인성도 성장합니다. 집중력도 높아지고 공부할 수 있는 끈기도 높아집니다. 지금 우리 아이의 모습과 2년 전의 모습을 비교해 보세요. 책상에 엉덩이를 붙이고 앉아 있을 수 있는 힘이 조금은 길러졌을 거예요. 예전에는 쉽게 포기하던 것을 노력해서 얻어내는 방법도 알고 있고요.

기본 수준만 나가는 선행, 할 필요 없습니다. 기본 수준으로 훑는 선행은 미리 목차만 살펴보는 것과 똑같습니다.

심화 수준까지 나가는 선행, 할 수만 있다면 하면 됩니다. 하지만 놓치는 것이 있지는 않은지 잘 살펴보아야 합니다.

극심화 수학

 수준별 문제집으로 하는 수학 공부 안내(20쪽)에서 극심화 수학단계까지 소개했는데, 초등학교 5, 6학년 때 가장 오른쪽 칸의 진도 혹은 그 이상의 진도를 나가는 아이들이 있습니다. 제 주변에도 꽤 있고, 대치동에는 아주 많다고 합니다. 당연히 꾸준하고 성실하게 공부했을 테고 수학을 좋아하기도 할 테지요. 그렇다면 초등 때 극심화를 하는 것이 옳은가를 줄넘기로 비유해보겠습니다.

 초등학교 4학년 체육시간에 줄넘기 일도약을 30초에 몇 번 하느냐를 평가합니다. 2단 뛰기(일명 쌩쌩이)를 수십 번 하는 것은 학교 교육과정 평가에 들어가지 않습니다. 하지만 줄넘기 센터나 태권도 도장에서 쌩쌩이를 수십 번 하고 줄넘기를 꼬고 돌리고 뒤로 넘는 기술을 구사하는 친구들이 있습니다. 혼자서 유튜브를 보면서 연습할 수도 있고, 무작정 나가서 하는데 아주 오랫동안 줄넘기를 하기도 합니다. 그것은 학교 평가와 상관없이 체력의 한계와 끈기를 높이기 위해서 연습하는 것입니다. 대신 일단 즐겨야 합니다. 강제로 하는 줄넘기는 체력은 좋아질지 모르나 고통스럽습니다. 분명히 오래 지속할 수 없습니다. 몸 움직이는 것을 좋아하고 줄넘기 기술을 연마하는 것이 즐거운 친구들은 더 도전해도 됩니다. 학교 평가와 상관없이 분명히 체력과 끈기에 도움이 됩니다.

극심화 수학 혹은 교과 내용 밖의 사고력 수학도 마찬가지입니다. 학교 평가에는 나오지 않지만 그 과정을 통해 단련하는 것입니다. 그 과정에서 수학의 신비로움도 알게 되고 끈기도 생기고 좌절과 도전도 경험합니다. 깊이 생각하고 고민할수록 수학적 사고 능력은 더 높아집니다. 고학년의 사고력 수학, 선행 수학, 심화 수학은 학교 교육 과정과 상관없이 이런 맥락으로 이해하면 됩니다. 다만 즐기는 아이들, 수학 감이 있는 아이들, 좋아서 하는 아이들에게 100배의 효과가 날 것입니다. 그것은 부정할 수 없습니다. 스스로 경시대회 상을 받고 싶어서 목표를 정해둔 아이, 영재학원이나 전문 교과 학원의 탑반을 꼭 가고 싶어서 노력하는 아이, 심화서를 풀면서 모르는 문제를 해결할 때 희열을 느끼는 아이는 학교 평가와 관계없이 극심화 수학을 공부해도 됩니다. 체력을 기르는 것처럼 학습 능력을 키우는 것이므로 언젠가는 학교 공부에도 도움이 될 것입니다. 수학을 즐기지 않는 친구들은 극심화 수학이나 고학년 사고력 수학 교재는 제쳐두고 교과 응용 수학에 집중하면 됩니다. 중·고등학교 수학에서 갈 길이 멀기 때문에 지금부터 지치면 안됩니다.

가장 걱정스러운 부분은 본인이 하기 싫은데 억지로 극심화 수학을 공부하는 아이들입니다. 부모를 만족시키기 위해서 하는 공부는 언젠가는 지치게 되어 있습니다. 부모님이 놓치지 않고 살펴보아야 할 부분이겠지요. 저 역시 마찬가지입니다.

다음은 시중 교재로 가정에서 극심화 수학을 공부하는 방법입니다.

3% 초등 수학 올림피아드 1과정	초등 4학년 과정을 이수한 초등 4, 5, 6학년 대상 극심화 교재
최강 TOT 6단계	6학년 심화 문제집을 다 풀고 사고력 기반 심화서를 더 풀고 싶을 때, 심화와 극심화 교재 사이
3% 초등 수학 올림피아드 2과정	초등 5학년 과정을 이수한 초등 4, 5, 6학년 대상 극심화 교재
영재 사고력 수학 1031 중급, 고급	총 네 권으로 이루어진 영역별 심화 사고력 교재

최상위 사고력 수학	디딤돌교육 교재 중 《최상위 수학》과 《3% 초등 수학 올림피아드》 사이의 난이도. 경시대회 기출문제 바로 아래 난이도.
성대경시 기출문제	경시대회를 실전처럼 대비할 수 있는 교재, 극심화 교재
KMC 경시 기출문제	경시대회를 실전처럼 대비할 수 있는 교재, 극심화 교재
3% 초등 수학 올림피아드 3과정	초등 6학년 과정을 이수한 초등 4, 5, 6학년 대상 극심화 교재
왕수학	극심화 문제 총집합

표에 있는 교재를 다 풀 수는 없습니다. 경시대회가 목표라면 경시대회 기출 문제집을 풀면서 오답 노트를 해야 합니다. 사고력 기반의 창의력을 기르고 싶다면 '사고력'이라는 문구가 들어간 심화교재를 풀면 됩니다. 교과 수학을 심화 교재로 마친 학생들 중 본인이 하고자 하는 마음이 있다면 5, 6학년 때는 한두 권 정도 도전해보는 것을 추천합니다.

바람직한 수학 학습 방향

학년	아이의 속마음	이끌어가는 방향
1~3학년	수학 문제집 재밌는데? 하다 보니 하기 싫어 일단 할 일을 미뤄놓자	부모가 아이를 달래서 자리에 앉히기 매일 루틴 만들기
4학년	공부하기는 싫은데 하고 싶기도 해	지금의 노력이 정확히 어떤 미래를 불러올지 모르는 시기 어떤 선택이 옳은가 대화하기
5학년	나도 공부를 잘하고 싶어	현실 직시 능력 적극적으로 활용 단기목표, 중간목표, 최종목표 세우기
6학년	내가 과연 할 수 있을까	자기 효능감 쌓기 = 단기목표를 완성하는 것 긍정적인 미래
중학생	나는 이런 것이 부족해	메타인지 생기도록 내 수준을 아는 것, 내가 부족한 것을 아는 것 자체가 자기주도 학습의 출발

Chapter 4.

개념이 중요한 중등 수학 잡는 법

학년별 수학 공부 : 중학교

중학교 1학년 1학기	• **자연수의 성질** : 소인수분해, 거듭제곱, 최대공약수, 최소공배수 • **정수와 유리수** : 정수와 유리수의 사칙연산 부호, 절댓값, 항, 상수항, 계수 • **방정식** : 다항식 차수, 방정식, 항등식, 일차방정식과 그 해, 특수한 해, 방정식활용 예 거리 속력 시간 농도 정가 일에 관한 문제 • **좌표평면과 그래프와 비례** : 순서쌍과 좌표, 그래프 $y = ax$, $y = a/x$, • **정비례와 반비례**
중학교 1학년 2학기	• **기본도형** : 교점, 교선, 직선, 각, 맞꼭지각, 수선, 꼬인 위치, 직선과 평면의 위치관계, 동위각, 엇각, SSS SAS ASA 합동 • **평면도형** : 정n각형, 내각의 크기, 원과 부채꼴, 호, 현, 활꼴, 부채꼴 • **입체도형** : 다면체, 각뿔대, 회전체, 입체도형의 겉넓이와 부피 • **통계** : 도수분포표, 상대도수

중학교 2학년 1학기	• **수와 식** : 무한소수, 순환소수, 밑과 지수, 지수법칙, 다항식의 사칙연산 • **부등식** : 일차부등식(연속하는 세 정수, 원가와 정가, 농도 문제 등) • **방정식** : 연립일차방정식(대입법, 가감법, 대치법), 해가 무수히 많거나 없는 경우 • **함수** : 일차함수 $y = ax + b$ $(a \neq 0)$, x 절편 y 절편, 연립방정식의 해와 그래프
중학교 2학년 2학기	• **삼각형의 성질** : 이등변삼각형, 직각삼각형, 삼각형의 외심, 삼각형의 내심 • **사각형의 성질** : 평행사변형, 직사각형, 마름모, 사다리꼴, 정사각형 • **도형의 닮음** : 삼각형의 닮음 조건, 도형 안에서 평행선 사이의 선분의 길이의 비, 삼각형의 중선, 삼각형의 무게중심, 닮은 도형의 넓이와 부피의 비 • **피타고라스 정리** : 피타고라스 정리 • **확률** : 경우의 수 (또는, 동시에, 일렬로, 대표로) 확률 (또는, 동시에)
중학교 3학년 1학기	• **제곱근과 실수** : 제곱근, 분모의 유리화, 제곱근표, 제곱근의 사칙연산, 무리수의 정수부분, 세 실수의 대소관계 • **다항식의 곱셈과 인수분해** : 곱셈공식, 인수분해 • **이차방정식** : 이차방정식($ax^2 + bx + c = 0$), 여러 가지 이차방정식, 근의 개수, 중근, 완전제곱식, 근의 공식 • **이차함수** : 이차함수($y = ax^2 + bx + c$)와 이차함수의 그래프
중학교 3학년 2학기	• **삼각비** : 삼각비의 개념과 값, 삼각비의 활용 • **원의 성질** : 호와 현의 길이, 원의 중심과 현의 수직이등분선, 접선의 성질, 삼각형의 내접원, 원에 외접하는 사각형, 원주각과 중심각의 크기, 원주각의 크기와 호의 길이, 원에 내접하는 사각형, 접선과 현이 이루는 각 • **통계** : 중앙값과 최빈값, 대푯값, 변량, 편차, 분산과 표준편차, 산점도

제가 한동안 과외를 했던 아이가 중학교 2학년 응용서를 풀다가 한 말입니다.

"중등 수학 하다 보니까 초등 수학은 산수 같아요."

정말 그렇습니다. 중학교 1학년 수학에는 드디어 미지수 x가 등장합니다. 중학교 1학년 1학기 1단원 자연수의 성질은 5학년 1학기 2단원 약수와 배수의 확장입니다. 이후 문자와 식 단원에서는 곱셈 기호 나눗셈 기호를 생략하여 쓰는 것을 연습하고, 항으로 식을 나타내는 다항식과 일차식을 배웁니다. 이어서 방정식 단원으로 들어가 일차방정식을 배웁니다.

중학교 수학, 연산부터 챙겨라

2천 년 전부터 고대 중국과 인도에서는 음수의 존재를 알고 있었습니다. 실생활의 필요에 의해서 무의식적으로 사용되고 있었습니다. 데카르트가 1600년대 좌표평면을 처음 사용하면서 머릿속에만 존재하던 음수를 숫자로 표현하게 되었습니다. 몇백 년 동안 천천히 발견된 수학적 지식을 집약해서, 우리는 한 학기에 배웁니다. 음의 부호를 사용하고 방정식을 푸는 것은 사회 현상을 수식으로 연구할 때 없어서는 안 되는 고마운 도구입니다.

앞서 Chapter 3 '학년별 수학 공부 : 6학년'에서 중등 연산 교재에 대해 설명했습니다. 연산은 초등학교 저학년 때나 하는 건 줄 알았는데 저도 아이를 키우면서 느꼈습니다. 중등 연산이 진짜 연산이라는 것을 말이죠.

중등 수학에 들어가면 부호에 늪에 빠집니다. 플러스 마이너스 부호의 개념은 부모에게는 익숙하지만 아이에게는 익숙하지 않습니다. 초등학교 때는 '빼기'였는데 중등이 되면 '마이너스'가 되어 숫자 앞에 붙어 다닙니다. 이 연습을 연산 교재로 단원에 들어가기 전에 미리 하는 것입니다. 초등 수학을 진행하면서 중등 연산 문제집을 같이 푸는 것은 연습으로도 좋고, 중등 수학 선행에 대한 자부심이라는 의미에서도 추천합니다.

다음은 중등 연산을 시작한 아이에게 엄마가 물어볼 수 있는 질문입니다.

> 마이너스 4 더하기 마이너스 2가 뭐야?
> 아이가 "-6이지"라고 합니다. 맞아. 그럼 식으로 써볼래?
>
> **답** (-4)+(-2)와 -4+(-2)와 -4-2는 모두 같습니다.

중학교 수학 문제집 알아보기

문제집 종류

중등 수학도 기본으로 예습하고 응용으로 복습하는 순서는 똑같습니다. 다른 점은 초등 때는 기본, 응용, 심화라는 수준별 문제집으로 나누고, 중등에서는 개념서, 유형서, 심화서로 나눈다는 것입니다. 중등은 개념을 제대로 아는 것이 중요한데, 개념을 문제풀이로 확장하는 것도 중요합니다. 특히, 내신 시험을 치기 때문에 많은 문제를 풀어보고, 많은 유형 접해보는 것이 매우 중요합니다.

초등 수학의 키워드가 심화라면, 중등 수학의 키워드는 유형입니다.

중등 학기 중에 현행으로 문제집을 고른다면 개념서로 시작합니다. 초등 때 중등 선행에 들어간다면 연산 교재부터 시작합니다.

중학교 수학 문제집

난이도 문제집 구분	기초 연산	기본 개념서
개념원리		개념원리
신사고	쎈 연산	개념 쎈 라이트 쎈
천재교육	더블클릭 빅터 연산	체크체크 개념 해결의 법칙 셀파 개념수학

비상교육		개념 플러스 유형	
디딤돌교육	중학 연산	투탑수학	
에이급	수학의 단비		
수경		수력충전	
진학사			
이룸 이앤비		숨마쿰라우데 개념 기본서	
EBS		뉴런	

난이도 문제집 구분	응용 유형서	심화	극심화
		심화서	
개념원리	개념원리 RPM		
신사고	쎈	일품	
천재교육	유형 해결의 법칙 유형 체크 N제	최고수준	최강 TOT
비상교육	만렙PM	최고득점	
디딤돌교육		최상위 라이트	최상위 수학
에이급	원리해설 수학 유형 콕		에이급 수학
수경	자이스토리		일등급 수학
진학사			블랙라벨
이룸 이앤비	숨마쿰라우데 실전 문제집		
EBS	수학의 답		

중등 문제집 순서

《개념원리》와 《체크체크》 같은 기본 개념서는 개념을 충실히 이해하는 용도입니다. 초등 때와는 달리 중등은 개념서가 아주 중요합니다. 초등 수학에서는 수학 교과서나 수학익힘책을 못푸는 학생이 거의 없지만 중등 수학은 개념을 이해하기도 까다롭고, 이해했더라도 양이 방대해서 금세 잊어버리기도 합니다.

수학감이 좋은 친구들은 개념서 한 권, 유형서 한 권, 심화서 한 권으로 쭉쭉 진도를 나갈 수 있습니다. 그렇지만 중등 수학의 개념 잡기가 어려운 친구들은 개념서 한 권, 유형서 두 권 혹은 개념서 두 권, 유형서 한 권으로 진행하는 게 좋습니다. 내신 고득점을 위해서는 유형서를 꼭 풀어보아야 합니다. 개념서에도 단원 끝에 응용 문제가 수록되어 있지만 응용 문제의 수가 적기 때문에 여러 유형을 다뤄볼 수 없습니다.

중등 진도 역시 초등 때와 같은 방식으로 방학 때 다음 학기 개념서를 완성하고, 학기 중에는 유형서와 다음 학기 개념서를 풀어보는 방식으로 진행합니다. 하지만 문제집 한 권을 두 달 만에 풀 수 있는 것을 감안하면 중등 수학은 개념서나 유형서를 두 권 풀면서도 선행이 가능합니다.

초등 때 꾸준하게 문제집을 풀었다면 6학년 때 중등 선행을 나갈 수 있습니다. 6학년 여름 방학부터 두 달에 한 권씩 여덟 달 동안 중학교 2학년 2학기까지 개념서 진도를 나가는 것도 좋습니다. 그리고 중학교에 입학해서 현행으로 유형서를 다지면서 조금씩 선행을 하는 방법도 있습니다.

여러 유형서 중 《쎈》이 기본, 응용, 심화 문제를 충실히 다루고 있어서 추천합니다. 일단 문제 수가 많습니다. 《쎈》을 한 권 풀고 오답률을 체크해야 합니다. 《쎈》은 단원마다 문제가 난이도 별로 A, B, C 단계로 나누어져 있습니다.

- **A 단계** : 수학익힘책 수준이므로 100퍼센트 정답률을 목표로 공부해야 합니다.
- **B 단계** : 난이도 중, 상 문제의 정답률이 50퍼센트 이하라면 개념서 공부를 다시 합니다. 70퍼센트 이상의 정답률일 때 오답만 다시 풀어보고 C 단계로 넘어갑니다.
- **C 단계** : 준심화로 볼 수 있습니다.

물론 100퍼센트 정답률로 《쎈》 교재의 모든 문제를 이해하는 것이 가장 좋습니다.

정리해보면 다음과 같은 중등 문제집 진도 방법이 있습니다.
① **현행으로 응용 다지기** : 방학 때 다음 학기 개념서 완성, 학기 중

에는 현행 유형서 풀기. 학기 중에 유형서는 두꺼운 《쎈》 혹은 얇은 유형서 두 권 완성. 끝나면 바로 다음 학기로 진도 나가기. 심화서 패스.

② **선행으로 응용 다지기** : 초등 6학년 때부터 중등 연산으로 선행을 시작했다면 개념서 두 달 과정, 유형서 세 달 과정, 두 권 동시에 진행. 매 학기마다 개념서 한 권, 유형서 한 권으로 1년 이상 선행 유지 가능. 오답 철저히. 방학 때 심화서 추가. 극심화서 패스.

③ **선행으로 심화 다지기** : 초등 6학년부터 두 달에 한 권씩 1학년 개념서, 1학년 유형서까지 풀고 중등 입학. 입학 후 2학년 유형서와 심화서 진도 나가기. 방학 때 극심화서 추가.

이 세 가지 방법 중 본인에게 맞는 방법을 찾아서 계획표를 짜봅니다.

중등 수학의 1, 2학기 계통수학

중등 수학이 학기를 거치고 학년을 거치면서 어떻게 이어지고 확장되는지, 단원을 보며 계통을 정리해봤습니다.

중학교 수학 교과서 단원			
1학년 1학기	1. 자연수의 성질 2. 정수와 유리수 3. 문자와 식 4. 방정식 5. 좌표평면과 그래프	**1학년 2학기**	1. 기본도형 2. 평면도형 3. 입체도형 4. 통계
2학년 1학기	1. 유리수와 순환소수 2. 식의 계산 3. 부등식과 방정식 4. 함수	**2학년 2학기**	1. 삼각형의 성질 2. 사각형의 성질 3. 도형의 닮음 4. 피타고라스 정리 5. 확률

| 3학년 1학기 | 1. 제곱근과 실수
2. 다항식의 곱셈과 인수분해
3. 이차방정식
4. 이차함수 | 3학년 2학기 | 1. 삼각비
2. 원의 성질
3. 통계 |

⬇ ⬇

- 선행이 도움이 된다
- 초등 수학 때 심화 문제를 풀던 경험이 발휘되는 시점이다
- 모눈종이 적극 활용

- 계단식 과정
- 각 단원의 핵심 내용 개념 공부 후에 암기할 것
- 삼각형의 무게중심, 내심, 외심 조건과 활용 방법 등 도형 파트 꼼꼼하게 개념 정리 노트 만들어보기

중등 수학 진도 특징

중등 각 학년의 1학기는 방정식과 함수를 위한 단원입니다. 대수라고도 합니다. 중학교 때는 선행이 현행에도 도움이 됩니다. 그렇기 때문에 초등 수학처럼 한 학기를 극심화까지 푸는 것보다 빠른 속도로 진도를 나가는 것이 좋습니다. 물론 개념서의 정답률이 좋을 때 가능한 것입니다. 중등 수학은 개념을 이해하는 것 자체가 까다롭습니다. 개념서의 정답률이 좋다면 유형서에 들어가지만 개념서부터 오답이 많이 나오면 개념서를 반복해야 합니다. 초등과 다르게 중등부터는 개념서가 어렵게 느껴지는데요, 충분히 있을 수 있는 일입니다. 유형서로 1학년 1학기와 2학년 1학기가 선행이 되면, 1학년

1학기 심화는 수월합니다.

　대치동과 같은 학군지에서는 중등 수학을 선행할 때 1학년 1학기, 2학년 1학기, 3학년 1학기 순으로 먼저 배우기도 합니다. 그런 진도가 가능한 이유는 중등 수학은 1학기는 대수, 2학기는 기하로 명확히 나누어져 있기 때문입니다.

　중등 각 학년의 2학기는 도형과 확률 통계입니다. 기하와 확통이라고도 하지요. 역시 중요하지만 나선형이라기보다는 계단식입니다. 각 단원을 한 번에 하나씩 암기과목을 공부하듯 집중적으로 공부해야 합니다. 그래서 중등 각 학년 2학기는 소위 말하는 구멍이 생길 수 있고, 다른 뜻으로는 구멍을 메우기도 쉽습니다.

　저희 아이도 학원 레벨 테스트를 받고 상담을 받을 때 "2학년 2학기에 사각형 파트가 부족하네요", "3학년에 원은 잘 되어 있는데 오히려 2학년에 피타고라스 단원을 다시 공부하세요"라는 피드백을 받은 적이 있습니다. 도형은 중·하위권 학생들이 상위권으로 도약할 수 있는 기회입니다. 내신을 준비하는 기간이라면 2학기에 반전을 노려보세요.

**선행은 개념서와 유형서,
현행은 유형서 필수 심화서 선택,**

내신 대비는 유형서 오답과 기출문제(족보닷컴, 각 학교 홈페이지 공개된 시험지, 내신 학원에서 제공).

유형서까지 풀고 나면 단원 정리를 위해 학원 레벨 테스트 쳐볼 것.

특목고에 진학하려면

특목고 대비는 중등 3년 과정을 심화서까지 1년 안에 끝낸 뒤 전문 학원으로 가는 것을 추천합니다. 경시대회나 특목고 대비는 중등 심화를 오랫동안 꼼꼼히 반복하는 것이 아닙니다. 중등은 방대한 양을 다루기 때문에 오랫동안 준비하면 오히려 앞의 내용을 기억할 수가 없습니다. 이런 이유로 초등 때 심화 문제를 많이 다루면서 사고력을 확장시켜야 중등 심화를 짧고 굵게 할 수 있습니다. 중등 3년 과정의 심화를 1년 만에 끝낼 수 있는 학생들은 특목고 대비 전문 학원에 갈 준비가 되어 있는 것입니다.

바른 수학 공부 습관 정착을 위한 일상 관리 방법

수학 연습장은 필수

중등 문제집의 구성은 초등 교재와는 달리 문제와 문제 사이의 여백의 크기가 작습니다. 식을 세워서 해결해야 하는 중등 수학 문제의 특성을 생각하면 공책 풀이가 꼭 필요합니다.

다음은 수학 연습장 사용법입니다.
1. 줄 있는 노트를 준비합니다.
2. 반으로 접었다 펴서 세로선을 만듭니다.
3. 공부 시작할 때 날짜와 문제집 이름을 적습니다.

4. 페이지와 문제 번호를 적습니다.
5. 문제를 읽고 구해야 할 것을 확인합니다.
6. 식은 한 줄에 하나씩 씁니다. 식이 짧아도 아래줄로 내려가면서 정리합니다.
7. 방정식에서 미지수 x는 좌변에 오도록 정리합니다.
8. 두 개 이상의 식을 전개할 때는 꼭 테두리로 표시합니다.
9. 답에도 동그라미 표시를 합니다.

수학 연습장 풀이가 몸에 배면 수학 문제집에 연필 자국을 하나도 내지 않고 한 권을 마무리할 수도 있습니다. 연습장에 풀이를 적고, 채점까지 하고 나서 틀린 문제나 별표 문제만 문제집에 표시하는 것입니다. 그런 식으로 풀면 문제집 한 권을 풀고 나서 오답을 하기도 수월하고 내가 취약한 부분을 한눈에 알 수도 있습니다.

고등 수학에서 《수학의 정석》 교재를 떠올려보세요. 요즘도 고등학생들은 이 책으로 공부를 많이 합니다. 작은 글씨가 한 페이지 가득 빼곡하게 있어 어쩔 수 없이 연습장에 풀어야 합니다. 아직 중등에서는 그렇게까지 안 해도 되지만 점점 더 연습해서 고등학교 수학 교재를 풀기 전까지 익숙해지는 게 좋습니다. .

수학 연습장 예

개념 정리 노트

개념 정리 노트는 도형 파트에 꼭 필요합니다. 중학교 2학년 2학기 수학 주요 개념을 알아볼까요?

중학교 2학년 2학기 개념	• **삼각형의 성질**: 이등변삼각형, 직각삼각형, 삼각형의 외심, 삼각형의 내심 • **사각형의 성질**: 평행사변형, 직사각형, 마름모, 사다리꼴, 정사각형 • **도형의 닮음**: 삼각형의 닮음 조건, 도형 안에서 평행선 사이의 선분의 길이의 비, 삼각형의 중선, 삼각형의 무게중심, 닮은 도형의 넓이와 부피의 비 • **피타고라스 정리**: 피타고라스 정리 • **확률**: 경우의 수 (또는, 동시에, 일렬로, 대표로) 확률 (또는, 동시에)

일기를 쓸 때 사람들은 직접 펜을 들고 나만의 언어로 씁니다. 그 기록을 나중에 들춰보면 일기를 쓰던 날의 기분과 느낌이 생생히 떠오를 때가 있습니다. 개념 정리 노트의 1차 목표는 한 번 써보면서 머릿속에 정리를 하는 것이고, 2차 목표는 나중에 들춰볼 때 기억을 더 잘해내기 위한 것입니다.

예를 들어, 문제에서 "두 점 O와 O′는 각각 △ABC의 외심과 내심이다"라는 조건이 주어지면 외심과 내심의 개념과 성질을 바로 떠올릴 수 있어야 합니다. 도형 파트의 개념 암기가 중요한 이유입니다. 이때 개념 정리 노트를 정리한 경험이 있으면 머릿속에서 나

개념 정리 노트 예

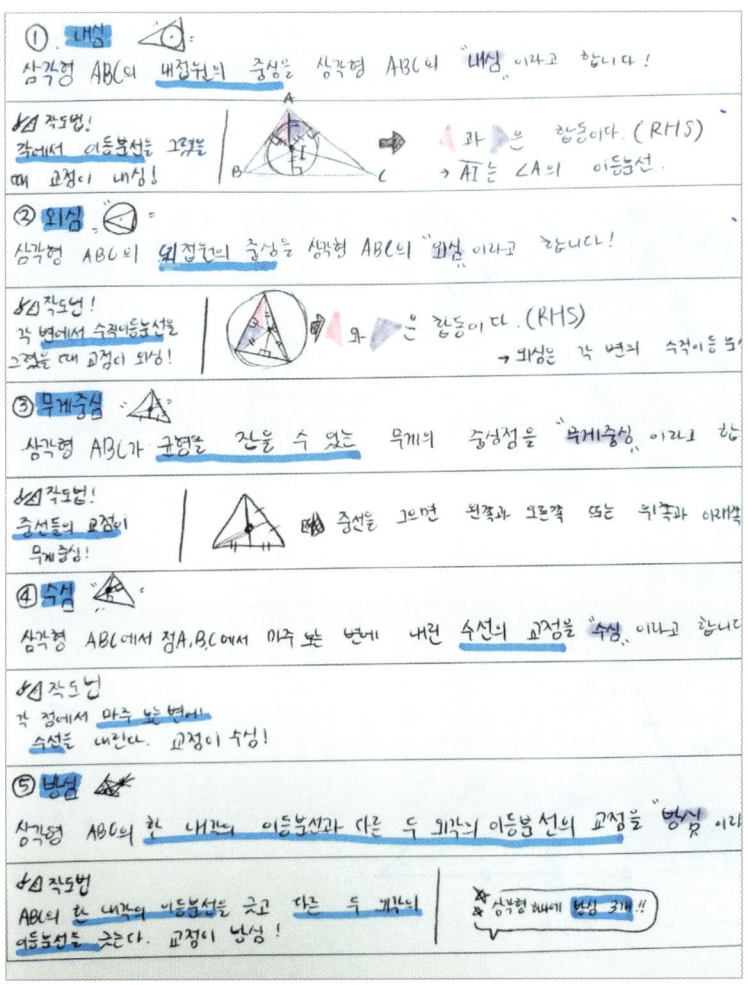

만의 개념 정리 노트를 펼쳐볼 수 있습니다.

개념 정리 노트는 모든 학년을 할 필요도, 너무 방대한 양을 할 필요도 없습니다. 꼭 필요한 단원, 특히 도형 파트에 활용하는 것이 좋습니다.

앞의 개념 정리 노트(301쪽)는 저희 집 첫째가 6학년 때 사고력 학원에서 정리한 개념 정리 노트입니다. 이 노트에 정리한 도형 개념은 '삼각형의 오심'이라고 불리는 내심, 외심, 무게 중심, 수심, 방심에 대한 설명입니다. 한 페이지에 그림과 함께 간략하게 정리해서 이미지로 머릿속에 넣어두면 문제 풀이 할 때 큰 도움이 됩니다.

적절한 일상 규칙 세우기

원하는 목표를 위해 무언가를 포기할 줄도 알아야 합니다.

중학생이 되면 부모와 일상이 어느 정도 분리되면서 나만의 공간과 시간이 생깁니다. 모든 것을 일일이 참견할 수는 없습니다. 육아서에서 많이 보았듯이 참견하면 할수록 숨기게 되고 음지로 파고들게 됩니다. 어느 정도는 본인의 사생활을 인정해주어야 합니다.

그렇다면 부모가 어떻게 아이의 공부 습관, 공부량을 바른 쪽으로 이끌 수 있을까요? 가장 중요한 것은 부모가 주도하는 것이 아니라 아이 스스로 주도권을 잡았다는 느낌을 가져야 합니다. 아이 스스로 '수학 문제집을 한 권 더 풀어야 한다'는 마음을 먹는 것은 부모의 어떤 전략과 정보보다 중요합니다. 아이가 주도권을 쥐되 부모는 아이와 대화로서 많이 쉬고 많이 놀면서 성적을 올리는 방도는 없다는 사실을 깨닫게 해야 합니다. 너무도 당연한 것이지만 사실 어른도 힘듭니다. 여가 시간을 줄이고 공부하는 것, 즐거운 것을 포기하고 공부 시간을 확보하는 것, 모두 아이 스스로 계획해야 합니다.

예로 제시한 계획표(304쪽)를 볼까요? 부모님이 이런 계획표를 제시하면 아이가 순순히 하려 들지 않습니다. 일단 반항하고 봅니다. 스스로 마음을 먹을 때까지 기다려주세요. 성적을 올리고 싶다면 지금보다 더 노력해야 한다는 것을 아이가 깨닫는 시점이 조금 빨리 오기를 바랍니다.

여가 시간
아침
7시 30분 기상 후 바로 등교
저녁
SNS 하는 시간
학원 마치고 노는 시간
게임하는 시간
주말
늦잠
친구 만나는 시간
텔레비전 보는 시간

포기할 것
아침
저녁
게임은 주말에만
주말
친구 만나러 가기 전에 수학 문제집 풀기
텔레비전 보기 전에 수학 문제집 풀기

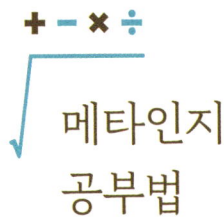

메타인지 공부법

저희 집 막내는 손가락도 굵고 힘 조절이 쉽지 않아 공책에 글씨를 쓸 때면 연필심을 부러뜨릴 듯이 힘을 주며 씁니다. 한 문장을 써도 남들보다 힘이 배로 들고 글씨체도 삐뚤빼뚤입니다. 어느 날 아빠가 막내가 쓴 글씨를 보며 말했습니다.

"글씨체가 왜 이래. 여기 와서 다시 써 봐. 열 번 써, 열 번."

아빠들은 이런 강압적인 멘트를 가끔 하죠. 저는 마음이 상했습니다. 아이가 아빠 옆에서 기계적으로 열 번을 쓰는 걸 보고 있자니 시간과 노력이 아까웠습니다. 아빠도 나름대로 철학이 있어서 훈육하는 중인데 무턱대고 하지 말라고 할 수도 없었습니다. 이후에 제가 메타인지를 공부하면서 알게 되었습니다. 이 상황에서 부족한 것을 가장 적절히 표현할 수 있는 것이 메타인지라는 것을요.

공부 잘하는 학생들은 메타인지가 높다

> **메타인지란**
> 자기가 자기 자신을 아는 것,
> 자신의 인지 과정에 대해 인지하는 능력,
> 자신이 뭘 알고 뭘 모르는지 아는 능력,
> 자신을 객관적으로 볼 수 있는 능력,
> 자신이 무엇을 어려워하는지 아는 능력,
> 자신이 모를 수도 있다는 것을 인정하는 능력입니다.

메타인지는 1976년 미국의 발달심리학자 존 플라벨John Flavel이 만든 용어로, 우리나라에는 학습법과 공부법으로 소개되고 있습니다. 메타인지를 잘 발달시켜서 가장 좋은 효과를 낼 수 있는 것이 '학습'이기 때문입니다. 메타인지를 설명하는 모든 문장에 '자신'이 들어갑니다. 학습의 주체는 자신이 되어야 한다는 것을 알 수 있습니다.

제가 이 책의 Chapter 1과 Chapter 2에서 가장 중요하게 강조한 것이 부모가 아이를 도와서 매일 공부 루틴을 만들어야 한다는 것이었습니다. 그 이유는 미취학이나 초등 저학년 아이들에게는 높은 메타인지를 기대하기 어렵기 때문입니다. 하지만 초등 고학년을 지나 중학생이 되면 메타인지를 가졌느냐로 공부의 질이 확연히 달라집니다. 시켜서 하는 공부와 자발적으로 하는 공부는 결과가 다를 수 밖에 없기 때문이죠. 요즘 가장 화두에 많이 오르는 자기주도 공부법도 같은 이치입니다.

그렇다면 중학생이 되면 무조건 아이에게 전적으로 학습에 대한 것을 맡겨야 되냐, 그것은 아닙니다. 메타인지 자체도 연습하고 배우면 높아질 수 있다고 합니다. 본인의 상태를 알 수 있도록 이끌어 주는 것이 부모의 역할입니다. 물론 초등 때보다는 한 발 떨어져서 해야 합니다.

수학에서의 메타인지 높이는 법

수학 공부에서 메타인지를 높이려면 일단 풀어봐야 합니다. 수학 공부 방법을 논하기 전에는 일단 문제집 한 권을 풀어보아야 그 다음이 가능합니다. 어떤 종류이건 수학 문제집을 한 권 풀고 나면 내가 부족한 것이 무엇이고 앞으로 나아가야 할 방향이 무엇인지 고민하는 메타인지 작업에 들어갈 수 있습니다.

가장 먼저 오답율을 체크하는 것으로 현재 상황을 파악합니다.

오답의 기준은 70퍼센트 입니다. 70퍼센트 이상의 정답률(=30퍼센트 이하의 오답율)이라면 오답 체크를 하고 다음으로 계획했던 과정으로 넘어갈 수 있습니다. 하지만 개념서인데도 오답이 많다면 공부하는 방법의 문제가 있는 것입니다.

- 개념서인데도 개념 이해가 잘 안 되는지
- 개념을 문제에 적용하면서 실수가 잦은지
- 대충 풀었는지
- 사실은 전 학년 내용을 잘 모르는 상태인지

현재 상황을 받아들이는 것도 메타인지의 중요한 부분입니다.
이제 앞으로의 방향을 결정해야 합니다.

- 다른 출판사의 개념서를 한 권 더 풀 것인지
- 한 권 더 풀기엔 시간이 넉넉한지
- 시간이 부족하다면 이번에 풀었던 개념서의 오답만 공부할 것인지

학원이 진도를 정하는 것도 아니고, 부모님이 진도를 정하는 것도

아닙니다. 본인이 결정해야 합니다. 부모는 그 계획을 들어주면 됩니다.

아이가 나름대로 문제집 한 권을 열심히 풀었는데도 정답률이 70퍼센트가 안 되는 상황이 올 수 있습니다. 그때 부모가 "엄청 많이 틀렸네, 제대로 안 했어. 이해를 못 하고 있네"라는 말을 하면 공부에 대한 반감만 생깁니다. 분명히 공부 방법에 문제가 있을 수도 있지만 본인이 스스로 현실을 깨달아야 합니다.

혹은 오답이 많고 아이가 이해를 제대로 못한 상황임에도 다음 학기 진도에 대한 부담으로 부모가 "일단 한 권 풀었으니까 다음 학기로 넘어가자, 심화서로 넘어가자"라고 하면 아이는 수학 공부에 더욱 벽이 생깁니다. 눈 앞에 뿌옇게 안개가 낀 상태인데 부모가 자꾸만 옆에서 "잘 보이지? 또렷하지?" 하고 강요하는 꼴입니다.

아이가 스스로 현재 상황을 파악할 수 있도록 도와주세요. 스스로를 객관적으로 파악하는 것도 연습이 필요합니다.

내신 시험 준비 기간

Chapter 3 '학년별 수학 공부 : 5학년'에서 단기 목표, 중간 목표, 최종 목표 정하기를 다루었습니다. 5학년 때는 모든 과정을 아이와 부모가 함께 정했다면, 중학생이 되었을 때는 중간 목표를 아이가 주도적으로 정해야 합니다. 앞에서 제시한 일련의 과정으로 메타인지를 통해 중간 목표를 정할 수 있습니다. 중간 목표란 지금 현재 나의 위치를 파악하고 앞으로 나아가야 할 방향을 정하는 것입니다.

단기 목표를 정할 때는 부모의 조언이 필요합니다. 단기 목표의 구체적인 예는 내신 시험 준비 기간입니다. 내신 시험 준비 기간을 3주 정도로 잡으면 이 시기에 폭발적인 집중력으로 효율을 끌어올려야 합니다. 특히, 여러 과목을 한 번에 공부해야 하므로 수학 과목

만큼은 내신 시험 기간이 오기 전에 꾸준하게 매일 공부해야 합니다.

기본적으로 학교 내신 수학 시험은 20문제 내외입니다.

학교마다 내신 스타일이 다릅니다. 두 가지 예를 들어보겠습니다.

① 유형

객관식	22문항	배점	3점	8문항	합계	24점
			4점	12문항		48점
			5점	2문항		10점
주관식(서술형)	3문항	배점	5점	1문항	합계	5점
			6점	1문항		6점
			7점	1문항		7점
합계	25문항			25 문항	합계	총 100 점

② 유형

객관식	12문항	배점	5점	12문항	합계	60점
주관식(서술형)	5문항	배점	7점	1문항	합계	7점
			8점	3문항		24점
			9점	1문항		9점
합계	17문항			17문항	합계	총 100 점

①과 같은 시험 스타일은 총 25문항으로 문항 수가 많습니다. 객관식의 배점과 문항수가 많은 대신 객관식 3점, 4점 문제는 기본 수준입니다. 개념서를 한 권, 유형서 한 권을 풀면서 빠른 속도로 연습을 해야 합니다. 문항 수가 25문제라면 시간 배분을 잘해야 합니다. 객

관식의 3점, 4점 문항과 주관식 한 문제만 맞아도 80점 가까이 됩니다. 이 점수는 무조건 가져가겠다는 마음으로 공부해야 합니다.

②와 같은 시험 스타일은 문항 수는 적지만 난이도가 높습니다. 주관식 문항의 배점이 높으면 채점하는 선생님의 수고가 많이 듭니다. 특히 부분 점수까지 나가는 서술형 문항은 채점 후 오류 제보가 들어올 수 있어서 선생님 입장에서는 꺼리게 됩니다. 이런 단점을 감수하고서도 서술형 문항의 배점을 높게 하고 자세하게 부분 점수를 주는 것은 수학 시험의 변별력을 높이겠다는 뜻입니다. 선생님이 수업 시간에 강조하는 것은 무조건 시험에 나옵니다. 수업 시간과 예상 문제, 프린트물 등을 충실하게 공부해야 합니다.

학교 시험은 모든 과목마다 기준이 되는 출제 범위와 출제 방향이 있습니다. 예를 들어 2학년 2학기 중간고사 시험 범위가 1~3단원까지라고 하면, 각각의 단원에 공평한 문제 수와 배점을 해야 합니다. 골고루 나온다는 의미입니다.

쉬운 단원부터 꼼꼼히 공부하다가 어려운 단원은 시간이 부족해서 마무리 오답까지 못할 수도 있고, 어려운 단원만 공부하다가 쉬운 단원의 응용 문제를 놓칠 수도 있습니다. 평소에 문제집을 개념서, 유형서까지 풀어놓고 시험 기간에는 오답과 학교 프린트물 위주로 공부하는 게 좋습니다.

 **칼럼**

너무 먼 미래보다는 오늘의 공부가 중요합니다

길게 가는 입시 제도가 없는 것 같습니다. 저희 아이가 고등학생이 되는 해부터 외고와 자사고가 폐지된다는 얘기가 나오기도 했습니다.(24년, 외고/자사고 존치 확정) 고교학점제 실시 같은 생소한 뉴스에 저도 덜컥 겁이 났습니다. 외고나 자사고를 갈 계획이 없었지만 혹시 정말로 그 아이들이 일반고로 오면 등급이 하락하는 건 아닐까? 고교학점제를 잘 활용하는 고등학교에 진학해야 할까? 고교학점제를 최소한으로 운영하고 기존 방식을 고수하는 고등학교에 진학하는 것이 유리할까? 판단이 서지 않았습니다. 교육 제도가 바뀌는 첫해의 아이들은 운이 나쁘다는 말에 가슴이 두근거리기도 했고, 교육제도가 어떻게 바뀌든 잘하는 아이들은 상관없다는 말에 또 우리 아이가 과연 잘할 수 있을까 걱정이 되기도 했습니다.

학원가의 어느 수학 학원에서 바뀌는 입시제도에 관해 설명회를 한다는 소식에 주저없이 신청을 했습니다. 대치동에서 어렵게 모셔온 강사님이라는 소개에 남들은 모르는 새로운 정보를 들을 수 있을 것만 같은 생각에 기대가 생겼습니다.

고교학점제 소개와 학생 맞춤형 책임 교육의 의미, 학종의 비율, 고교 내신 점수 산출법, 수학 선택 과목의 장단점…. 들으면 들을수록 이 모든 제도에 가장 유리하도록 내 아이를 맞추는 것이 과연 가능할까 하는 의문이 생겼습니다.

대학과 학과에 따라 모집하는 인원과 어떤 선택 과목을 선택해야 유리한지에 대한 강사님의 설명이 이어졌습니다. SKY 대학을 설명하고 인서울 열 개 대학을 설명하고 다시 확장하려는 찰나, 강사님이 물었습니다.

"초등학생 학부모님 손 들어보세요."

"중학생 학부모님 손 들어보세요."

"네, 이제 이해가 되네요. 대부분 초등학생 부모님들이시군요. 아직 아이들이 입시가 닥치지 않았잖아요? 학부모님들은 SKY밖에 관심이 없으시죠. 아마 초등학생 학부모님들은 서울 상위 열 개 대학도 안중에 없으실 거예요."

설명회에 앉아 있던 엄마들 사이에 실소가 터져 나왔습니다.

"눈빛만 봐도 알 수 있어요. 오늘 설명은 열 개 대학까지만 할게요. 그런데 아이들이 고등학교에 진학하면 겸손해지실 겁니다. 내신 1등급, 수능 1등급. 어렵습니다. 아무나 하는 게 아니에요. 우리 아이들 포부를 크게 가져야 하는 건 맞지만, 정말 열심히 해야 한다는 것만 기억해주세요."

강사님의 멘트를 들으며 다시 한 번 깨달았습니다. 입시제도가 어떻게 바뀌더라도 차근차근 내 할 일을 하면서 기다리면 된다는 것을요.

나의 내일도 예측하기 힘든데 우리 아이의 몇 년 후를 가정한다는 것은 불가능합니다. 현실에 충실하며 한 발자국씩 나가는 것 말고는 다른 방법이 없어보였습니다. 오늘 분량의 공부를 잘 해내는 것이 최고의 준비일 것입니다.

어찌 될지도 모르는 미래를 위해 지금 할 수 있는 것은, 오늘 풀어야 할 수학 분량을 끝내는 것입니다. 이 방법이 미래를 준비하는 가장 가까운 한 걸음이었습니다.

에필로그

우리 아이가 결국 마지막에 웃을 수 있도록

2022학년도 대학수학능력시험에서 문·이과 선택이 없어졌습니다. 문·이과 통합으로 인해 상위권 문과 대학에 이과생들의 지원이 늘어났습니다. 이과도 문과도 수학의 중요성은 점점 더 높아지고 있습니다.

수능 대비 학원에서 말하기를 똑같이 사교육으로 선행을 했어도 학교에서 내신 시험을 치른 학생과 아직 내신 시험을 치르지 않은 학생의 성취도는 차이가 난다고 합니다. 내신 시험은 일정 기간 외부에 흔들리지 않고 집중하는 과정, 몰입 공부를 경험해야 성과를 낼 수 있기 때문입니다.

몰입 공부는 부모나 학원이 시켜서 하는 공부가 아니라 스스로 목표를 세워서 수학에 파고드는 과정입니다. 그 과정에서 성취감도 얻고, 더 나아갈 수 있는 힘도 얻을 수 있기에 초등부터 연습이 필요합니다. 개념 이해력이 높아지고, 조금 더 어려운 문제를 파고들 힘이 생기는 5, 6학년이나 중간고사, 기말고사를 치르는 중 2, 3학년 정도가 알맞습니다. 몰입의 시간을 가졌느냐 아니냐에 따라 결과의 차이는 당연한 거겠죠. 고등학생이라면 매달, 매 학기, 매 시험이 몰입을 요구합니다. 그날을 위해 지금은 연습하는 중입니다.

초·중등 시기에 제대로 공부를 해본 학생들은 고등학생이 되어 본인에게 맞는 공부 스타일을 찾을 수 있습니다. 인터넷 강의로 한 단원의 개념을 다 듣고 문제 풀이에 들어가는 학생도 있고, 혼자서 문제 풀이를 끝낸 후 오답의 풀이 과정만 강의를 찾아 듣는 학생도 있습니다. 개념서를 여러 번 독파하는 학생도 있고 문제은행 형식의 모의고사 모음집만 계속 풀어보는 학생도 있습니다. 어떤 형식으로 하든 파고드는 공부의 과정은 모두 실력으로 남습니다. 본인에게 맞는 방법을 찾는 것이 중요합니다. 그 밑거름은 꾸준하게 수학 공부를 했던 경험입니다.

부모들의 학창 시절에 비하면 저렴한 비용으로 양질의 콘텐츠를 활용할 수 있는 시대입니다. 그러나 학원을 다니거나 인터넷 강의를 듣는다고 본인의 수준이 올라가는 것이 아니라는 것을 기억하세요. 어려운 문제풀이의 강의를 듣는 것과 혼자서 연습장에 푸는 것은 수학적 사고를 하는 깊이가 다릅니다. 강의를 듣는 것은 당장에 편하고 이해가 잘 된다고 느껴지지만, 결국엔 수학 문제를 오롯이 마주하는 순간이 다가옵니다.

개념을 공부할 때도 혼자서 교과서와 문제집의 텍스트를 이해하고, 이해가 안 되는 부분은 앞의 내용을 찾아가며 한 줄 한 줄 독파하는 것이 수학 공부의 정석입니다. 하지만 한 가지 개념을 이해하는 데 시간이 너무 오래 걸린다거나, 계속 앞의 내용 앞의 개념으로 돌아가야 한다면 진도를 나갈 수가 없습니다. 그럴 때 정말 이해가 안 되는 부분을 찾아 인강으로 개념 설명을 듣고, 이해가 되고 나면 바로 영상을 끄고 문제 풀이에 들어가는 방법을 추천합니다. '오늘 세 시간이나 인강을 들었네. 세 시간이나 수학 공부를 했네'라고 생각하는 것이 가장 우려스러운 부분입니다. 보는 것과 푸는 것은 엄연히 다릅니다.

혼자서 하는 문제 풀이에 한계를 느끼는 고등학생은 체계적인 시스템의 대형학원이나 실력 있는 강사에게 소수 정예 수업을 받는 것이 적합합니다. 이 시기에 적절한 교육비를 쓰기 위해 초등학생 때는 문제집으로 집에서 공부하는 것이 좋은 전략입니다. 현실에서는 어린 나이부터 강압과 경쟁이 있는 대형학원에 몰리고 있어서 안타깝게 생각합니다. ==초등학생 때는 본인 수준에 맞는 수학 문제집을 한 권씩 완북하면서 실력을 쌓고 스스로의 수학 실력에 자신감==

을 가지는 것이 가장 중요합니다.

  고등학생의 본분은 공부이고 공부를 열심히 하는 것 말고는 성적을 올리는 다른 방법이 없습니다. 지금도 열심히 공부하고 있을 고등학생, 그리고 그 시기를 준비하는 초·중등 학생들 모두 진심을 담아 응원합니다.